Tom Koenigs
Machen wir Frieden oder
haben wir Krieg?

Karte von Afghanistan 2006 © UNAMA

Tom Koenigs

Machen wir Frieden oder haben wir Krieg?

Auf UN-Mission in Afghanistan
Herausgegeben von Joscha Schmierer

Verlag Klaus Wagenbach   Berlin

Inhalt

Für Alberto, Cavaliere di Solidarietà

Auf den Seiten 256 ff. und 264 ff. finden sich ein Abkürzungs- und ein Personenverzeichnis, in denen kurz die im Text erwähnten Institutionen erklärt bzw. die Personen mit ihrer Funktion zum Zeitpunkt der Mission vorgestellt werden. Bei Personen, die nur mit Vornamen genannt werden, wird bei der ersten Erwähnung der Nachname in Klammern ergänzt. Die Chronik auf Seite 253 ff. gibt Eckpunkte der vorangehenden Geschichte Afghanistans.

Vorwort

Dieses Buch ist Fundstück und Fundgrube, unverhofftes Zeugnis aus dem Blickwinkel eines ungewöhnlichen deutschen Politikers in hoher internationaler Position. Tom Koenigs war 2006 und 2007 Sondergesandter des Generalsekretärs der UN in Afghanistan und Chef der dortigen UN-Unterstützungsmission (UNAMA). Als er im Februar 2006 diese Funktion antrat, ging die internationale Öffentlichkeit weitgehend davon aus, dass sich das Land nun ganz auf den Wiederaufbau und die Einrichtung eines modernen Staatswesens konzentrieren könne. »Eigentlich ist ja der Krieg gegen die Taliban gewonnen«, schrieb Koenigs in einem Brief vom 21.April 2006, um dann nachdenklich hinzuzufügen: »... aber es gibt noch eine Reihe von Störenfrieden«. Tatsächlich wurde die Lage Afghanistans in genau diesen Jahren zunehmend instabiler. So wurde es zu einer wichtigen Aufgabe des SRSG (Special Representative of the Secretary-General), bei den UN die Einsicht in diese neue Entwicklung zu wecken, Konsequenzen vorzuschlagen und im Land umzusetzen.

Dass Tom Koenigs kein Diplomat war mit der üblichen Ausbildung durch das Auswärtige Amt, musste kein Nachteil sein. Stattdessen hatte er die praktische Arbeit als UN-Krisenmanager und Peacekeeper kennengelernt. So hieß es in der Mitteilung Kofi Annans, des damaligen UN-Generalsekretärs, über die Ernennung von Tom Koenigs: »Nach Jahren intensiver Arbeit auf dem Gebiet der Menschenrechtspolitik bei den Vereinten Nationen bringt er entsprechende Erfahrungen in die neue Aufgabe ein: Seit 2002 leitete er als Sondergesandter des UNO-Generalsekretärs die Beobachtungsmission der Vereinten Nationen in Guatemala (MINUGUA), die zur Überwachung

7

des 1996 unterzeichneten Friedensabkommens zwischen den vormaligen Kriegsparteien eingesetzt war. Im Rahmen dieses Abkommens spielte die Aufarbeitung der in den Bürgerkriegsjahren begangenen Menschenrechtsverletzungen mit Hilfe der hierfür geschaffenen Wahrheitskommission eine zentrale Rolle.« Auf diese Erfahrungen aus der Mission in Guatemala stützte sich Tom Koenigs in Afghanistan, indem er und seine Mitarbeiter auf die Methode der »Verifikation«, eine genaue Untersuchung der Tatsachen, zurückgriffen, um sich im Kampf gegen Menschenrechtsverletzungen nicht im Gestrüpp von Gerüchten und Anschuldigungen zu verlieren. Diese Methode half etwa, die zivilen Opfer der Kriegsführung anzuprangern (siehe Brief vom 15. September 2007) oder dabei, den Hintergründen und Motiven der Selbstmordattentate auf die Spur zu kommen (siehe Brief vom 12. August 2006), und eine unabhängige Position einzunehmen. Dass einige der Mitarbeiter und Mitarbeiterinnen von Tom Koenigs ebenfalls bei MINUGUA waren, zeigt einen Vorteil des UN-Apparates: Oft kann die Zusammenarbeit der UN-Internationalen auf einen Schatz gemeinsamer praktischer Erfahrungen bauen.

Vor seinen Jahren in Guatemala und der einjährigen Arbeit als Menschenrechtsbeauftragter der Bundesregierung im Auswärtigen Amt war Tom Koenigs bereits in den Jahren 1999 bis 2002 als stellvertretender Sondergesandter des UNO-Generalsekretärs im Kosovo tätig. Dort war er für die allgemeine Zivilverwaltung verantwortlich. Er musste sich um die Schulen und Krankenhäuser kümmern oder mit so praktischen Dingen wie der Ausgabe neuer Nummernschilder den Aufbau einer funktionierenden Verwaltung voranbringen. Im Kosovo stellte die UNO für eine Übergangszeit die »Regierung«, eine andere gab es nicht. Bei diesem Einsatz, seinem ersten für die UN, konnte Tom Koenigs auf seine Arbeit im Hessischen Umweltministerium als Leiter des Ministerbüros von Joschka Fischer zurückgreifen. Dort und in den zehn Jahren als Umweltdezernent in Frankfurt am Main, wo er vier Jahre lang zusätzlich Stadtkämmerer und stellvertretender Oberbürgermeister war, hatte er Verwaltungserfahrungen auf kommunaler und regionaler Ebene gesammelt.

Dies führte dazu, dass Tom Koenigs, wie im Berliner *Tagesspiegel* nach seiner Ernennung zum Leiter von UNAMA zu lesen war, in einer Mischung aus Selbstironie und -sicherheit den Titel »Bürokrat« für sich reklamierte. Nachdem er es in der Affäre Abdul Rahman (siehe Briefe vom 25. März 2006 und 30. März 2006) mit der Bürokratie des Auswärtigen Amtes zu tun bekommen hatte, musste er zerknirscht eingestehen, er hätte besser nie mit dieser Selbstbezeichnung kokettiert. Die wirklichen Bürokraten saßen in der deutschen Botschaft und im Auswärtigen Amt.

Bei all seinen Tätigkeiten für die UNO haben Tom Koenigs seine Banklehre und das abgeschlossene Studium der Betriebswirtschaft nicht geschadet. Ihr Hintergrund aber blieb immer die internationale Solidarität, nicht mehr wie in den sechziger und siebziger Jahren als revolutionärer Schlachtruf, sondern als praktische Verpflichtung vor Ort. Ohne Enthusiasmus und Empathie lässt sich eine so kräftezehrende Arbeit wie die bei UNAMA nicht gut machen. So konnte es Präsident Karzai kaum beunruhigen, als er seinen Außenminister und späteren Berater fragte, ob der neue Missionschef auch so ein Ex-Kommunist sei wie Rangeen Spanta selbst, der lange in Deutschland gelebt hatte, und von ihm zu hören bekam: Ja, das sei der. Er würde jeden aus Deutschland nehmen, meinte der Präsident. »Wer so für seine Ideen steht, ist der Richtige für die Afghanen.« Tom Koenigs wunderte sich, warum die wahre Geschichte, dass er sich sein nicht ganz geringes Erbe im Voraus auszahlen ließ, um es den Vietcong zu schenken, noch heute bei den Amerikanern wie bei den Afghanen eine solche Rolle spielt. Den einen ist diese Vergangenheit eine Quelle des Misstrauens, anderen eine Hoffnung auf großzügiges Verständnis.

Im Unterschied zu der UN-Mission im Kosovo, die als Ersatz für die verdrängte serbische und stellvertretend für eine noch nicht vorhandene kosovarische Regierung agierte, war und ist die UN-Mission in Afghanistan mit der Unterstützung erst der Übergangsregierung und dann der neuen, gewählten Regierung Afghanistans betraut. Ihr Auftrag ist, die teilweise zersplitterte internationale Aufbauarbeit und die afghanischen Anstrengungen zu koordinieren. Sie muss versuchen, manchmal ohne ausreichende Unterstützung durch die Zentralregierung, den Aufbau der Provinzregierungen und die Keime von Zivilgesellschaft zu fördern. Wie bei der Auseinandersetzung um die zivilen Opfer des Krieges gerät UNAMA gelegentlich in die Rolle des Vermittlers und in die Zange zwischen afghanischer Regierung und internationaler Militärführung.

2006 war UNAMA fünf Jahre in Afghanistan. Nach Lakhdar Brahimi, der sich um einen Verfassungskompromiss bemüht hatte, und Jean Arnault, der mit der Londoner Konferenz von Geberländern und afghanischer Regierung Ende Januar/Anfang Februar 2006 aus dem Amt schied, war Tom Koenigs der dritte Leiter von UNAMA. Das bei der Verabschiedung des London Compact vorherrschende Gefühl, der zivile Aufbau hinge jetzt nur noch vom regelmäßigen Fluss der internationalen Hilfsgelder ab, stellte sich durch eine Zunahme von Gewaltakten in Afghanistan bald als Illusion heraus. Womit hat es das Land bei der wachsenden Zahl von bewaffneten Zusammenstößen, den Bombenanschlägen und den Selbstmordattentaten überhaupt zu tun? Warum ist die Bekämpfung der Drogenproduktion trotz Milliardenausgaben vollständig gescheitert? Das waren nur zwei der Fragen, mit denen sich die UN sofort nach Dienstantritt von Tom Koenigs neu zu beschäftigen hatte. Welche Fehler hatten zu dem Aufstand im Süden beigetragen?

Selbst das Verständnis, dass man es mit einem Aufstand zu tun hatte, war keinesfalls leicht zu etablieren. Wenn man es aber mit einem Aufstand und nicht mit einer Handvoll isolierter Gewalttäter zu tun hatte, konnte man auch nicht mehr allein auf militärische Mittel bei der Bekämpfung bauen. Dann bedurfte es »der Regierungskunst mehr als der Waffen«

(15.9.2007). Für eine Befriedung war eine Verständigung zumindest mit einigen Teilen der Aufständischen nötig. Wie also setzten diese sich zusammen? Mit wem konnte man verhandeln und wie konnten Verhandlungen vorbereitet werden? Afghanistan stand nicht am Beginn eines friedlichen Aufbaus, sondern auf der Kippe zur Verallgemeinerung des Krieges, der im Süden bereits wieder aufgeflammt war.

In dieser Situation versuchte Tom Koenigs zusammen mit seinem Team, die Präsenz der UN-Kräfte in der Provinz zu erhöhen, die Nachbarländer für die regionale Zusammenarbeit zu gewinnen und bei den großen Geberländern die Einhaltung ihrer Versprechungen zu sichern. Zugleich galt es den Sicherheitsrat auf dem Laufenden zu halten, in Abstimmung mit der UN-Führung das Mandat um die Zuständigkeit für den Schutz der Zivilbevölkerung zu erweitern und für die Aufstockung seiner Mitarbeiter zu kämpfen. Mit der Militärführung musste für eine Änderung der Militärstrategie gestritten werden. Nicht die Anzahl von getöteten Taliban, sondern die Herstellung von Sicherheit für die Bevölkerung sollte der Maßstab des Erfolgs sein.

»Multitasking« nennt man solche Anforderungen in der Managementlehre. Aber die Spannweite der Aufgaben, vor denen ein Sondergesandter des UN-Generalsekretärs in einem Land auf der Kippe wie Afghanistan seit 2006 steht, würde damit beschönigt. Wie kräftezehrend die Mischung aus internationaler Diplomatie, verantwortungsbewusster Leitung einer im Land verteilten UN-Mission und den Repräsentationspflichten als SRSG ist, kann man an abgeleisteten Flugmeilen einerseits wie andererseits an aufgeschobenen und verhinderten Reisen im Land ablesen. Die Sorge um die Sicherheit der Mitarbeiterinnen und Mitarbeiter der UN-Mission blieb ständiger Begleiter.

Am Ende seiner Zeit als Leiter der UN-Unterstützungsmission in Afghanistan wurde Tom Koenigs manchmal gefragt, ob er nicht ein Buch über seine Erfahrungen schreiben wolle. Er wälzte den Gedanken hin und her und schreckte immer wieder davor zurück, noch ein Buch über Afghanistan zu verfassen,

11

wo es doch so viele schon gibt. Was könnte er darüber hinaus schon Neues erzählen? Dabei fiel ihm gar nicht auf, dass er, ehe er solche Überlegungen anstellte, ganz nebenher bereits ein einzigartiges Buch geschrieben hatte. Man musste es nur noch entdecken. Von der Spannung zwischen der großen Aufgabe, vor die Tom Koenigs als höchster Vertreter der UN in Afghanistan gestellt war, und der er sich voller Engagement unterzog, und der distanzierten Ironie des Ex-Spontis und Außenseiters in der hohen Diplomatie, leben die Briefe, die er in den Jahren 2006 und 2007 per E-Mail an seine Familie und engste Freunde geschickt hat. Sie wurden dem Inhalt nach an keiner Stelle geändert, nur manchmal um Wiederholungen gekürzt. Allzu Privates wurde gestrichen, ohne den Briefen ihren privaten Charakter zu nehmen. Dass sich hier ein hoher Beauftragter der UN in Briefen an Vertraute über die Lage Afghanistans, seine Mission und Arbeit unfrisierte Gedanken macht, gibt diesem Buch seine unvergleichliche Eigenart. Vielleicht gerade deshalb, weil es das gar nicht beabsichtigte Nebenprodukt einer wichtigen anderen Arbeit war, der Friedenssuche, dem Einsatz für Menschenrechte. Die Briefe sind nicht nur eine Primärquelle der Zeitgeschichte. Als Erzählung in Briefen legen sie Rechenschaft ab über zwei entscheidende Jahre der internationalen Intervention in Afghanistan, einer komplizierten Geschichte, die noch lange nicht vorbei ist.

Heute ist Tom Koenigs Abgeordneter für Bündnis 90/Die Grünen im Bundestag und Vorsitzender von dessen Ausschuss für Menschenrechte und humanitäre Hilfe. In einem Brief vom 11. März 2011 kommt er während eines erneuten Aufenthalts in Afghanistan auf die Frage zurück, was die Intervention erreicht haben könnte, wenn sie, wie geplant oder wenigstens erhofft, 2014 in der bisherigen Form enden wird.

Joscha Schmierer,
Berlin im März 2011

Briefe aus Afghanistan

Kabul 17. Februar 2006

Eine wenig aufgeregte Reise per Jumbo von Frankfurt nach Dubai. Der Anflug bei Nacht über eine sehr moderne Stadt voller Hochhäuser. Der Flughafen riesig, vielleicht zehnmal so groß wie Frankfurt und ganz aus modernstem Beton, wie Disneyland gebaut auch die Umgebung, wo man die vorherrschenden Plastikwerkstoffe auf der einen Seite nicht vom Beton und auf der anderen nicht von den Palmen unterscheiden konnte. Das Hotel gleich hinter dem Flughafen. Ich habe schlecht geschlafen, dann eben doch endlich aufgeregt, vielleicht aber auch nur wegen der Zeitverschiebung von drei Stunden.

Am nächsten Morgen stellt sich dann auf einer weit entfernten Abstellfläche das Kapitänsduo von UNAMA vor, zwei seebärig bärtige Engländer, deren Physiognomie mehr Vertrauen einflößte als die zweistrahlige Maschine, die so klein schien, dass außer den Koffern eigentlich nichts mehr reinpassen konnte. Nach zwei Stunden dann Anflug auf Kabul mit einer Schleife durch den weiträumigen Talkessel. Farbe braun. Die Äcker und die Berge, die Häuser und die Straßen, der Staub und die Bäume, wenn es solche da geben sollte. Viele verschiedene, letzten Endes doch auf dasselbe hinauslaufende Brauntöne, rotbraun ganz genau.

Am Flughafen hat sich die Presse versammelt, genau an der Ecke, an der die Maschine zum Stehen kam, weit von den Flughafengebäuden entfernt, und richtet ihre Organe auf mich. Ein Protokollchef begrüßt mich sehr formell und dann wendet sich der forscheste der Reporter mit einem SAT.1-Mikrofon an mich und bittet mich, für Deutschland die englisch gestellten Fragen auf Deutsch zu beantworten. Da er nicht nachfragen kann, ist es mir möglich zu vermeiden, über die Cartoons zu reden, die in Dänemark über Mohammed spotten, und überhaupt der Peinlichkeit zu entgehen, als uninformierter Erstankömmling aktuelle Fragen zu beantworten. Dann werde ich vom Pressesprecher brüsk weggebracht und von dem UNAMA-Team begrüßt, in den UN-Panzerwagen verfrachtet und stadteinwärts karriolt, wo ich schließlich bei meinem Haus ankomme. Dort begrüßen mich dann die Mannen, vor allem der Butler und die Köche einschließlich der einen Köchin, die es gibt, den Gärtnern, den Wächtern, den Cleanern und den Hausbewachern, einem Heer von schäbig gekleideten Männern, ergänzt vom Close Protection Team mit den ausgebeulten Jacken, zwölf Rumänen, die unten im Haus logieren sollen.

Das Haus ist ein zweistöckiger Bau im Stil der sozialistischen sechziger Jahre. An Scheußlichkeit kaum zu übertreffen, weitläufig, überheizt und düster. Faute de mieux ziehe ich mich in meine Gemächer zurück und packe die Koffer aus, in die Kommode und die Schränke im Ankleidezimmer, das Badezimmer und das riesige Schlafzimmer. Das Gästezimmer, das Wohnzimmer mit Kamin (aus) und das Büro mit dem Computer, an dem ich jetzt sitze und schreibe, dem Schreibtisch und der Sitz- und Sesselgruppe, die als Statussymbol nirgends fehlen darf. Das Haus ist auf dem Grundstück eines Königssohnes von einem afghanischen KGB-Granden gebaut worden, dann, nachdem der in Ungnade gefallen war, als Gefängnis für die höheren Politiker genutzt worden – den Keller habe ich noch nicht inspiziert – und schließlich vom Präsidenten der UN zur Verfügung gestellt worden, die von dem Vorleben nichts wusste. Ich werde dem noch genauer nachgehen. Gitter und schwere Vorhänge an den Fenstern sind also nicht verwunderlich, der Einbau der Klimaanlagen wohl neueren Datums, viele der Möbel aber nicht und vor allem nicht die pseudomarmornen Fußböden. Es gibt noch einen Trakt für die hohen Gäste, zum Beispiel aus New York, und einen Bankettsaal unten, für 22 Leute gedeckt, und einen kleineren für zwölf. Dahinter gut ummauert ein Garten von kläglicher Bräune.

Im kleinen Saal esse ich mit dem engsten Mitarbeiterkreis zu Mittag, der Butler serviert, und die Köche brillieren mit schwerer Kost, allesamt ein großes Fragezeichen auf dem Gesicht, wie es nun mit dem neuen Chef weitergehen soll. Das werde ich ihnen erst in ein paar Tagen sagen, wahrscheinlich mal wieder wie bisher.

Am Nachmittag Fahrt zur Verwaltungsabteilung, wieder in Richtung auf den Flughafen zu, um Ausweis und Technisches zu regeln, vor allem aber zu der Mitarbeiterversammlung, auf der ich frei reden kann, da ich meinen sorgfältig vorbereiteten Vortrag zu Hause – schon ist es mein Zuhause – vergessen habe.

Danach wieder die Mitarbeiter, mein Büro in einem kleinen Haus, hier sind nur die Möbel protzig, nicht die Räumlichkeiten. Die Sekretärin, die Referenten, der runde Tisch, der angefertigt werden muss, und die Computer, die verpasswortet werden sollen, das Telefon, ich kriege ein neues Handy. Alles in wildem Galopp, denn am Abend hat der amerikanische Botschafter geladen. Der Botschafter ist sehr geschickt und angenehm lustig. Ich glaube, ich werde gut mit ihm auskommen. Er wohnt in einer Festung, die noch weit besser gesichert ist als die UN. Viel zu spät falle ich ins Bett, schlafe schlecht, mal zu warm, mal zu kalt, und habe mir auch nicht gemerkt, was ich geträumt habe, nur, dass ich nicht will, dass das, was ich geträumt habe, in Erfüllung geht.

Geweckt hat mich nicht nur der Muezzin, sondern auch ein Spatz, der vor meinem Fenster zwitscherte, wenigstens der. Im »Garten« gibt es auch noch Elstern und einen staramselähnlichen Vogel. Also Leben, wenn auch wenig.

Den ganzen Tag, der eigentlich Frei- und Feiertag ist, Meetings, zum Budget, zur Sicherheit, zur Afghanisierung der Mission, im kleinen und im großen Kreis. Morgen zum Präsidenten und zum Außenminister und ein wenig im Büro zurechtkommen. Ich habe heute keine Zeitung gelesen und keine Nachrichten gehört und keine Ahnung, was in der Welt passiert, noch nicht mal weiß ich, was in der Mission vor sich geht. Das muss sich bessern.

19. Februar 2006

Ich habe heute demonstrativ in der Afghanenkantine gegessen. Wir haben zwei Kantinen auf dem Gelände, eine für die Afghanen, eine für die Internationalen. Pommes und Pepsi ist gemeinsam, das andere ist wohl anders. Ich habe Huhn gegessen. Alles mit sehr viel Fett, dafür ohne Zucker.

Eigentlich hatte ich heute frei. Eine Reise nach Herat ist ausgefallen, weil mich der Präsident auf sechs Uhr abends bestellt hat, überraschend, denn er war für neun Uhr morgens eingeplant. Also habe ich mich verlustiert: Ich habe den Repräsentanten der Aga-Khan-Stiftung gebeten, mich durch die Stadt zu führen. Er ist ein Engländer, der schon sehr afghanisiert ist und sich um die alten Bauten kümmert, mit viel Geld und viel Verstand für Land und Leute.

Die Innenstadt ist ein Gewirr, von unten und von oben gesehen. Die Häuser, dann neuer und aus Stein, kriechen den Hang herauf, steile Felsen und oben irgendwelche Festungen, alles aber sehr verrottet und zerstört.

Die Armut ist kreischend. Zum Teil laufen die Leute barfuß, das tun sie wohl auch bei Schnee. Wasser muss immer getragen werden, ob es sauber ist, weiß ich nicht. Es gibt Brunnen, wo man pumpen und zahlen muss.

Dann fahren wir zu »Baburs Garten« am Südrand der Stadt. Am meisten interessiert mich die Anpflanzung, die noch im Anfangs-, also im Pinselstadium ist. Ich bin auf den Frühling gespannt. Und auf die Hahnenkämpfe. Die Hähne sind groß und schlapp, irgendwie eher gemein als kämpferisch, aber sie sorgen für Aufregung.

Der Garten ist von einer restaurierten großen Mauer umgeben, auch ein paar Gebäude sind restauriert. Es soll alles in zwei Jahren fertig sein.

Dann haben wir noch einen Palast aus dem 19. Jahrhundert angesehen, mitten zwischen zerschossenen Ministerialbauten aus den sechziger Jahren und Neubauten im Betonstil, alles an verdreckten und oft nicht recht gebahnten Straßen, chaotisch und hässlich. Man hat aber einen Blick über die riesige Stadt, die während des Krieges auf 750.000 Einwohner geschrumpft und zerstört war, jetzt aber mehr als 2,5 Millionen hat, die meisten haben vorher nie in Kabul gewohnt. Bäume sind Mangelware, aber es ist die blattlose Zeit, vielleicht gibt's ja mal Grün. Den Kabul-Fluss entlang zieht sich eine schöne Promenade – wenn auch sehr heruntergekommen. Sein schmutziges Dreckwasser fließt trotz des Regens spärlich.

Nachmittags im Büro unendlich viele Entscheidungen, deren Tragweite ich nicht übersehe, die aber dringend sind. Am Abend der Präsident, den ich durch seinen großen Garten und durch viele Sperren erreiche, immer mit meinen zwei weißen Geländewagen unterwegs. Eine breite, von alten Laubbäumen gesäumte Allee führt mich hin. Es dämmert, so kann ich die ganze Größe und Pracht des 19.-Jahrhundert-Palastes nicht ermessen. Innen ist er mit Marmor und verschiedenen Stilelementen gut geraten, Böden und Säulen aus Marmor, gute Teppiche und schöner Dekor einschließlich der Kronleuchter, je näher man dem Präsidenten kommt, desto prächtiger wird es. Es ist alles in allem sowohl wohnlich wie für die Zeit recht gut gelungen (1880?). Der Präsident hat's feierlich gemacht. Es ist nicht nur sein Assistent, Rangeen Spanta (Grüner aus Aachen), sondern auch sein Sicherheitsberater, der Protokollchef und der Chief of Staff da, sogar der Vorsitzende des Oberhauses (Mudjadeddi), der nach den Taliban kurz Präsident war und von Karzai in hohen Ehren gehalten wird. Er in traditionellem Kostüm, während der Präsident ja eine Mischung der verschiedenen Regionalkostüme trägt. Die Atmosphäre war sehr freundlich.

Ich war eine Viertelstunde vorher gekommen und hatte mich mit Spanta unterhalten, der zum Besten gab, wie Karzai auf den Vorschlag Tom Koenigs als Sondergesandten des Generalsekretärs reagiert habe. »Ist das auch so ein Ex-Kommunist wie Du?«, hat er zu Spanta gesagt. Der hat geantwortet, ja genauso einer, und hat dann die Geschichte vom Geld an den Vietcong erzählt. Karzai meinte, dass er jeden Deutschen nehmen würde, aber offensichtlich fand er die Geschichte mit dem Vietcong gut. »Wer so zu seinen Ideen steht, der ist für die Afghanen der Richtige.« Mich hat daran erstaunt, dass die Geschichte mit dem Vietcong doch so eine Rolle spielt (bei den Amerikanern und bei dem Fast-Amerikaner-Freund von Bush). Im nichtpolitischen Teil des Gespräches hat Karzai erzählt, wie er in Frankfurt war – 1988 –, und er erinnerte sich nicht nur an den Römer, sondern sogar an das Café Hauptwache. Ich bewunderte sein Gedächtnis, denn den Namen des Gartens, den ich heute gesehen habe, habe ich schon fast wieder vergessen.

Er hat eine erstaunliche Art, zwischen Dienstlichem und ganz privat Plauderhaftem hin- und herzuspringen. Wir haben über die Zusammensetzung des Monitoring Board des London Compact gesprochen. Er hat gute Anregungen gegeben, aber gleichzeitig zugesichert, dass er jeden Vorschlag, den wir machen, mitträgt.

Außerdem habe ich ihm unseren Entwurf für eine Sicherheitsratsresolution über das UNAMA-Mandat gegeben und angemahnt, dass der Oberste Gerichtshof bald besetzt werden muss. Ersteres hat er zur Kenntnis genommen, letzteres versprochen. Aber das hat er schon oft. Er konnte sich meinen Kriterien nur anschließen, dass das Oberste Gericht unparteiisch und professionell besetzt werden muss. Aber sicher hat er noch andere Kriterien. Die Justiz ist unser und auch vieler Botschafter Sorgenkind. Anderthalb Stunden dauerte die Visite und ich war recht zufrieden.

20. Februar 2006

Heute war der Tag der UN Funds and Agencies, der UN-Organisationen, die nicht UNAMA sind und doch hier arbeiten, also UNICEF und solche, Weltbank etc. – 17 an der Zahl, die sich zum sogenannten »country team« vereinigen und heute ihr Seminar hatten, in einem Hotel – das gibt es immerhin auch –, das mitten in der schmutzigen Stadt steht, neu ist, eine Shopping Mall hat, wie sie sich in jeder anderen Stadt auch findet, mit internationalem Gepräge und mit ebensolchem Angebot und ebensolchen Preisen.

Die lieben Mitglieder der UN-Familie waren alle sehr interessiert und nett, Ameerah [Haq], meine Stellvertreterin, die eigentlich von UNDP kommt, hat sie gut im Griff. Man hat darüber geredet, wie denn nun das, was in London besprochen worden ist, in die Tat umgesetzt werden solle. Ich war nur zum Vorstellen und kurz Reinhören da. Die Stimmung war auch noch gut, als ich zum Abendessen wiederkam und alle von dem langen Tag recht erschöpft waren. Ich auch.

Inzwischen hatte ich mich um die diversen Alltagssorgen gekümmert, die Personalvertretungen aller Art, die ich dazu anregen wollte, doch etwas für das Personal zu tun, Vorschläge zu machen, um die Lebensqualität zu verbessern, vor allem außerhalb von Kabul, das Betriebsklima und vieles mehr.

Dabei habe ich auch an mein Betriebsklima gedacht. Der runde Tisch ist vermessen, 3,70 Meter im Durchmesser, und die Stühle stehen schon mal da. Es kann also losgehen. Vielleicht brauch ich noch einen Teppich. Dann gab es eine Demarche des kanadischen Botschafters, der unbedingt – wie vorher schon der italienische – im Monitoring

Board des London Compact sein will, was wir nicht machen können, sonst werden es zu viele.

Beim deutschen Botschafter habe ich über dasselbe gesprochen. Bei dem war es etwas leichter, er hatte Verständnis für die geringe Anzahl der Beteiligten an dem Board (weil er dabei ist).

Dann wieder interne Meetings: über Wahlen, die sind vorbei, das Geld hat aber nicht gereicht, über DDR – was Disarmament, Demobilisation and Reintegration von Soldaten der letzten Kriege bedeutet. Es gibt noch 1.800 illegale bewaffnete Grüppchen im Lande mit 125.000 Leuten, das sind Milizen, die die meiste Zeit nichts machen, aber immer eine Gefahr bleiben. Die Japaner finanzieren die Waffenabgabe und Jobsuche für die Demobilisierten. Das haben sie bisher für 63.000 gemacht. Wie geht es weiter?

Diesmal habe ich in der internationalen Kantine gegessen, von Plastiktellern und mit Plastikgabeln, was eine besondere Zumutung ist. Das Essen ist auch nicht besser als in der afghanischen, dafür teurer. Auffällig ist, dass vor der afghanischen Kantine fünf Handwaschbecken angebracht sind, nicht aber vor der internationalen, denn die sind Schweine und waschen sich nicht die Hände. Alle Gesundheitsdienste sagen, dass man das Risiko von Ruhr und anderen Darmerkrankungen um neunzig Prozent mindern kann, wenn man sich vor dem Essen die Hände wäscht – was ich mache.

Morgen fahre ich nach Kandahar, übermorgen von da nach Herat, man muss ja übers Land kommen. Der jeweilige Gouverneur hat schon zu opulenten Mahlzeiten eingeladen, ich werde also wieder fett. Eigentlich will ich aber nur meine Leute sehen und die beiden Städte. Hoffentlich mauern mich die Sicherheitskräfte nicht zu sehr ein.

22

27. Februar 2006

Ich bin in Doha. Überall werden immer noch mehr Hochhäuser und Hotels gebaut, vor allem natürlich an der Bucht. Die Einwohner widmen sich den Geschäften, und die Gastarbeiter machen die Arbeit. Die unterste Kategorie der Einheimischen sind die Polizisten. Die kriegen 800 Dollar, die Ausländer – wenn sie so privilegiert sind wie mein philippinischer Fahrer, der für eine Leiharbeitsfirma arbeitet – 400. So ist das überall: Firmen importieren die Menschen, behausen sie in Wohnbezirken, die gar nicht so schlecht aussehen, sie haben einen Vertrag für zwei Jahre, dann fahren sie für zwei Monate nach Hause. In den Arbeiterhäusern wohnen sie zu zehnt. Ungeordnete Einwanderung gibt es nicht. Überhaupt ist alles so geordnet wie bei den sieben Zwergen. Aber auch die sieht man nicht. Die riesigen autobahnartigen Boulevards sind nur von dem einen oder anderen Gärtner und natürlich den vielen Autos bevölkert. Der Reichtum der Hotels und Bauten ist unverschämt. Es gibt gar keine normalen Leute, wenn man es genau nimmt. Überall nur die weiß gewandeten Scheichs, die vor Gelassenheit und Muße strotzen. Im Hotel dann viele Beschäftigte, auch Ausländer, diesmal meist westliche. Alle sprechen gutes Englisch. So hat man sie ausgesucht. Das Ganze hat etwas so Artifizielles, Künstliches, dass man kaum glauben kann, dass da Menschen wohnen. Eigentlich geht alles auch ohne sie.

Irgendwo muss der ganze marmorne Reichtum ja herkommen, irgendwo müssen die Leute dafür gehungert haben, nicht hier, vielleicht in Afghanistan oder in Afrika. Es ist alles hoch provokativ.

Warum nun die Konferenz über Border-Management hier sein muss, wenn sie schon die Deutschen sponsern, weiß ich wirklich nicht.

Schäuble lädt mich zu sich allein zum Mittagessen ein. Ich berichte über Afghanistan und frage ihn, wie es in der Koalition gehe. Ihm gefällt es nicht so gut. Er redet davon, dass die SPD nicht in der Lage sei, ernsthafte Vorschläge zu machen, und die CDU sei auch eher von der gemütlichen Sorte, so dass man die wirklichen Themen der Zukunft nicht angehe. Die Republik richtet sich in der Mitte ein, die Große Koalition erfreut sich der Zustimmung der Bürger und damit gut. Die Zeiten der großen ideologischen Auseinandersetzungen sind vorbei. So sehe ich das eher auch, und ob die Mitte nun ein bisschen weiter links oder rechts ist, das ist für die meisten Leute von einer gewissen Beliebigkeit.

Er will die Polizei bei der Fußballweltmeisterschaft von den statischen Aufgaben entlasten, wo doch niemand was gegen haben könne, denn bei manchen Liegenschaften wäre das ja ohnehin schon so (Kasernen und NATO). Dann kommen wir auf die Frage, ob nicht die Bundeswehr bei ihren Auslandseinsätzen mehr polizeiliche als militärische Aufgaben wahrnehmen muss. Da stimme ich ihm im Hinblick auf den Kosovo natürlich zu. Er möchte die Bundeswehr eher in diese Richtung fortbilden, was ich gut finde, allerdings steuert er damit auf eine Berufsarmee zu, die dann wohl nur 120.000 Soldaten haben und nicht mehr zum Einsatz im Katastrophenfall taugen würde. Dafür wäre dann das soziale Jahr ganz gut, was ich auch finde. Das Gespräch war nicht uninteressant, auch wenn seine konservative Sicht der Dinge irgendwie aus der Zeit ist und er für eine sicher verdienstvolle, aber doch vollkommen veraltete Politikergeneration spricht, eben 16 Jahre Kohl vom Besten.

Ich habe auf der Konferenz nur mit den Botschaftern geredet, vor allem dem chinesischen, will möglichst aber auch mit dem vom Iran und dem von Pakistan sprechen. Das Abendessen auf dem Ehrenplatz zwischen dem afghanischen Innenminister, der kaum Englisch spricht, und dem türkischen Innenminister, der gar kein Englisch kann. Ich konzentriere mich auf die köstlichen Hammelkotelets. Morgen muss ich dann eine wohlvorbereitete Rede halten. Irgendwie fühle ich mich nach dem Stress in Kabul vollkommen unausgelastet.

2. März 2006

Heute habe ich meinen ersten und wahrscheinlich letzten Königs-Besuch mit möglichst viel Anstand hinter mich gebracht. Afghanistan hat nämlich einen König, der in jungen Jahren an die Macht gekommen ist, in denselben Jahren eine schöne Frau geheiratet hat und mit ihr auf Reisen nach Europa gegangen ist. Das ist ihm nicht gut bekommen. Er war ohnehin wegen seiner Liberalität der Sitten und Ansichten schon angefeindet und geschwächt, und als dann ihre Majestät, die herrliche Königin, auf einem in der afghanischen Presse lancierten Bild im Bikini an einem der herrlichen Strände liegend abgebildet die heimischen Mullahs erreichte, da war's mit dem König vorbei und er wurde abgesetzt. Er ist dann gleich in Frankreich geblieben. Das war in den dreißiger Jahren.

Der Nachnachfolger des Königsstürzers (ich hasse Königsstürzer – noch mehr nur -mörder) hat ihn dann wieder zurückgeholt, allerdings nur in einer repräsentativen Rolle, die er auch artig ein paar Jahrzehnte gespielt hat, meistens von Frankreich aus. In seinem prächtigen Palast, wo ich ihn heute besucht habe, hat er immer nur übergangsweise gewohnt. Schluss war dann schließlich in den fünfziger Jahren, als erst bürgerliche Herrscher, dann die Kommunisten kamen, und schließlich die Sowjets einmarschierten. Inzwischen hatte sich sein Exil mehr nach Rom verlagert. Von der bikinierten Königin habe ich nichts mehr gehört und sie heute natürlich auch nicht gesehen.

Zurückgeholt hat ihn dann der jetzige Präsident, damit ihm der König, der doch immer noch diesen oder jenen Fan in der Gemeinde hat, den königlichen Segen oder so was erteile. Auch nach 2001 aber ist der König immer wieder nach Frankreich ausgereist, mal zu den Ärzten, mal nach Hause. Jedenfalls war er heute da.

Ich hatte mich schon vor einer Weile bei dem 96-Jährigen (oder war er 93? – alle historischen Daten sind ein bisschen ungenau) zur Aufwartung angemeldet, er war aber die letzten Tage unpässlich, wie Maryam, meine hervorragende Sekretärin, die mich leider in vier Wochen verlässt, weil sie mit einem englischen Diplomaten verheiratet ist und der nach England versetzt wird, herausgefunden hat. Sie ist Perserin und spricht die Landessprache Dari, die auch der König versteht, denn das ist eine der offiziellen Sprachen. Böse Zungen sagen, der König verstehe keine der afghanischen Sprachen, sondern nur Französisch. Das ist jedenfalls falsch, wie ich heute bestätigt gefunden habe.

Heute Nachmittag um halb vier hatte ich also einen Termin bei Seiner Majestät im Palast. (Vielleicht ist das der Palast 1, ich wohne nämlich im Palast 7 gleich um zwei Ecken). Den Palast teilt der König mit dem Präsidenten, ich war also schon einmal in dem Komplex.

Mitgenommen habe ich meine Referentin, die Französisch kann, und ich habe nach einem afghanischen Mitarbeiter gesucht, der aus demselben Stamm ist wie der König und sich freut mitzukommen, als Dolmetscher sozusagen. Den hat Maryam gefunden, und der hatte sich auch äußerst fein angezogen.

Ich auch, ich habe den Konfirmationsanzug gewählt, die Krawatte mit dem Einhorn und den Hals gewaschen. Außerdem habe ich dauernd versucht, mir vorzustellen, wie ich immer mal wieder Votre Majesté oder so was in das französische Reden einfließen lasse. Meine rumänischen Sicherheitsleute haben an meinem Auto die Standarte der Vereinten Nationen gehisst, die auf dem kurzen Weg flatternd den rechten Seitenspiegel bedeckte. Es gab vier Sicherheitssperren, die erste noch auf der Straße, die zweite vor dem Eingang zum Park. Dann durch ein Tor durch, wieder Kontrolle, und dann in einen Innenhof hinein, wo eine riesige Platane stand, um die herum sich die weitläufigen Baulichkeiten gruppierten – Ende 19. Jahrhundert und dafür noch nicht allzu protzig. Der Präsident wohnt rechts, wo lange

Schlangen von Pashtunen auf eine Audienz warten, alle in traditionellen weiten Gewändern und geduldig. Irgendeine beeindruckende Delegation. Nicht aber für den König, da wollen nur wir hin. Die Soldaten, die diesen Trakt bewachen, sind älter als die, die draußen stehen, überhaupt habe ich den Eindruck, als würde das Ambiente immer greiser. Wir werden vom Bürochef des Königs empfangen und durch die Säulenhalle geleitet, die ein richtiger See ziert, aus dem sich die Säulen erheben. So hatte ich mir mein Zimmer immer gewünscht. Ob der See auch Fische ernährt, konnte ich in der Eile und mit der nötigen Contenance nicht feststellen. Auf jedem Treppenabsatz salutierende Männer, mit jeder Stufe älter. Schließlich Vorzimmer und Zimmer des Königs.

Ich schreite würdig in meinem Konfirmationsanzug voran und erreiche die Sitzgruppe.

Vor dem Lehnstuhl steht, an einer Seite von einem uniformierten General gehalten, der König – ich hatte sein Bild glücklicherweise irgendwo schon mal gesehen –, die Augen halb geschlossen, in einem schlichten, schlechten und schlecht sitzenden braunen Anzug, preußisch krumme Nase, Schnauzbärtchen aus der Hitlerzeit und uralt. Das Alter ist eigentlich der überwältigendste Eindruck. Nicht der Raum, der majestätisch, aber auch nicht protzig ist, auch nicht der General, der eine Soldatenmütze trägt und breitschultrig wieder auf seinen Platz hinter dem König zurückkehrt, sobald sich der gesetzt hat. Sondern das Alter, alles ist steinalt, die Zeit meiner Großmutter, gepflegt und alt, die Möbel, die Sachen, die Hände, die Ohren des Königs. Ich versuche Begrüßungsworte auf Französisch zu stottern. Seine Majestät antwortet anscheinend auch auf Französisch, aber so leise und mit gebrochener Stimme, dass ich nichts verstehe. Wie ich später erfahre, meine fließend Französisch sprechende Assistentin auch nicht und der Pashtune, den wir ja eigentlich als Dolmetscher mithaben, schon mal gar nicht.

Neben dem König im Rollstuhl ein ebenso alter Mann, nicht so dünn und feingliedrig wie Seine Majestät, sondern breit, mit buschigem weißen Haar und Bart, unter einer etwas zu tief sitzenden Mütze und mit einer vollkommen unpassenden, winterlichen, hässlichen braunen Lederjacke bekleidet. Auch der Rollstuhl passte natürlich nicht in das Interieur, aber das verzeiht man ja leichter.

Er wurde vom König als königliche Hoheit vorgestellt. Wie ich später erfuhr, ist er ein Vetter von ihm.

Der Vetter war lahm, der König schwerhörig, so dass ihm mein schlechtes Französisch nicht auffiel, wohl aber dem Vetter. Auch störte anscheinend Seine Majestät nicht so sehr, dass die ersten Reden und Antworten nicht recht zusammenpassen wollten. Es war der Vetter, der sich schließlich in das Aneinandervorbeireden einmischte und sagte, vielleicht sollte doch übersetzt werden, was mein Pashtune dann auch tat. Das konnte aber wieder der König nicht richtig verstehen, obwohl er natürlich Dari kann, oder der Pashtune war zu aufgeregt, sich meine Sätze zu merken, vielleicht hat sein Englisch dem Stress nicht getrotzt, jedenfalls haben wir eine Weile gebraucht, bis ein modus parlandi gefunden war. Gleichzeitig wurde Kuchen und eine Tasse Tee und Kaffee gereicht, der Tee für die Referentin, der Kaffee für mich, man hatte sich anscheinend erkundigt, wenn auch dann falsch rum serviert. Schließlich erbot sich der Vetter zu übersetzen, was die Verständigung merklich verbesserte, denn er brachte es in der Tat mit seiner nicht minder brüchigen Stimme so gut fertig, als hätte er das Übersetzerhandwerk gelernt: Unter seinem Schnurrbart kam mit guter Laune die Dari-Rede des Königs auf Englisch leise hervor und meine afghanisiert und möglichst direkt ins dazu aufgeklappte Ohr des Monarchen. Ob das zu einer Unterredung geführt hat oder ob das Aneinandervorbeireden weitergegangen ist, nur auf höherem Niveau, ob also der Vetter die königlichen Worte korrekt wiedergegeben oder die des Königs verschluckt hat, werde ich nie herausbekommen, denn der Pashtune war so aufgeregt, dass er der Unterhaltung auch nicht folgen konnte. Als ich ihn nachher bat, einen kleinen Bericht über die Begegnung zu schreiben – ich gebe zu, es war ein bisschen gemein, aber ich wollte das Erlebnis von allen Seiten beleuchten – hat er meiner Referentin gestanden, dass er zu aufgeregt war, um Notizen zu machen.

Es ging um Krieg und Frieden im Wandel der Zeiten (Seine Majestät der König), das warme Willkommen der Afghanen (Koenigs), die Bedrohung der Welt durch das Atom (SMdK), die Bemühungen der UN, die Gefahr zu bannen (Kx), die Kriege und Leiden, die Afghanistan durchlebt hat (SMdK), den großen Optimismus, mit dem ich in die Zukunft schaue (Kx), das Wetter (SMdK), den aufkommenden Frühling (Kx) … Leider hatte ich nicht die Muße, mir den Raum richtig anzusehen, die Möbel zu betrachten, die alten Gegenstände, die Tapeten und Spiegel, denn ich konnte mich keinen Moment vom Geschehen abwenden, ohne unhöflich zu erscheinen.

Dennoch war es nicht leicht, die obligate halbe Stunde hinter sich zu bringen. Als es endlich so weit war, wurde Seine Majestät munter wie sonst selbst an den spannendsten Stellen der Unterhaltung nicht. Wieder blitzte ein Hauch von Humor unter dem Schnauzbart des Vetters auf, ein bisschen Spaß an der absurden Situation oder vielleicht auch nur an dem Job, den er übernommen hatte. Hatte ich gedacht, der Faden der Konversation sei nun wirklich zu Ende gesponnen, da hub SMdK wieder an und blickte mich fragend, erstmals beide Augen geöffnet, an, und ich konnte wieder nicht zum Ende kommen. Auch hatte ich leichte Bedenken, Kaffee und Kuchen so unangerührt zu lassen. Kann man das? Gebietet die Höflichkeit, ein wenig zu essen? Andererseits wurde dem König ein besonderer Tee in einer kleinen Meißener Tasse serviert, da hätte ich auch gern draus getrunken, statt von meinem scheußlichen Kaffee.

Irgendwann habe ich den Absprung gefunden und erwähnt, dass wir vielleicht schon zu viel von der kostbaren Zeit Seiner Majestät in Anspruch genommen hätten. Auf Deutsch hätte ich natürlich gern die richtige Form gewählt und höflich um Erlaubnis gebeten, mich zurückziehen zu dürfen, aber wie soll man das auf Englisch machen, auf Dari oder Französisch? So bin ich dann schließlich langsam aufgestanden. Das brachte vor allem den General in Bewegung, der die ganze Zeit hinter dem Königsstuhl gestanden hatte. Ich hatte ständig befürchtet, er würde plötzlich umfallen, denn er war auch schon bedenklich alt, achtzig oder mehr. Er schien auch ganz stolz, durchgehalten zu haben.

Also wurde Seine Majestät wieder auf die Füße gestellt, dazu war auch der Sekretär vonnöten. Irgendwann am Anfang des Gesprächs war auch der Hoffotograf hereingekommen und hatte ein Bild für die Ewigkeit geschossen, auch wenn ich den Eindruck hatte, die sei hier ohnehin schon angebrochen. Dem ein bisschen schelmischen Vetter habe ich dann auch noch meinen majestätischen Gruß entboten und mich scherzhaft sogar zu der Bemerkung verstiegen, die ich, kaum gesagt, schon wieder unpassend fand, wir bräuchten noch Übersetzer bei der UN, aber das hat er überhört. Ich glaube, nachdem die Unterredung zu Ende war, hat er abgeschaltet.

Der Pashtune hat noch die Gelegenheit ergriffen und seinem König gesagt, dass er aus demselben Volksstamm komme wie SMdK, was diese freute und auch meinen Kollegen – kurz, es war ein gelungener Besuch. Dann habe ich mich umgedreht und bin hinausgeschritten, erst an der Tür habe ich gedacht, man dürfe dem König nicht den Rücken kehren, dann habe ich gedacht, man solle es vielleicht doch tun, und dabei war ich schon – von meinem Tross gefolgt – an den meisten der salutierenden Soldaten vorbei, die Treppe herunter, das Durchschnittsalter senkte sich langsam unter die sechzig, bis wir durchs Tor wieder abrauschten.

Im Auto kam dann freundliche Heiterkeit auf. So richtig entspannen konnten wir noch nicht, das hätte den Pashtunen gestört, schließlich hatte er zum einzigen Mal in seinem Leben seinen König gesehen. Ich bin sicher, er wird es mir nie vergessen, dass ich ihm die Gelegenheit gegeben habe. Gerührt hat er sich verabschiedet, und ich war auch gerührt, dass das Gespräch offenbar doch etwas gebracht hatte.

So also war's bei Königs.

Leider sind nicht alle Termine so blumig. Gleich danach kam der kanadische Botschafter, um mich unter Druck zu setzen, der italienische war auch bald da, und das raue Alltagsleben hat wieder begonnen. Aber als ich da rauskam, habe ich mich richtig jung gefühlt.

4. März 2006

Heute bin ich nach Mazar-i-Sharif gefahren, um eines meiner Provinzbüros zu besuchen. Flugreise hin, dann Gouverneur, der bisher den Vogel in Bezug auf die Scheußlichkeit der Empfangsräume abgeschossen hat. Schon beim Reinkommen habe ich gesehen, dass das kitschmuseumsreif ist. Die Sessel, die Plastik, der Dekor mit Gold und Samt. Es wurde wirklich nichts ausgelassen. Selbst aus China kannte ich so was nicht. Eine geniale Verbindung von schlechtem Geschmack und momentweise zu viel Geld. Da haben wir also die Höflichkeiten ausgetauscht, die auszutauschen sind.

Glücklicherweise habe ich danach noch die Blaue Moschee besucht – offenbar sind die großen Moscheen hier im Lande alle blau –, zu der am 21. März, also dem hiesigen Jahresanfang, bis zu zwei Millionen Menschen pilgern. Entsprechend groß ist die Anlage und von oben bis unten mit blau gemusterten Kacheln beschmückt. Da zeigt sich, dass der schlechte Geschmack nicht immer vorgeherrscht hat. Nur die weiteren Außenanlagen, die der Gouverneur dem alten

Ensemble hinzugefügt hat und die auch blau angestrichen sind, verraten seine Handschrift.

Die Vor- und Nebenhöfe dürfen alle nur ohne Schuhe betreten werden, was wir auch einhalten. Dafür gibt es einen Schuhbewacher, der offenbar in der Lage ist, die Schuhe von zwei Millionen Pilgern auseinanderzuhalten, denn beim Rausgehen hat er mir genau die meinen wiedergegeben. Mich hat der örtliche Imam geführt, denn als Ungläubiger darf ich zwar nicht in die Innenräume rein, ein Würdenträger bin ich aber doch, und die Würde habe ich auch vor mir hergetragen. Hinter mir hatten die zahlreichen Leibwächter auch auf dem heiligen Gelände ihre Waffen und Gewehre bei sich, die Schuhe aber mussten auch sie ausziehen. (Vielleicht ein Verbesserungsvorschlag: Schuhe anlassen und Waffen ausziehen – aber das erlaubt wohl der Prophet nicht.)

Ich wurde in das Museum geführt, das in einem Seitenraum verborgen war, auch der mit bunten Kacheln geschmückt. Leider war nichts Interessantes drin, außer vielleicht ein paar alten Handschriften, denn der stolze Wächter hatte nur die Geschenke ausgestellt, die der Moschee je gemacht wurden und die waren nicht alle museumsreif.

Die Kacheln werden regelmäßig geputzt und erneuert, so dass alles gepflegt und geschmackvoll aussieht – also schon deshalb eine Oase in dem ganzen braunen Staub und Schmutz rundherum. Denn die Stadt ist sonst nicht sehr elegant, wenn ich die wichtigsten Teile gesehen habe – außer der Hauptstraße sind die Straßen nicht gepflastert oder sonst wie befestigt, die Esel und Pferde sind zahlreich, auch Ziegen und Schafe, Kühe und Bullen bevölkern die Wege.

Wir essen zu Mittag in dem besten Hotel am Platze, das wir über viele solcher Straßen und Wege erreichen, vermutlich hat der von uns dort verzehrte Bulle auch diesen Weg genommen. Das Hotel war neu, der Stil offensichtlich vom Gouverneur geprägt. Aber man gewöhnt sich schnell. Ich saß dem versammelten Provinzparlament gegenüber.

Danach lange Diskussionen und Gespräche mit dem Team. Das Haus, in dem sie alle wohnen, hat einen wunderschönen Garten, in dem die Bäume gerade weiß blühen. Sicher haben sie zehn Gärtner beschäftigt, denn die Anlage ist nicht klein, wenn auch kleiner und viel besser angelegt als in meinem Palace 7. Auch das Wohnhaus ist alt, zweistöckig und gemütlich. Morgen fliege ich weiter nach Kunduz.

24. März 2006

Heute habe ich den Tag mit Richard Holbrooke verbracht. Das ist jemand, der so klug ist, dass ich nur die Ohren spitzen kann. Er hat die Welt gesehen und mit Dayton auch verändert. Natürlich wird er unter Bush nichts. Er nutzt die Zeit, um sich in der Welt umzusehen. Wir waren bei einer amerikanischen Organisation (der Demokraten), die versucht, die Frauen im Parlament weiterzubilden. Es war sehr interessant und lehrreich, auch was die Beiträge der Frauen anbetraf. Dann haben wir noch das Lager einer NGO, die Waffen vernichtet und Minen sammelt, gesehen.

Das war der Frei- und Feiertag, ich bin nicht sehr erholt, eher ein bisschen grippig, habe nicht genug geschlafen, an Feiertagen muss ich immer eher 12 als nur 8 Stunden schlafen, sonst fühle ich mich nicht erholt, und eher 14 als nur 2 Stunden lesen.

25. März 2006

Ein gewisser Abdul Rahman, der im Gefängnis sitzt, hat zur Bibel gegriffen und sich als konvertierter Christ geoutet. In der fundamentalistischen Sharia-Interpretation droht ihm die Todesstrafe. Am Abend auf der Abschieds»party« meiner zwölf Leibwächter aus Rumänien, die bald durch zwölf andere Rumänen ersetzt werden sollen, habe ich noch gemeint, Bush und Merkel sollten sich doch bitte zurückhalten. Der Einzige, der sich in einem Rechtsstreit mit fundamentalistischen Theologen äußern könne, sei der Papst und der schweige. Das war der falsche Zungenschlag, denn

1. ist einer meiner Kollegen, Eckart [Schiewek], der alle afghanischen Exzellenzen kennt und so gut Dari spricht, dass er für einen Afghanen gehalten würde, wenn er nicht so deutsch, ja, bayerisch aussähe, von Kardinal Ratzinger in Rom getraut worden. Er war natürlich nicht der Meinung, dass der Papst so angegangen werden dürfe,

2. sagt mir gerade mein engster Mitarbeiter Alberto [Brunori], der Papst habe sich zur Sache eingelassen.

Dadurch wird die Sache nicht besser. Der junge Christ war Gegenstand eines intensiven Tages. Inzwischen haben alle Führer der Weltregionen den afghanischen Präsidenten und alle Minister angesprochen oder angeschrieben und ihn gedrängt, den Mann freizulassen – widrigenfalls man die Hilfe und die Entsendung von Truppen rückgängig machen wolle, Condoleezza [Rice] hat Mitleid gezeigt, wie es ihr Name sagt, und in der ganzen Welt sind die Wellen hochgeschlagen. Es ist ein gefundenes Fressen für alle Fundamentalisten dieser und der anderen Welt. Und es wird eifrig Politik gemacht, von allen Seiten und auf dem Rücken des Abtrünnigen.

Mir geht es weniger um den Glauben dieses Herrn, sondern mehr um sein auch in diesem Fall unveräußerliches Menschenrecht zu glauben, was er will. Das ist aber bei so viel Politik nur schwer durchzusetzen. Nicht nur sagt Karzai zunächst zu Recht, die Justiz sei unabhängig. Das sollte sie ja auch sein, und das wollten alle so, die die Verfassung geschrieben haben. Und das sagt er erstmal genauso in den Wind, wie wir in den Wind gesagt haben, dass die Presse,

34

auch die cartoonierte, unabhängig ist. Denn glauben tut das natürlich niemand, auch Karzai wohl nicht.

Dann haben die Mullahs das Freitagsgebet genutzt, um den Fall ausführlich den Gläubigen zu erklären. Nun kennen ihn alle – und alle (das heißt die überwältigende Mehrheit der Gläubigen, und das sind hier wohl über neunzig Prozent der größtenteils ländlichen und armen Bevölkerung) sagen, der Mann gehöre bestraft. Und die Mullahs wollen ihre Macht zeigen, auch dem reformerischen Präsidenten gegenüber.

Im Gespräch mit Holbrooke, der heute Morgen beim Präsidenten war, hat dieser sich erstmal eine halbe Stunde über die Einmischung und den Druck der Welt geärgert, die es ihm sehr schwer machten, aus der Auseinandersetzung ohne Machtverlust an die Mullahs rauszukommen. Denn jetzt ist die Sache, die sich ohne die Welteinmischung mit einiger Sicherheit irgendwie elegant hätte unter den Tisch kehren lassen, eine Frage der Macht geworden. Hier wollen die Traditionalisten, die den Machtverlust nur schwer verdaut haben, es dem Präsidenten und der Weltöffentlichkeit zeigen, dass die Muslime sich nicht vom Westen in die Knie zwingen lassen. Als Lösung hat Karzai vor, eine böse Erklärung an den Westen zu machen und zornig auf die Souveränität von Afghanistan zu pochen, andererseits den Mann freizulassen, und zwar bevor er der Gerichtsbarkeit übergeben wird, aus Staatsraison und explizit, weil er – und so will er das auch öffentlich sagen – nicht wegen dem irrelevanten Schicksal eines Einzigen die lebensnotwendige Hilfe der internationalen Gemeinschaft, also das Los der 27 Millionen Afghanen aufs Spiel setzen will. Ob diese Strategie erfolgreich sein wird, ist nicht so klar. Vor allem – und das ärgert ihn – wird er dann als Weichei gescholten und weiter an Zustimmung in der Bevölkerung verlieren. Das freut die Mullahs.

In der Sache haben wir rausgekriegt, dass offenbar der Bruder des Angeklagten, der nach langen Jahren des

Aufenthalts deutscher Staatsbürger geworden ist, will, dass alle Beteiligten nach Deutschland ausreisen dürfen. Ob nun mit oder ohne Töchter, das ist noch nicht klar. Aber auf jeden Fall kann sich die Familie eine Zukunft nur in Deutschland vorstellen. Das hieße Asyl für den Christen. Vielleicht war das von dessen Seite auch das Ziel der Übung. Was dann mit den Töchtern ist, ist für alle Seiten – auch für mich – eine Cura posterior. Zu Hause in Kabul wollen sie aber den Mann nicht mehr haben. Das geht wegen der Öffentlichkeit des Falles sowieso nicht mehr, denn dann ist die Wahrscheinlichkeit einer Selbst- und Lynchjustiz so hoch, dass niemand den Mann schützen könnte. Ich habe Sorge, dass ihm schon in der Zelle was zustößt.

Ich werde ihn morgen besuchen, zusammen mit dem Leiter der Menschenrechtsabteilung und sehr sympathischen Aktivisten aus Neuseeland, Richard [Bennett], und dem Deutsch-Afghanen Eckart, der als Übersetzer dienen kann. Wie weit das den Angeklagten schützt, weiß ich nicht, aber es ist einen Versuch wert.

Um diese Möglichkeit, die offenbar noch niemand versucht hat, zu bekommen, bin ich heute Morgen beim Obersten Richter, Shinwari, gewesen. Um zehn Uhr. Ich war aufgeregt und zu früh. Das Oberste Gericht (das hier gleichzeitig viele der Funktionen innehat, die bei uns die Justizministerien der Länder ausüben) war wie alle Gerichte der Dritten Welt überfüllt mit Leuten, die irgendwelche Petitionen haben. Wir werden als VIPs an der Tür empfangen und durch die langen Gänge geführt. Die Wachen machen uns ruppig einen Weg durch die wartenden Schlangen frei. Es ist peinlich, wie sie die Leute behandeln, durchaus auch brachial. Es geht nicht zimperlich zu in Afghanistan vor Gericht.

Schließlich erscheint der Oberste Richter, der, der die Verfassung mitgeschrieben hat und darauf achtet, dass islamische Prinzipien eingehalten werden. Da ist damals ein Kompromiss gemacht worden, der mir überhaupt nicht einleuchtet: Um die Präsidialverfassung durchzusetzen, wurde im Austausch festgeschrieben, dass kein Gesetz im Widerspruch zum Koran stehen darf. Hätte man besser verhandelt, dann hätte man vielleicht eine Kanzlerdemokratie mit größeren parlamentarischen Befugnissen und mehr Menschenrechten durchsetzen können. Aber es ist wohl sogar explizit und dem nun Obersten Richter gegenüber gesagt worden, dass eben im Zweifelsfalle die Sharia gelte. Die Verhandler waren damals mit Brahimi und anderen in der Mehrzahl selbst Moslems, was ihnen einerseits Autorität einbrachte, andererseits sie aber auch eine meines Erachtens falsche Priorität setzen ließ. Einige sagen nun, die Religionsfreiheit gelte so wie in der Allgemeinen Erklärung der Menschenrechte absolut, andere – so der Oberste Richter – nur insoweit sie nicht dem Koran widerspreche, also im Grunde nur für Ausländer oder Nichtmuslime. Genau dies hat er uns dann vorgebetet.

Die Übersetzung war durchaus manchmal strittig. Der Oberste Richter hatte seinen Sohn dabei. Der hat übersetzt und viele Erklärungen geglättet. Aber Eckart konnte es verstehen und richtigstellen. Auf dem Schreibtisch des großen alten Herren mit langem Bart, weißem Turban und schwarzem Umhang lag – in grünen Samt eingeschlagen – der Koran. Sonst nur noch eine Schale aus Silber und zwei Bleistifte. Kein Gesetz, kein Schreibpapier, nichts. Hinter dem Schreibtisch ein Bild des Präsidenten und von noch jemandem, den ich nicht kannte. Über meinem Sessel hing eine große Peitsche – die Damoklespeitsche sozusagen.

Der Richter sagte, er habe am Wochenende mit den Ulemas gesprochen, den Versammlungen der Mullahs, die seien sehr verärgert und zwängen ihn, Recht zu sprechen. Er sei schließlich ihnen verantwortlich, und wenn es ein Gerichtsverfahren gäbe, dann könne er nur verurteilen. Es sei denn, der Mann würde seinen Schritt öffentlich bereuen, der Presse gegenüber. Er würde uns gern Zugang zu dem Mann verschaffen – worauf wir eingingen –, aber offenbar dachte er – was wir nicht machen werden –, wir würden ihn zu überzeugen helfen, die Konversion rückgängig zu machen. Das wäre die eleganteste Lösung für alle Seiten, indeed.

Ich fürchte aber, so einfach wird es uns der Gläubige nicht machen. Und ich – für Glaubensfreiheit – kann ihn auch nicht davon zu überzeugen versuchen. Ich kann ihm nur sagen lassen, wie schwierig seine Situation ist. Gut, der Präsident wird ihn am Schluss – unter großem Stöhnen – nicht hinrichten lassen. Aber begnadigen kann er ihn wohl auch nicht. Und Recht wird er nicht finden in einem Staat mit einem so prekären Gleichgewicht von Traditionalisten und – ja, was eigentlich – vielleicht Modernisierern. Viele Leute nehmen es nicht so genau mit der Menschenrechtserklärung.

Die Sitzung war äußerst unangenehm, zum ersten Mal saß ich einem Mullah gegenüber, der seiner eigenen Meinung so sicher ist, dass ihm das Leben und Recht des Einzelnen, die Menschenrechte weit weniger wert sind. Ich möchte ihm nicht vor Gericht gegenübersitzen. Ja, einen Verteidiger könne er haben, aber der werde ihm auch nichts helfen, denn die Sache sei klar, er sei zu verurteilen – wenn er denn erstmal vor Gericht stehe. Der Mann war sich seiner Sache auch so sicher, dass er die Lösung, an die einmal gedacht worden war, den Angeklagten für verrückt zu erklären, verwarf. Er sei nicht verrückt. So etwas würden ihm seine Leute nicht glauben. Er berief sich also irgendwie auf das Volk, von dem Recht ausgehe, dem er sich verantwortlich fühle, und das Volk sei muslimisch.

Mein Argument, dass ich nicht glaube, dass der Angeklagte bereue, auch angesichts des Todes, dass es eben Selbstmörder hier und dort gebe, Leute, die glaubten, dass dem Selbstmörder nur das Paradies winke, nahm er nicht auf. Selbstmord sei im Islam nicht erlaubt.

Der Oberste Richter, der dem Minderheitsführer im Parlament, Sayyaf, sehr nahe steht, spricht natürlich einer machtvollen Gruppe aus dem Herzen und hat nicht vor, den Präsidenten in seinem Modernisierungskurs zu unterstützen, schon mal gar nicht in einem Moment, wo das ganze Oberste Gericht gerade vom Parlament bestätigt werden soll, was politisch schwierig ist, denn es ist keineswegs klar, ob dem Präsidenten bei seinen Vorschlägen das richtige Gleichgewicht gelungen ist.

Genug. Wir sind nach einer Stunde Kontroverse geschieden. Der Mann war höflich, gebildet, beredt, aber eisern. So habe ich mir immer den Großinquisitor vorgestellt, wie ihn Dostojewski beschreibt und wie er mir vielleicht sogar schon als Richter des Jüngsten Gerichts in irgendwelchen Alpträumen erschienen ist. Ruhig, kalt, klug, alt, logisch, eisern und unnahbar, die letzte Instanz.

Ja, wenn Abdul Rahman bereut, vor einem Richter, vor ihm, vor einem Mullah, dann ist er frei, dann könnten wir ihn gleich mitnehmen, ja, er wolle ja helfen, er sähe, wie schwierig die Situation sei usw. Wir sollten zu ihm gehen und ihn zur Reue bringen.

Wer sind wir für solch einen Auftrag?

Unser Besuch des Angeklagten wird in Begleitung des zuständigen Richters stattfinden, was auch nicht hilfreich ist. Der Vorschlag wurde also ohne Euphorie aufgenommen. Offenbar glaubt Shinwari wirklich, wir würden den Mann zum Abschwören bringen, oder er will uns überwachen, damit wir nicht gemeinsame Sache machen mit dem Ungläubigen. Nun wird über seinen Kopf hinweg, vielleicht sehr knapp darüber hinweg, Weltpolitik gemacht. Zugleich werden die internen Machtverhältnisse geklärt zwischen Traditionalisten und Modernisierern, zwischen Präsident und Oberstem Richter und schließlich zwischen Parlament und Präsident. Es sieht so aus, als würde der Präsident in allen Fällen den Kürzeren ziehen.

Ich habe mich an die deutsche Botschaft gewandt und nachgeforscht, ob dem Mann Asyl gegeben werden kann, damit
er wenigstens vom Acker kommt, falls er aus dem Gefängnis
raus ist.

30. März 2006

Heute hat mein Pressesprecher festgestellt, dass die Geschichte des bibeltreuen Afghanen der meisterzählte aller
afghanischen Berichte im Internet ist, dass nach dem Sturz
der Taliban noch nie einem Ereignis so viel Aufmerksamkeit geschenkt worden ist wie dem Fall des Abdul Rahman.
Wir sind also mal wieder am Pulsschlag der Zeit oder wenigstens der Zeitschriften und Zeitungen, Fernseher und
Radios und was es sonst noch so an Medien gibt. Und ich
bin sicher, das ist erst der Anfang.

Das erste, was wir gehört haben, war nicht viel: In irgendeiner Zeitung war zu lesen, dass ein Afghane im Gefängnis sitze, weil er erklärt habe, er sei vor 15 oder 16 Jahren
zum Christentum übergetreten. Und nun drohe ihm nach
den islamischen Gesetzen die Todesstrafe. Das war vielleicht vor einer Woche. Wieso das eigentlich erst gegen Ende
März bekanntgeworden ist, dafür hatten und haben alle
Verschwörungstheoretiker schnell eine passende Erklärung: Der Präsident hat ein neues Kabinett und eine neue
Zusammensetzung des Obersten Gerichtes vorgeschlagen
und nun muss das Parlament über jeden Einzelnen (und
eine Einzelne) von ihnen entscheiden – in geheimer Wahl.
Das hat zu einer Politisierung der Debatte in der Öffentlichkeit geführt und da – so wird hinter vorgehaltener Hand
gesagt – wollen die Fundamentalisten, die Oppositionellen,
die Unzufriedenen aller Provinzen, die Mullahs und vielleicht sogar die talibannahen Kräfte aller Länder ein Fressen finden.

Die Debatte hat sich schnell hochgeschaukelt. Schnell waren die Artikel in der internationalen Presse geschrieben. Einen in der *BILD*-Zeitung habe ich gesehen. Auf der letzten Seite ist der unglückliche Christ zu sehen, daneben der zuständige Staatsanwalt mit der Bibel als Beweismittel in der Hand und die rührende Geschichte des »Hier-steh-ich-ich-kann-nicht-anders«. Schon bald haben sich die ersten Politiker gemeldet, Solidaritätsadressen kamen aus aller Welt für den Unglücklichen (und Ungläubigen), dann haben sich auch die Staatschefs eingemischt und den Präsidenten mit Telefonaten, Briefen und Forderungen bombardiert, auch die Heilige Heidi [Wieczorek-Zeul] aus Berlin war dabei. Politik also auf allen Seiten. Es wurde auch – was die Afghanen natürlich geärgert hat – gleich damit gedroht, Finanzen oder Truppen abzuziehen. Nicht nur die Fundamentalisten hat das geärgert, sondern auch die Gemäßigten oder Modernisierer oder wie man sie nun nennen mag.

Derweil war der Präsident zum Staatsbesuch in der Türkei, am vergangenen Freitag ist er zurückgekommen. Viele Erklärungen hat es nicht gegeben außer einer ziemlich törichten eines sonst sehr netten Ministers in der *Neuen Osnabrücker Zeitung*, dass sich die Weltöffentlichkeit doch nicht so aufregen solle, solcherlei Einmischung brauche man nicht und wolle vielmehr seine Angelegenheiten selbst regeln. Das war sicher nicht der richtige Ton. Aber natürlich hat der internationale Druck die Regierung auch hier unter Druck gebracht. Schließlich haben Angela Merkel und Condoleezza Rice Karzai angerufen, Berlusconi hat sich erklärt, alle, alle haben sich geäußert, auch viele, die sonst mit den Menschenrechten und der Todesstrafe weniger zimperlich sind. Karzai hat schließlich zugesagt, der Angeklagte werde sicher nicht hingerichtet – diese Äußerung, die einzige, die in seiner Kompetenz liegt, kam aber viel zu spät, um noch irgendeine Wirkung auf die internationale Gemeinschaft zu erzielen.

Wir hatten auch versucht, uns einzumischen, allerdings viel diskreter. Als allererstes haben wir uns unserer guatemaltekischen Erfahrung erinnert, wo wir gelernt haben, dass am Anfang eine Aufnahme der Tatsachen stehen muss, die bisher noch keiner bei UNAMA gemacht hatte. Dann haben wir einen Kollegen ausgeschickt, das zu machen, was alle anderen noch nicht gemacht haben, auch die vielen Journalisten nicht, und alle möglichen Betroffenen, Nachbarn, Familienmitglieder usw. zu befragen, was eigentlich Sache ist. Nach nur einem Tag wussten wir mehr als alle anderen zusammen und diesen Vorsprung haben wir bis heute gehalten und sogar noch ausbauen können, auch wenn wir jetzt aus guten Gründen schweigen.

Abdul Rahman wurde am 11. Februar, also vor nunmehr 47 Tagen in Kabul festgenommen, weil ihn sein Vater angezeigt hatte, seine beiden Töchter regelmäßig zu schlagen – was allein hier vielleicht noch keinen Haftgrund bedeutet hätte –, wiederholt aber auch ihn, seinen Vater, der doch die Enkeltöchter all die Jahre aufgenommen und aufgezogen hatte, die Rahman in Europa auf Reisen war. Viele Länder hat er bereist, Deutschland, Belgien, viele Jahre ist er weg gewesen, überall hat er eine Weile gearbeitet, sogar in Russland, unter verschiedenen Namen hat er Ausweise beantragt und bekommen und in verschiedenen Ländern hat er um Asyl gebeten, ohne es zu bekommen. Um die zehn Jahre lang waren seine Töchter bei der alternden großväterlichen Familie gewesen, die sie anscheinend ordentlich behandelt und auch auf die Schule geschickt hatte. Das Drama war eskaliert, als nicht nur Rahman, sondern auch sein Bruder – der inzwischen Deutscher geworden war – zurückkamen, um nach dem Vater zu sehen. Das Familiendrama endete bei der Polizei und am für Familiensachen zuständigen Obersten Gericht in Kabul (warum das zuständig ist, weiß ich nicht, aber es hat einen kleinen Knast und in dem hat Abdul Rahman dann erstmal gesessen). Die Polizei hatte noch einen Schlichtungsversuch gemacht, da hatte Rahman auf das Sorgerecht gepocht, was aber auch von dem Großvater der Kinder und vom Bruder als Familienoberhaupt beansprucht wurde. Der Schlichtungsversuch schlug also fehl, er blieb im Gefängnis, die Töchter blieben zu Hause und der Bruder bereitete seine Rückkehr nach Deutschland vor. Dann erst, irgendwann im März, kamen die Bibel und der Staatsanwalt ins Spiel. Ob nun Abdul Rahman die Bibel gleich zu Anfang abgenommen worden ist oder erst später, ob die ganze Sache losging, als er sie vehement zurückforderte oder als irgendjemand den möglichen politischen Gehalt der Sache entdeckte, ist unklar. Auf jeden Fall wurde daraufhin der Angeklagte von hochrangigen Richtern, Mullahs und dem Staatsanwalt aufgesucht und zu Stellungnahmen veranlasst, vielleicht auch verhört, in keinem Fall aber gefoltert, geschlagen oder dergleichen. Abdul Rahman bekannte, dass er vor 16 Jahren, noch bevor er seine Frau heiratete, bei einer christlichen humanitären Organisation in Pakistan gearbeitet habe und dort zum Christentum bekehrt worden sei. Seitdem habe er die Bibel gelesen und sie immer bei sich geführt. Bereuen werde er nichts.

Wir haben den Bruder befragt, haben die pakistanische NGO gesprochen und auch den amerikanischen Sozialarbeiter, der ihn offenbar bekehrt – aber nicht getauft – hatte, die Familie, die Nachbarn, den Staatsanwalt und die Gefängnisleitung. Auch seine Polizeiakte haben wir gesehen, in der vor allem vom Familiendrama die Rede war. Schließlich haben wir auch mit ihm selbst gesprochen, aber das erst später. Die Informationen waren einigermaßen konsistent. Auch, dass Abdul Rahman in psychiatrischer Behandlung gewesen war, auch letzthin noch, dass er Medikamente nimmt und es ihm manchmal schlecht geht. Ob seine Bekehrung darauf zurückgeht oder umgekehrt oder ob das unabhängig war und vom Stress gekommen ist, jedenfalls hat er immer wieder gesagt, er höre merkwürdige Stimmen und fühle sich verfolgt (was ja nicht ganz grundlos gewesen sein mag).

Der Oberste Richter war wegen des Falls beim Präsidenten gewesen und hatte ihm gesagt, wenn er in diesem Fall gezwungen werde, nicht so zu entscheiden, wie die Sharia befehle, nämlich auf Todesstrafe, werde er zurücktreten.

Das war sicher eine Drohung für Karzai, denn der Oberste Richter ist auch der Vorsitzende der Shura, das heißt der Versammlung aller geistlichen Würdenträger im Lande. Die hatte er am Vortag einberufen, und da hatte man einhellig befunden, der vom Glauben Abgefallene müsse sterben, wenn er nicht bereue. Nun hatten wir und die ganze internationale Gemeinschaft immer wieder gefordert, der Präsident solle Shinwari nicht wieder zum Obersten Richter vorschlagen, weil er der Hort des Konservativismus sei und außerdem unfähig, die Gerichtsbarkeit zu organisieren, was seine Pflicht ist. Die ganze Justizreform ist an ihm gescheitert. Ihn aber aus dem Verkehr zu ziehen, hätte den Präsidenten die Unterstützung der Shura gekostet, und das hat er nicht riskiert, sondern die acht übrigen Richter um Shinwari herum neu ausgewählt. Unser erster Eindruck ist, dass die etwas moderner denken als die alten und der Alte. Alle müssen aber noch, der Alte auch wieder, vom Parlament bestätigt werden.

Wie wir der Formulierung »wenn er vor mein Gericht kommt, muss ich ihn verurteilen« entnahmen, blieb ein Türchen offen, das Türchen, durch das der Angeklagte schließlich auch geschlüpft ist; was, wenn er erst gar nicht vor ein, vor das Gericht des Großinquisitors kommt?

Ich war bei diesem Besuch ja zum Glück begleitet von Eckart und Richard. Die beiden sind dann Abdul Rahman besuchen gegangen und haben ihn in einer sauberen Zelle gefunden, anscheinend ist er nicht schlecht behandelt worden. Der zuständige Richter hat sich korrekterweise nicht bereitgefunden mitzukommen, weil er befürchtete, sonst befangen zu sein, oder keine Verhöre im Gefängnis und auf eigene Faust machen wollte. Dafür begleitete sie der Gefängnisdirektor. Vieles von dem, was ich oben erzählt habe, stammt aus diesem Gespräch, bei dem Abdul Rahman sehr gefasst war und sagte, er bereue nichts, auch wenn er dafür sterben müsse. Nur wolle er seine Bibel wiederhaben, einen Wunsch, den wir ihm bis heute nicht erfüllen konnten.

Im Laufe des Sonntags habe ich nicht nur mit den meisten Ministern, sondern auch mit dem stellvertretenden Generalstaatsanwalt gesprochen, um irgendeine Lösung zu finden, die den Mann verschont. Alle waren sehr willig, es hat sich aber nichts Konkretes ergeben. Für die UN habe ich auch eine Stellungnahme verfasst, die vor allem auf die Menschenrechte abhebt und darauf, dass wir uns bemühen, ein Asylland zu finden, falls er freikommt. Am Montag schließlich, nachdem Innenminister, Justizminister, Präsidentenbüro und alle sonst hinreichend oft gesagt hatten, es müsse doch eine Lösung gefunden werden, aber keiner, welche, hat sich irgendwie eine Lösung zusammengeschaukelt, deren Werdegang mir bis heute nicht klar ist. Jedenfalls wurde uns bedeutet, wir sollten zum Gefängnis kommen. Inzwischen war der Mann wegen der offenbar erkannten Gefährdung beim Obersten Gericht in das große Gefängnis außerhalb der Stadt gebracht worden. Wir waren nicht ganz von der Sinnfälligkeit der Maßnahme überzeugt, denn da hat es gerade vor zwei Wochen eine Revolte mit fünf Toten gegeben und wir hatten keinen Anlass zu der Vermutung, Abdul Rahman sei da sicherer vor Übergriffen der gläubigen Mithäftlinge. Es hatte auch in Mazar-i-Sharif schon wütende Demonstrationen gegeben, weitere erwarteten wir jeden Moment und eigentlich noch immer.

Auf jeden Fall haben wir uns schließlich dorthin aufgemacht, obwohl wir weder eingeladen noch sonderlich willkommen waren. Es tat sich aber im Laufe des Nachmittags offenbar irgendwas. Abdul Rahman saß im Zimmer des

45

Gefängnisdirektors und sollte offenbar freigelassen werden, wie uns auch vom Justizminister bestätigt wurde. Der Grund hätte nicht fadenscheiniger sein können: Man habe in der langen Untersuchungshaftzeit die Fakten nur unvollständig erhoben, es seien Lücken in der Beweiskette, zum Beispiel sei der Gesundheitszustand nicht ermittelt oder dokumentiert, auch sonst sei die Untersuchung schlampig durchgeführt worden. Wir fanden das einen guten Weg, denn so war der Oberste Richter nicht kompromittiert oder befasst, sondern lagen die »Fehler« nur beim Staatsanwalt. (Anders als in Deutschland ist der aber in Afghanistan eigentlich unabhängig wie das Gericht, eigentlich, eigentlich – aber auch darauf wollen wir mal nicht pochen.)

Es wurde an einem qualvoll langen Abend schließlich ein Dokument verfasst. Eine Akte wurde geschlossen und ein Entlassungspapier verfertigt. Erst sollten wir ihn bei UNA-MA offiziell in Empfang nehmen, das Dokument sogar unterschreiben. Ich hätte das sicher in der Freude der Ereignisse gemacht, nicht so aber meine Helden. Die haben weiter gezackert, weil wir bei dem Ganzen nicht so exponiert vortreten wollten, dass wir dann die Ziele und Opfer des weiteren Volkszorns würden.

Schließlich wurde beschlossen, den Herrn zu seinem Bruder zu entlassen. Der konnte nicht dafür gewonnen werden, den bösen Bruder wieder zu nehmen, wohl aber dazu, das Dokument zu unterschreiben, wenn's denn nicht im Knast sein müsste. Das haben wir dann auch noch hingekriegt, in unserem Büro. Eine Zeit lang hatten wir alle Dokumente bei uns – kommissarisch sozusagen für den Obersten Richter, den Präsidenten, den Gefängnisdirektor, jedenfalls alle Autoritäten dieser und der anderen Welt. Aber schließlich kam alles wieder an seinen Platz, die Entlassungsdokumente in die Akte, die ins Gericht, die Quittung für den Erhalt des Gefangenen ins Gefängnis. Aber der Gefangene – ja, wohin eigentlich mit dem?

Der Bruder wollte ihn ja nicht. Wir konnten ihn auch nicht brauchen. Meine Sicherheitsleute sprangen im Dreieck – wegen der Sicherheit des Mannes und unserer eigenen. Wie wollten wir vermeiden, Ziel von Demonstrationen zu werden, wo sollte er schließlich hin? Wer würde ihn nehmen, wenn er erstmal bei uns wäre und die hohen Herren und Damen, Bush und Merkel, nicht mehr interessierte?

Wir hatten alle Sorten von Plänen gemacht. Inzwischen fragten auch immer wieder Presseleute an, die von der Sache Wind bekommen hatten und wissen wollten, wo und wann und wie.

Eine ganz erstaunliche und unerwartete Hilfe habe ich von meinen zwölf rumänischen Leibwächtern bekommen. Denen hatte ich die schwierige Sache erklärt und die Aufgaben, die auf uns zukommen könnten. Während der Verhandlungen im Gefängnis hatten sie sich um eine dezente Beurlaubung der örtlichen Fahrer gekümmert, das Regiment und zwei gepanzerte Wagen übernommen, beide ohne Nummernschilder und ohne UN-Aufdruck – für alle Fälle – und waren in den Gefängnishof gefahren, wo sie sich mit anderen Sicherheitskräften vor Ort kollegial verständigt hatten, diskret zu sein und zusammenzuarbeiten. Sie haben in den nächsten zwei Tagen jeden noch so schwierigen Auftrag dezent und professionell erledigt; als hätten sie auf nichts anderes gewartet, als gläubige Christen zu befreien.

Ich und in zunehmendem Maße die ganze Mission hatten uns den ganzen Tag um eine Möglichkeit bemüht, den Mann unterzubringen, wenn er denn freikäme, aber keiner wollte ihn. Erstens, weil er ein Sicherheitsrisiko, zweitens, weil er selbst auch unberechenbar war – wie sollte man ihn schützen und wie sollte man ihn wieder loswerden? Die Militärs aller Sorte, »Nein danke, das ist nicht unser Mandat.« Die Amerikaner auch, »No, thank you.« No Condoleezza. Die Deutschen – »Nein, dazu haben wir nicht die Räume« und und und. Alle dasselbe: »Warum nicht UN?« Dabei sind wir die Einzigen, die keine Festung haben und weniger geschützt sind als die Botschaften oder die Kasernen.

Es war eine unangenehme Betteltour rund um die diplomatische Welt der Cocktails und Höflichkeiten. So hatte ich die lieben Kollegen noch nicht kennengelernt.

Immer gibt es ein kleines gallisches Dorf, mitten im besetzten Gebiet. Diesmal Ettore [Sequi], der italienische Botschafter. Er persönlich zuerst, nicht die Regierung, schon gar nicht Berlusconi. Aber der Botschafter, zusammen mit meinem Kollegen Alberto, die sich verstanden und die schließlich mit einem akzeptablen Vorschlag kamen: eine Notarztklinik in unserer Gegend, da sollte er eingeliefert und behandelt werden und bleiben »bis er sich auskuriert habe«. Die Klinik wird wohl von Italien bezahlt, der Direktor ist bequatschbar und schließlich dämmert ein Happy End gegen 23 Uhr.

Eine Stunde später schließlich, nach weiteren Komplikationen – der Minister selbst hat schließlich das »auf Ehrenwort«, mit dem das Entlassungsdokument verunziert war, gestrichen, also Freiheit ohne Bedingung am Ende – nach weiteren Komplikationen – wir mussten bezeugen, dass die Entlassung zum Bruder, der ja gar nicht da war, erfolgt war – nach weiteren Komplikationen – die Presse stand inzwischen vor dem Gefängnis und schien bereit, uns zu verfolgen, um zu wissen, wohin der Vogel entflöge – nach weiteren Komplikationen, die unsere Sicherheitsrumänen mit Martinshorn und Tricks umfuhren, kamen sie dann in der Klinik an.

Unser Krisenstab, der den ganzen Tag gearbeitet hatte, war schon zu Bett gegangen, auch der Vorsitzende.

Ich konnte aber nicht schlafen, wurde also auch von dem Anruf nicht geweckt, dass man losgefahren sei. Dann doch, als nach einer Stunde klar wurde, die nehmen unseren Mann nur für die Nacht und um sieben Uhr morgens, wenn die Frühschicht käme, müssten wir ihn wieder abholen. Das war ein Schock, der den Krisenstab am nächsten Morgen um sechs Uhr wieder zusammenbrachte mit der Frage, wohin jetzt?

Uns blieb schließlich keine andere Möglichkeit, als ihn in unseren Bürogebäuden unterzubringen. Den Rumänen ist eingefallen, ihn in den Bunker zu verfrachten, den wir für den Fall des Beschusses haben und der sonst als Turnhalle eingerichtet ist. Um das vor der einheimischen Belegschaft zu verbergen, haben sie eine Sicherheitsübung vorgetäuscht, das Gelände großräumig abgesperrt und sich eifrig zu schaffen gemacht. Abdul Rahman, der von einem Gefängnis ins nächste kam, blieb nichts anderes übrig, als gute Miene zu machen. Aber nach der Todeszelle war das vielleicht ja immer noch eine gute Unterbringung – wenn auch ohne Bibel. Wir haben ihn so gut es ging betreut, unterhalten, ihm zugehört. Ich nicht, ich habe ihn selbst nie gesehen. Seine Geschichte hat sicher nicht nur Sonnenseiten.

Wir, der Krisenstab, haben uns derweil damit befasst, ein Visum für irgendeinen der erreichbaren Staaten zu bekommen. Wir haben alle möglichen Leute gefragt, ob sie ihn unterbringen könnten. Ich bin mir vorgekommen wie Wilhelm Buschs Maler Klecksel, der seinen Freund, den Herrn von Gnatzel anpumpen will. Der hat nun leider da gerade seine Geldbörse nicht dabei und vertröstet ihn auf ein andermal, »von nun an war es sonderbar/wie Gnatzel schwer zu treffen war.« Immer wieder verschwindet er gerade um die Ecke, wenn Klecksel ihn treffen will, so wie jetzt die verehrten Kollegen. Der deutsche Botschafter ist nicht da, aber ich soll mich doch an Frau X wenden. Die ist auch nicht da, und ich wende mich an Frau Y, denn die ist von Frau X beauftragt, mir zu helfen. Dann später: Hat er denn einen Pass? Nein, den braucht er aber. Dann habe ich einen Pass von ihm, den hat mir der Bruder gebracht, schließlich habe ich fast alles, auch die Geburtsurkunde, Krankenhauspapiere, Sozialdokumente, auch Asylsachen aus Belgien. Nur leider ist sein Pass nicht auf seinen Namen, sondern auf einen anderen ausgestellt, hoppla, ja, da habe er in Europa Asyl suchen wollen ... Der Heilige Abdul ist offenbar doch nicht so heilig, zumindest war er es nicht immer und auch nicht in Deutschland oder Belgien, wo sie ihm den falschen Pass ausgestellt haben. Vielleicht ist auch seine Akte in Deutschland, wo er angegeben hatte, lange gelebt zu haben, deshalb nicht gefunden worden, weil er unter einem anderen Namen dort war. Auch habe er verschiedentlich »für kurze Zeit« im Gefängnis gesessen. Na gut, was soll's, der Mann muss Asyl haben, first things first. Aber Deutschland brauche eine vom Minister unterschriebene Erklärung, dass Abdul Rahman entlassen wäre, sonst könne es ja sein, dass ich, der Vorsitzende des Krisenstabes (und nebenbei der Sondergesandte des Generalsekretärs der Vereinten Nationen) Abdul Rahman entführe und was dergleichen bürokratische Sottisen mehr sind – ich habe mich selten so geärgert wie über diese Ziege, die deutsche, mäh, mäh, mäh. (Ich bin weder stolz, ein Deutscher zu sein, und will auch nie mehr sagen, ich sei ein Bürokrat.)

Indien war hilfreich, aber kompliziert. Kompliziert auch UNHCR, der Flüchtlingskommissar, der alles tun wollte, sobald Abdul Rahman über die Grenze sei, dann aber doch nie etwas getan hat, Pakistan war trickreich, »ja, natürlich, ich helfe doch gern, aber ich muss in Islamabad anrufen, hab ich doch die Telefonnummer vergessen, ich melde mich wieder.« Zwei Stunden später: »Ich hätte ja gerne, aber Islamabad sagt nein, ich habe alles versucht.«

Iran, Usbekistan, Tadschikistan … alles Helden der Menschenrechte, außerdem islamische Länder … also doch nein.

Inzwischen ist die Presse dicht an uns dran. Wir hätten Abdul Rahman bei uns, wir werden immer öfter angerufen. Auch erscheint ein von einem örtlichen Mitarbeiter entworfener Brief an alle anderen örtlichen Mitarbeiter auf Englisch, der sich darüber aufregt, dass Abdul Rahman Muslime vom Glauben abbringe. Wir sind sehr beunruhigt. Die Sicherheit wird nun wirklich immer dünner, für Abdul Rahman und langsam auch für uns. Ich mache einen langen Bericht an die Kollegen in New York, die während alldem im Wochenende waren und mich glücklicherweise nicht mit Fragen belästigten. Die Leitung hat in der ganzen Episode keine Rolle gespielt, außer, dass sie Berichte entgegengenommen und uns alles Gute gewünscht hat. Man hat fast unbegrenztes Vertrauen, scheint mir.

Das heroische kleine Dorf ist gegen Abend wieder Rom. Der Botschafter, der schon am Abend zuvor so nett war, uns der leider viel zu ambulanten Klinik zu empfehlen, hat ein Argument aufgenommen, das offenbar gezogen hat. Ich habe ihm gesagt, mit so einem Thema würde ich, wenn ich Berlusconi wäre, versuchen, die Wahl zu gewinnen. Er hat unendlich lange mit Rom telefoniert und schließlich den großen christlichen Demokraten (und Altfaschisten) Fini, seinen Chef und Außenminister, davon überzeugt, Abdul Rahman aufzunehmen. Am Nachmittag war schließlich klar, dass man dergleichen am Dienstag, also am nächsten Tag, abends dem Ministerrat vorschlagen würde. Wir waren sehr euphorisch, jedenfalls bis wir uns dann fragten, was wir mit dem Kandidaten über Nacht machen sollten. Aber immerhin hatte sich die Sache entscheidend verbessert. Dennoch war auch das Militär, also die NATO, die hier ISAF heißt, nicht bereit, den Mann auch nur für eine Nacht aufzunehmen.

Während wir uns um Asyl- oder wenigstens Fluchtorte kümmerten, haben unsere Sicherheits- und Logistikleute meinen Jet warmlaufen lassen, damit er spätestens um sechs Uhr abends abfliegen könnte, erst dachten wir noch nach Delhi/Indien, als das nichts wurde: vielleicht Islamabad/Pakistan, als das nichts wurde: vielleicht Dubai. Gleichzeitig haben wir immer noch nach einer Notunterkunft gesucht. Im schlimmsten aller Fälle, dachte ich, weise ich meine Sicherheitsleute an, ihn bei mir in der Wohnung unterzubringen, obwohl mir alle davon abgeraten hatten, aber das war für mich die letzte Möglichkeit.

Als allerdings die E-Mail der afghanischen Mitarbeiter verbreitet wurde, hatten wir alle den Eindruck, der Mann müsse auf jeden Fall das Land noch am Abend verlassen. So haben wir ihn denn in meinen Jet transportiert, abgeschirmt von den Rumänen gegen islamische Augen und Kameras, die Italiener haben ihm ein Visum in den falschen Pass gestempelt, Alberto hat das hinbekommen, in vier Minuten (Viva Italia!), und ab ging's, in Begleitung von Eckart und meiner Referentin Antje [Grawe] mit dem Auftrag, im internationalen Bereich ein Ticket nach Rom für zwei Personen zu kaufen und dann dort zu bleiben, wenn am folgenden Tag der Ministerrat vielleicht endlich positiv entscheidet, oder zurückzukommen, wenn wir irgendeine andere Lösung gezaubert hätten. Ab in die Luft also.

Irgendwann am Abend kam dann noch die NATO mit einem Beschluss aus Brüssel, dass man sich doch irgendwie um Abdul Rahman kümmern wolle, aber der war glücklicherweise schon weg. Auch hier waren Bürokraten am Werk. Ich habe sie mir warm gehalten, weil ich nicht wusste, was am nächsten Tag vielleicht noch passieren könnte.

Derweil haben sich die Dinge am späten Abend noch stürmisch entwickelt. Gute Nachrichten, die Italiener wollten am folgenden Tag nach Kabul kommen und Abdul Rahman mit einer Militärmaschine abholen. Bis dahin sollten wir stillschweigen, was wir gerne taten. Dann aber hatten wir dem italienischen Botschafter versprochen, uns in Rom um Abdul Rahman zu kümmern und der italienischen Regierung keine Schwierigkeiten zu machen. Wir haben das gern zugesagt, im festen Vertrauen auf den Flüchtlingskommissar des UNHCR in Italien. Der war aber leider nicht so entgegenkommend, wie wir uns das gewünscht hatten. Im Gegenteil. Auf oberster Ebene sei beschlossen worden, man habe mit dem Fall nichts zu tun, sondern nur die italienische Regierung. Ich war sehr empört. Glücklicherweise habe ich mich trotz der Unabänderlichkeit solcher Beschlüsse aus der Zentrale, die ich kenne, doch ans Telefon gehängt und die zuständigen Stellen angerufen. Schließlich hatte Alberto sein Wort gegeben, dass wir uns darum kümmern wollten. Genf hat mich an Rom verwiesen. Und den Mann in Rom kannte ich aus Kosovo, und der hat mich an die offiziell dafür zuständige NGO verwiesen und deren Direktor, den kannte ich auch. Ein uralter Mitstreiter aus Opel-Zeiten 1972, Christopher Hein, den ich seit diesen heroischen Tagen nicht mehr gesehen hatte. Er hat mir alle meine Sorgen genommen und war wirklich der alte Freund im richtigen Moment. Auf einmal lief alles wie am Schnürchen. Die Italiener hatten die Sache dem Außen- und dem Innenministerium aus der Hand genommen, Berlusconi hat den Sicherheitsdienst beauftragt, der war am Dienstag morgen um eins in Dubai, hat Abdul Rahman in Empfang genommen, ist um vier gestartet und seitdem haben wir nur noch im Fernsehen von ihm etwas gesehen oder gehört.

Roma locuta – causa finita.

Natürlich war die Erleichterung groß. Wir haben nach New York berichtet, haben an alle Mitarbeiter geschrieben, um auf Kritik oder Problematisierungen einzugehen, haben die Botschafter informiert, gedankt für die – fruchtlosen – Bemühungen, haben uns mit der Sicherheitslage befasst und auch noch ein bisschen gearbeitet, denn schließlich war der Betrieb, jedenfalls meiner und der meines Büros, für drei Tage völlig lahmgelegt. Das Echo war sehr positiv. Wir waren nicht übermäßig öffentlich hervorgetreten, so dass sich die Exponierung in Grenzen gehalten hatte. Unseren wirklichen Beitrag haben wir verstecken können, vor allem den Flug. Auch die Presse hat sich nach Rom gewandt.

Dennoch haben die Diskussionen nicht aufgehört, im Gegenteil. Auf allen Seiten und nach Berlusconis Pressekonferenz mit Abdul Rahman erst recht. Auch im internationalen und nationalen Fernsehen geht die Debatte weiter. Am Dienstag hat sich sogar das Parlament mit der Sache einen ganzen Vormittag lang befasst und einstimmig beschlossen, dass das Gerichtsverfahren untersucht werden soll, vor allem die Freilassung, und der Kandidat am Verlassen des Landes gehindert werden soll. Da hatte er aber glücklicherweise das Land und den Kontinent schon verlassen.

Eigentlich könnten alle zufrieden sein: Abdul Rahman hat Asyl in Europa, was er so lange gesucht und nicht bekommen hat. Sein Bruder kann wieder nach Deutschland zurückkehren, er ist Deutscher und hat auch in Afghanistan nichts zu befürchten. Der Familienfrieden ist wiederhergestellt, denn der Störenfried ist verschwunden. Das Sorgerecht für die Töchter kriegt der Großvater, der die Jahre über für sie gesorgt und sie in die Schule geschickt hatte. Wenn Abdul Rahman je versuchen sollte, ihm das wieder streitig zu machen, wird er wohl vor den islamischen Gerichten auf Granit beißen. Da kann er sich auf Afghanistan verlassen.

Aber die politische Geschichte ist natürlich noch keineswegs zu Ende. Die Ambivalenz in der Verfassung – einerseits darf kein Gesetz gegen die Sharia sein, andererseits ein Bekenntnis zu den Menschenrechten – besteht fort. Und die letzte Entscheidung, wer eigentlich die höchste Autorität im Staat ist, die Religion oder das Gesetz, das ist noch nicht ausgefochten, beziehungsweise das ficht das Oberste Gericht aus, Shinwari, der mit der Peitsche.

Heute habe ich den angesehensten schiitischen Ayatollah besucht und mit ihm, der den Artikel 3 in die Verfassung gebracht hat, welcher bestimmt, dass kein Gesetz gegen die Sharia verstoßen darf, über dieses Thema diskutiert. Er hat mir drei Fragen gestellt, die ich alle nicht beantwortet habe:

Ist die Justiz in Afghanistan unabhängig?

Haben wir Gewaltenteilung?

Ist Afghanistan ein souveräner Staat?

Wir wollen beide zur Mäßigung aufrufen, darauf haben wir uns einigen können, auf mehr nicht. Er hatte sehr leckere Gurken. Dann war ich beim Religionsminister. Er macht immer donnerstagabends einen Rundbrief an die Mullahs, damit sie wissen, was sie am Freitag zum Mittagsgebet sagen sollen in der Moschee. Ob sie das, was er zur Mäßigung mahnend ihnen schreiben wollte, auch sagen, werde ich morgen wissen.

Ich bin müde. Hoffentlich träume ich nicht vom Großinquisitor. Inshallah.

6. April 2006

Rabumm, rabumm, rabumm, die Woche ist schon um, die achte oder so. Dabei habe ich eigentlich noch nichts gesehen, vom Land, von den Leuten, von denen, die hier was machen, und von denen, mit denen was gemacht wird.

Am vergangenen Dienstag sollte das also anders werden, und ich habe mich beherzt entschlossen, anlässlich des ersten weltweiten, von der UN proklamierten International Day of Mine Awareness, dem Tag zur Beachtung der Minen oder so, ins Land hinaus zu fahren. Ich war von irgendjemandem, wahrscheinlich von der entsprechenden Organisation der Vereinten Nationen (UNMAC), eingeladen worden, mir die Früchte ihrer Arbeit anzusehen.

Das sind Leute, deren Mut ich immer wieder bewundert habe, im Kosovo, in Guatemala und viel mehr noch hier, weil sie die Minen wieder ausgraben und entschärfen, die irgendwelche feigen Krieger irgendwann in den Kriegen der letzten 25 Jahre heimtückisch vergraben haben. In Afghanistan gehen 8.700 Menschen diesem ehrlichen Handwerk nach. Und es liegen so viele Minen noch im Boden, dass man sie eingeteilt hat in URGENT, MEDIUM und REGULAR zu räumende Minen. Letztere sind die, die nur die Landwirtschaft bedrohen, vor allem die Nomaden und ihr Vieh gefährden, weil sie ihre Tiere überall weiden lassen, wo ein Halm wächst. Wenn diese 8.700 Leute die nächsten zehn Jahre so eifrig weiterräumen, wie sie es bisher gemacht haben, dann haben sie die Minen der Kategorie URGENT alle geräumt, die MEDIUM brauchen nochmal zehn Jahre und die REGULAR werden überhaupt nie geräumt werden. Das heißt, eine bestimmte Anzahl von Toten und Verletzten wird man hier immer haben. Im Augenblick sind es noch fast hundert im Monat, also mehr als tausend im Jahr. Leider meist Kinder.

Bei dem Besuch des früheren UN-Botschafters der USA bei den Vereinten Nationen, Holbrooke, vor einer Woche habe ich schon ein Depot von eingesammelten Waffen gesehen, die man nach dem Krieg den illegalen Gruppen entweder abgenommen hatte oder die sie selbst abgeliefert hatten: Dreißig Panzer und einige Geschütze, die nun außerhalb von Kabul auf einem gut bewachten und ummauerten Gelände vor sich hinrosten, bis sie entweder die ANA, die Afghanische Nationalarmee, wieder in Betrieb nimmt oder bis sie verschrottet werden. Mir wäre natürlich das Letztere lieber, aber sie gehören schließlich dem afghanischen Staat, und wer kann es sich da leisten, etwas so Schönes wie einen russischen Panzer wegzuschmeißen. Dort habe ich auch schon in einer improvisierten Rede die Entwaffner und Entminer aller Zeiten und Völker gepriesen. Am Dienstag also wieder und hochoffiziell am Anti-Minen-Tag.

Wie üblich war ich schlecht vorbereitet, denn wir arbeiten immer noch von der Hand in den Mund oder ans Rednerpult und ich muss viel improvisieren; mache Anmerkungen im letzten Moment und weiß so gut wie nie, was mir blüht.

Zum Glück hatte ich mich warm angezogen. Eigentlich sollte es schon um sechs losgehen, ging es aber dann doch nicht, sondern erst um neun Uhr. Die übrige Zeit habe ich im Verkehrsstau oder in einem Warteraum oder irgendwo auf militärischem Gelände des Flughafens in Kabul verbracht. Eingeladen hatte die Bundeswehr, die den etwa 25 Gästen ein riesiges Transportflugzeug zur Verfügung stellte, in das wir rektal einstiegen. Die Kiste war offensichtlich für Soldaten und anderes Gerät gebaut, es war unbequem, dunkel und bald empfindlich kalt. Etwas zu kalt, selbst für meinen Kaschmirpullover. Das Riesending hat mit seinen Propellern auch ganz furchtbar gebrummt. Man konnte sich kein bisschen unterhalten, und Fenster hatte es natürlich auch keine. Also habe ich mich auf der Stunde Flug dem Entwurf meiner Rede gewidmet.

Mit mir waren Soldaten vom Oberstleutnant aufwärts, Botschaftsangehörige von Kanada und Großbritannien, mein Pressesprecher und sonstiges Volk unklarer Provenienz. Neben mir der Obermineur. Der Flug hat jedenfalls gereicht, mir eine Vorstellung davon zu geben, was mich erwartete. Es war aber eine falsche.

Wir landeten in einer Ebene, an deren Rand nur ein paar Hügel zu sehen waren, mehr Wüste vielleicht, mit ganz leichtem Grün bedeckt. Ich wusste gar nicht, dass es solche Steppen in Afghanistan gibt, aber ich weiß ja überhaupt noch nicht, was es hier alles gibt. Jedenfalls war in die Wüste ein Band Asphalt oder Beton gegossen, und da haben wir ziemlich unsanft aufgesetzt. Am Rande des Rollfeldes eine Rotte Autos, weiße der UN und schwarze des örtlichen Gouverneurs, auch in schwarz und mit schwarzem Bart.

Nach den üblichen Begrüßungszeremonien dann in die Autos und eine halbe Stunde noch tiefer in die Pampas gehoppelt, bis wir einen kleinen Hügel erreichten, auf dem ein Zelt und viele Leute zu sehen waren. Unterwegs immer mal am Rande der Spur der eine oder andere Soldat oder Polizist zu unserem und des Gouverneurs Schutz, auf den kleinen Hügeln auch immer je einer mit Kalaschnikow. Ich habe eigentlich immer noch vor so vielen Leuten, die schlampig mit Waffen umgehen, mehr Angst als vor gezielten Angriffen. Schon am Flugfeld, mehr aber noch mit jedem Stück Wegs hatte sich der Wind zum Sturm gesteigert, der unsere Staubwolke schnell abtrieb, aber auch von selbst so reichlich

Staub aufwirbelte, dass man manchmal wie im Nebel fuhr. Schließlich wies uns – mitten in der Prärie – ein veritabler Straßenpolizist in die richtige Richtung.

Oben auf dem entscheidenden Hügel angekommen ein bizarres Bild: Man hatte zu unserer Ehre eine Reihe tiefer Sessel im Freien aufgestellt, dahinter eine große Zahl einfacher Stühle, davor Teppiche, die schnell unter Sand verschwanden, und schließlich ein Rednerpult mit vielen Mikrophonen und einem bedenklich im Winde schwankenden Bild des Präsidenten Karzai. Dazu eine große Menge Menschen, die uns erwartete, sogar eine Schulklasse von 6- bis 8-jährigen Jungen und Mädchen in festlichen Kleidern, die ein Lied singen mussten im Sandsturm und in der Prärie. Danach nahmen wir feierlich Platz, neben mir in der ersten Reihe der Gouverneur, daneben sein Parteichef und Stellvertreter, dann die Ältesten des Ortes, alle bärtig und würdig, deren wallende Gewänder und Turbane sie durch Farbe und Beschaffenheit weit besser vor den Unbilden der Witterung schützten als uns unsere dunklen Anzüge und Pullover, die aber mit der Zeit die Farbe der fahlen Tücher und Turbane der Ältesten annahmen. Brillen, Sessel und Teppiche, alles versandete schnell. Gleichzeitig aber eine so unbarmherzige Sonne von oben, dass ich mich unter meine mitgebrachte Kappe retten musste, mochte ich damit noch so lächerlich aussehen und mich noch so unvorteilhaft von den Würden- und Turbanträgern abheben.

Dann begann die Zeremonie – immer noch und bis zuletzt in Sandböen und inmitten der Prärie, mit weitem Horizont und blauem Himmel – mit der Anrufung des Höchsten: Ein junger Mann sang dasselbe stockende Lied ins Mikrophon, das ich täglich dreimal (beginnend morgens um halb fünf) aus dem Lautsprecher vom Minarett nebenan her höre. Danach – aufstehen! – die Nationalhymne über denselben unglaublich quäkenden Lautsprecher, der dem Winde trotzen musste. Dann redete der Gouverneur, von seinem Übersetzer ins Englische gebracht, über die Furchtbarkeit von Krieg und Minen. Sein Manuskript musste er mit beiden Händen festhalten, damit es nicht wegflog. Dann ich, ebenfalls über die Furchtbarkeit von Krieg und Minen und die Heldenhaftigkeit der Minensucher und -hunde, dann die stellvertretende Botschafterin von Kanada über die Heldenhaftigkeit der Minensucher und die Furchtbarkeit von Krieg und Minen, vor allem in Afghanistan, danach der deutsche General, der stellvertretende Kommandeur aller NATO-Truppen in Afghanistan, über die Heldenhaftigkeit der Minenhunde und die Minigkeit von Krieg und Furcht, danach der Chef der Minensucher über die eigene Heldenhaftigkeit und die Kriegigkeit von Hund und Furcht und schließlich noch ein Mensch, dessen Qualitäten ich leider vergessen habe, über die Hundigkeit von Furcht und Kriegerminen. Dann endlich wieder die Kinder, die ein Lied über Krieg und Waffen einstudiert hatten. Zur Demonstration brachte ein Mädchen auch gleich eine riesige, gut gepflegte Pistole mit, die sie am Ende des Liedes, das mutig dem Sandsturm und den sonstigen Widrigkeiten trotzte, demonstrativ vor sich in den Sand niederlegte, dahin, wo man zuvor die Teppiche gesehen hatte. Wir zollten diesem Akt des Pazifismus natürlich alle gebührend Beifall. Die Kinder verbeugten sich artig und verschwanden – die Pistole von Papa wurde natürlich wieder mitgenommen. Man sah, dass das Mädchen (vielleicht acht Jahre alt) sich damit auskannte. Gute Miene allerseits.

Dann der Höhepunkt: Auf einem Pult hatte man acht elektrische Schalter angebracht, die auf geheimnisvolle Weise verdrahtet waren. Hinter dem Pult haben wir, die Würdenträger, uns dann aufgestellt und die Hand an den Schalter gelegt, wie uns mühsam erklärt worden war. Dann zählte der Oberentminner 9 – 8 – 7 – 6 usw. 1 – Zero, und dann haben wir alle auf den Knopf gedrückt. Passiert ist erstmal gar nichts. Ich war einen Moment lang enttäuscht, sah aber dann irgendwo, vielleicht hundert Meter entfernt, eine

Riesenrauchwolke aufspritzen, die dem Sandsturm einen kurzen Augenblick lang wirklich Konkurrenz machte, dann ein dumpfer, grummelnder Knall, Rawumm, und dann war es auch schon fast vorbei. Wir hatten hundert Panzerminen kontrolliert zur Explosion gebracht, ein Augenblick Staunen, dann aber hatte uns der Sand schon wieder und auch die Wolke trieb schnell ab, das Experiment war gelungen.

Das kleine Zelt nahm uns nicht alle auf, wir drängten uns nach den Lebensmitteln, die vom Sande durchdrungen dort lagen und auf uns gewartet hatten: Eine Zeremonie ohne Essen wäre undenkbar und ungastlich und unmöglich für Afghanen. Mit Mühe haben wir den Kindern wenigstens je ein sandiges Sandwich in die Hand gedrückt. Pepsi-Cola ging besser, das hatte wenigstens nur obendrauf Sand. Inzwischen war ich hungrig, durstig, von der Sonne verbrannt, vom Sand verschmutzt, der Pullover und Anzug sandfarben, Sand, was sag ich, Staub, sehr feiner Sand vielleicht, Staubsand, flugfähig, alles durchdringend. Glücklich, wer ein Turbantuch hatte.

Als wir zu unseren vielen Autos gingen, waren die Sessel und die Stühle und die Teppiche schon wieder auf Militärwagen aufgeladen und das Podium (einschließlich Präsidentenbild und Lautsprecher) abgebaut. Zurück zur Piste. Das Flugzeug kam auf geheimnisvolle Weise wieder vom Himmel und nahm uns wieder in seine kühlen Eingeweide auf. Eine Stunde Eisgang, dann waren wir wieder in Kabul in der nachmittäglichen Hitze. Ein schöner Tag.

Ich frage mich natürlich, was das soll. Viel Geld ist ausgegeben worden. Viele Soldaten sind bewegt worden, viel Benzin verfeuert und viel Zeit vergeudet worden. Alle haben gesagt und gehört, was sie sollten und wussten, und man hat sich verabschiedet, um sich vielleicht das nächste Mal auf einem Empfang, einer Einweihung, einer Verabschiedung oder sonst einer Zeremonie (Fahnen, Heiliges Lied, Nationalhymne, Reden der anderen, meine Rede, Essen, Fahren, Ende) wiederzusehen. Ist das eigentlich WOMAT: Waste of

Money and Time, ich würde vielleicht noch Life hinzufügen, WOMLAT. Werde ich genau dafür bezahlt, dabei mitzuspielen – mal bin ich das Erdferkel, mal das Womlat – »auf hohem Niveau«?

Nicht jeder Tag ist so Rawumms-reich. Heute war Botschaftertag, ich habe lauter Botschafter besucht oder sie mich. Der japanische hat mich für einen Kongress am 5. Juli eingeladen, das heißt angefordert. Eine hochoffizielle Sache, die ich durch meine Anwesenheit bereichern und/oder verzieren soll. Ich war noch nie in Tokio. (»I was not yet in Tokyo, nach Tokyo I would like to go« würde Jandl sicher dazu sagen, »there is a Fleck on the Flag, let's putzen« usw.) Wenn alles noch so lange hin ist, dann möchte ich immer zusagen, hinfahren, mir alles ansehen, wenn die Zeit dann näher rückt und knapper wird, habe ich keine Lust, das alles allein zu betrachten, es wird mir zu viel oder ist mir alleine zu wenig, und was soll ich denn eigentlich in Tokio, wo ich noch nicht mal dreißig Kilometer außerhalb von Kabul war. Wilhelm Busch ist da positiver: »Schön ist es auch anderswo und hier bin ich sowieso.«

21. April 2006

Der Palace 7 ist neben der großen pakistanischen Botschaft einerseits, einer Baustelle andererseits, da, wo alle großen Botschaften sind: Die größte ist die türkische, denn die haben einen Park, in dem der Botschafter täglich zehn Minuten Runde macht, wie er mir anlässlich eines Höflichkeitsbesuches meinerseits demonstrierte. Der Park ist wohl mal vor fünfzig Jahren angelegt und üppig bepflanzt gewesen, seitdem aber nicht sehr phantasievoll gepflegt worden. Allerdings hat man die Bäume wachsen lassen, immer wieder neue gepflanzt, so dass er mehr den Eindruck eines Waldes macht als eines Parks. Eine hohe Mauer umgibt hier jedes Anwesen, das nicht gerade ein Geschäft ist. Auch die benachbarte iranische Botschaft, die vor allem ein riesiges Gebäude auszeichnet, aber auch einen (halb so großen) Park hat, die nahe Botschaft der Amerikaner, hinter zusätzlichen Betonanlagen verschanzt, das Hauptquartier der NATO – noch mehr Beton und Stacheldraht, fast kein Park – und die CIA – kein Park, nur Sandsäcke und Stacheldraht. Zwischen den USA und der NATO ist eine Straße, die man nur nach Kontrolle und als privilegiertes Fahrzeug (zum Beispiel ich) benutzen kann.

Vorgestern Nacht um 23 Uhr 05 weckte mich eine gewaltige Detonation, oder zwei, wenn ich das schnelle Echo mitzähle. Meine erste Reaktion war: Na, die Scheiben sind ja noch drin, bei uns kann es also nicht eingeschlagen haben. Dann fiel mir auf, dass das Licht noch anging, also auch nicht im Garten, dann brauchte ich ein paar Mikrosekunden, um mir klarzumachen, dass ich auf Lichtausfall nicht so vorbereitet bin, wie es das Handbuch der UN »Security in the Field« vorschreibt. Man muss diese Festschrift, die einen für die Unbilden des UN-Lebens vorbereitet, immer mal wieder per Computer lesen und wird auch abgefragt, also sollte man sie eigentlich – genauso wie den Survival Pack (beim Bund hieß der missverständlicherweise Alarmstuhl) – präsent haben. Ich habe mich leicht bekleidet, denn schon klopfte der Rumänenführer an meine Tür, um mich in Kenntnis zu setzen, dass es eine Explosion gegeben habe.

Nur sehr kurze Zeit später stellte sich (elektronisch) heraus, dass eine Granate irgendwo zwischen der NATO und der US-Botschaft eingeschlagen habe, da, wo sie offensichtlich auch hingehörte. Glücklicherweise ist niemand zu Schaden gekommen, mit Ausnahme eines nur leicht verletzten Wachmanns. Wachmänner zu treffen hier in der Gegend ist nicht schwer, im Gegenteil, sie zu verfehlen, ist schwierig. Raketenbeschuss ist in dieser und in anderen afghanischen Städten eine Normalität. Die Granaten dazu gibt es überall (man sieht sie übrigens auch immer auf den Fernsehbildern vom Irak auf den Schultern von grimmigen Kriegern). Sie abzufeuern ist nicht schwer und auch nicht sehr auffällig. Nur zielen ist schwer. So war also an der ganzen Angelegenheit das einzig Außerordentliche, dass man dem (offenbaren) Ziel diesmal recht nahe gekommen ist. Abgehakt und abgeheftet. *BBC* berichtete unter »Verschiedenes« über den Vorfall und konstatierte die increased sophistication, in Guatemala hätte man von »buena puntería« gesprochen.

In der vergangenen Woche ist solch eine Granate morgens um elf auf einen Schulhof niedergegangen und hat sechs Kinder getötet und viele verletzt. Der Taliban hat erklärt, es sei nicht so gemeint gewesen. Hoppla.

Eine der herausragenden ersten Erfahrungen von allen, die Kriege erloben, ist ja wohl, dass im Krieg sehr viel geschossen und glücklicherweise nur relativ wenig getroffen wird. Bei mir kommt vielleicht noch die Gewöhnung an die Allgegenwart von Waffen hinzu, die mich schon im Kosovo irritiert hatte und die ich hier schon gar nicht mehr bemerke. Auch die Angst vor nachlässig auf einen gerichteten Gewehrmündungen, die mir als altem Jäger einmal anerzogen worden ist, ist weg. Wohin zum Beispiel die Mündung des Gewehrs des einen rumänischen Schlagetots, der immer hinter mir im Auto sitzt, zeigt, beachte ich nicht. Ich hoffe, er hat immer gesichert, denn es gibt viele Schlaglöcher.

Im Augenblick wird überall gebaut, und auf dem Weg nach Jalalabad wird man stundenlang auf einer sehr löcherigen und vor allem staubigen Bergstraße durch die fast kahlen Gebirge geführt. Die Wagenkolonne besteht aus dem Polizeiwagen (sechs Insassen mit Blaulicht), drei gepanzerten Wagen – davon einer meiner – und wieder einem Polizeiwagen mit unbekannter Feuerkraft. Das holpert sich dann vor gewaltigen Staubwolken durch die Mondlandschaft, schleppt sich Berge rauf und wieder herunter, an unzähligen bunt angemalten Lastwagen vorbei, viele davon vorn noch mit deutscher, in die sonstige Bemalung integrierter Inschrift, vorbei auch an Herden und Karawanen. Schafe aller Größen, Ziegen, Esel und einige Kamele bilden den einzigen Besitz der Kutschis, der Nomaden, die überall in Berg und Tal ihre Zelte auf- oder abschlagen oder eben transportieren. Esel und Kamele tragen geduldig Stangen und Stäbe, Stoffe und Zeltbahnen, Kram aller Art, Wasserbehälter, Lebensmittel, Hühner, Kinder, Zicklein und Lämmlein und auch die kleinsten der Jungkamele, festgezurrt auf den schwankenden Rücken. Das trifft sich nicht immer ganz harmonisch mit der Lastwagen- oder der VIP-Karawane, es wird gebremst, gehupt, Tiere werden gezügelt und geprügelt, Herden dirigiert und Leithammel und Esel gedrängelt.

Nach zweieinhalb Stunden, wieder auf der asphaltierten Straße, erreichen wir dann relativ schnell die Ebene und Jalalabad, das von fruchtbaren Ländereien und einer etwas moderneren Landwirtschaft umgeben ist, als ich es vom Hochland kenne.

Im opulenten Gouverneurspalast treffe ich den opulenten Gouverneur und das Provincial Council, dessen Räume sehr klein sind: Wir sitzen eng beieinander und beklagen uns, dass dieser gerade erst geschaffenen und demokratisch gewählten Institution bisher so wenig finanzielles, räumliches, logistisches und politisches Gewicht gegeben worden ist. Man hängt von der Gnade und Großzügigkeit des Gouverneurs ab. Und die wechselt von Provinz zu Provinz stark. Hier hatte dieses kleine Parlament nur durch die Vermittlung unseres Büros Räumlichkeiten bekommen, viel zu kleine natürlich, und Zuständigkeiten eher keine. Ich bekomme nach einer langen – mir nach Form und Inhalt nicht ganz fremden – kommunalpolitischen Besprechung einen Teppich geschenkt. Wie sich leider zu Hause in meinem Palast herausstellt, ist er scheußlich. Einen Turban – meinen dritten – hatte ich schon von den Mitarbeitern meines Büros in Jalalabad als Zeichen der Chefheit bekommen.

Dann das opulente Mittagessen mit dem Gouverneur (einem guten Esser) in dem neu renovierten Gouverneurspalast, vor hundert Jahren als Sommerresidenz des Königs errichtet und mit allen Blumen und Sternen ausgemalt und Teppichen, großen Tischen und Möbeln der ursprünglichen Art bestückt: Der Gouverneur war besonders stolz, den Maler, der die Gewölbe vor fünfzig Jahren für den König dekoriert hatte, wieder aufgetrieben und für die Neubemalung nach altem Muster engagiert zu haben. Vor allem die zentrale Halle ist bunt und blumig, so auch sind es die Teppiche. Trotz der Buntheit und Fülle erquicklich. Das Essen auch. Es bestand aus allem, was es in Afghanistan Essbares gibt, gekrönt von einem Hammel, dessen fleischige Knochen und Kopf fett und gesotten zum Selberabschneiden gereicht wurden.

Am Nachmittag hatte ich – wie überall wo ich hinreise – eine lange Besprechung mit unseren Mitarbeitern, dann mit den örtlichen Vertretern der anderen UN-Organisationen, wie UNICEF, WFP und WHO. Das ist immer sehr instruktiv und lehrt mich mehr als alle Vermerke. Die meisten, die reden, sind Afghanen, und ihre Schilderungen bringen mich mehr dahin, wo wirklich etwas geschieht.

Ein Thema, das alles durchdringt, ist immer die Sicherheit, die Unsicherheit also. Sei es, dass die Richtlinien, die die UN aufstellt, die Arbeit behindern, sei es, dass es hier und da einen Zwischenfall gab, sei es, dass das Vordringen der Taliban aus dem nahen Pakistan oder gerade nicht aus Pakistan beobachtet wird, sei es, dass der letzte Selbstmordattentäter verlacht wird, weil er es noch nicht einmal bis an die Außenmauer der Garnison geschafft hat, bevor er erschossen wurde.

Hinderlich für uns ist vor allem die eingeschränkte Bewegungsfreiheit unserer Teams: Man kann immer nur mit mindestens zwei Wagen plus Polizeieskorte und immer nur bei Tageslicht fahren. Und das auch nur in bestimmten Gegenden. Manche, viele, sind No-go-Zonen oder -Straßen. Die

65

Sicherheitsleute haben das festzulegen und geben sich dabei mehr oder weniger Mühe, das heißt man klagt natürlich immer, wenn sie einem Restriktionen auferlegen. Eine davon ist, dass UN-Mitarbeiter nur in gesicherten und gut abgesperrten Häusern wohnen dürfen. Das Wohnhaus und das Büro in Jalalabad sind alte Bürgerhäuser, sehr gut gebaut und sogar anmutig angelegt, die große Mauer außen herum wie bei allen Anwesen, innen aber ein Garten, ein kleiner Pool und ein bisschen Landschaft. Da spielt sich das UN-Leben, auch das Freizeitleben ab. Ein Privileg, das nicht alle unsere Büros haben.

Es ist mir in den vergangenen zwei Monaten nicht gelungen, ein vollständiges Bild von der Sicherheitslage im Lande zu bekommen. Eigentlich ist ja der Krieg gegen die Taliban gewonnen, die Regierung ist etabliert, afghanische Armee und Polizei sorgen für Ordnung, unterstützt von dem großen Heer der verbündeten internationalen Streitkräfte – vor allem US und UK – und der NATO, vor allem Deutschland und Kanada, aber es gibt noch eine Reihe von Störenfrieden:

1. die wie in allen schwachen Staaten wachsende Kriminalität. Inspiriert, bezahlt, befeuert und befördert durch den Drogenanbau. Das große Geld kommt zu 95 Prozent durch die Aufbereitung und vor allem den Handel, national und international, herein. Das ist so, wie ich es aus Guatemala kenne.

2. gibt es die Selbstmordattentäter, die im ganzen Land, am meisten aber im Süden tätig werden. Muslimische Fundamentalisten, die oft Afghanen sind, manchmal aber auch Pakistanis aus der pashtunischen Grenzregion, Araber aus anderen Ländern, und man soll auch schon Tschetschenen und andere gefunden haben (in kleinen Teilen). Sie suchen meist ein militärisches Ziel, aber auch afghanische Exponenten irgendeiner Politik, Polizisten oder gelegentlich auch nur einfach Öffentlichkeit. Sie gehören irgendwie schon zum Alltag,

denn ein System findet man dahinter nicht, außer vielleicht, dass alles Nicht-Muslimische oder zu wenig Muslimische, Nicht-Fundamentalistische oder dem Islam Abträgliche Ziel ist. Ob die UN da eigentlich dazugehören, weiß man nicht so genau. Es hat noch keinen Fall gegeben, wo das nachweisbar wäre. Sicher sind es die USA, aber auch die sonstigen Militärs, nationaler oder internationaler Art, manchmal ausländische Hilfsorganisationen. Opfer sind meist und vor allem Afghanen. Die Einzigen, die ein klar definiertes Ziel abgeben, sind die Militärfahrzeuge. Deshalb sollen wir nicht mit Militärkonvois fahren. Überhaupt meiden sich auf den Straßen die verschiedenen Konvois. Man weiß ja nie, mit wem man reist ...

3. IEDs – Improvised Explosive Devices. Das sind selbstgemachte Bomben oder Granaten, meist aus ein paar zusammengebundenen alten Munitionsteilen, die ja überall zu finden sind, mit einem Zünder versehene Artefakte häuslicher Herstellung, die irgendwo – meist an Straßen – versteckt und dann je nach Technik mehr oder weniger ziel- und zeitgenau zur Explosion gebracht werden, wenn der Richtige vorbeikommt. Sie richten relativ wenig Schaden an, auch wenn sie die Straßen unsicher machen und für unseren Sicherheitsaufwand und unsere Bewegungsbeschränkung hauptverantwortlich sind. Man kann nicht genau sagen, wer dahintersteckt. Das kann jede Art von Unzufriedenheit sein, die sich da Bahn bricht, jede Art von politischen Zündeleien oder Kindereien. Auf jeden Fall sind es Leute, die die Regierung und die internationale Präsenz nicht mögen. Diese IEDs gibt es überall im Land, verstärkt aber natürlich da, wo die Taliban ihr Unwesen treiben.

4. die Taliban, Kämpfer oder Anhänger des vorigen Regimes, die sich entweder nach Pakistan zurückgezogen oder einfach im Land versteckt gehalten hatten, um auf bessere Zeiten für sie zu warten. Offenbar sind die jetzt angebrochen. Es gibt

Aktivitäten im ganzen Süden des Landes, entlang der Grenze zu Pakistan, im Osten und vereinzelt auch im Landesinneren. Das sind entweder gezielte Angriffe mit den schon genannten Mitteln, oder eine Polizeistation wird beschossen, Polizisten oder Armeeangehörige werden getötet oder verletzt. In der letzten Woche gab es – so wurde jedenfalls berichtet und die Berichte sind immer ungenau – sogar ein Gefecht mit über hundert beteiligten Taliban – sagt man. Auf der Strecke blieben nach Ende der Kämpfe 14 Taliban – 27 weitere seien getötet worden, ohne dass die Leichen auffindbar waren, behauptet das siegreiche Militär – und sechs Polizisten. Manchmal, wenn die US- oder sonstige Luftwaffe eingreift, gibt es auch Opfer durch sogenanntes »friendly fire« – letzthin starben gerade wieder vier Polizisten in solchen Gefechten, die meist bei Nacht stattfinden, sich aber manchmal über mehrere Tage hinziehen. Das ist dann immer im Süden. Die Taliban kommen keineswegs nur aus Pakistan, sind auch nur selten von Al Qaida durchwachsen und sind schon gar nicht ferngelenkte Ausländer. Die Führer sitzen – so heißt es immer wieder – zwar zeitweise in Quetta in Pakistan, meist aber wohl im afghanischen Untergrund. Das Wiedererscheinen und vielleicht auch -erstarken dieser Bewegung hat viel mit der Schwäche und Korruption der Karzai-Regierungsvertreter vor Ort zu tun und dem Streit zwischen den verschiedenen Akteuren in den Provinzen und Distrikten (Gouverneur, Polizeichef, Sicherheitsdienstchef, Vizegouverneur, Armeechef), die andere Pläne verfolgen als die Zentralregierung oder alte Fehden austragen oder nur vorübergehend ihre Gesinnung verbergen mussten, eigentlich aber talibannah sind.

Oft werden auch die Abwesenheit von Regierungsprogrammen oder einfach die Abwesenheit von Regierung, der Frust über nicht ankommende internationale Hilfen oder der Kampf von Regierung oder Militär gegen den zum Überleben wichtigen Drogenanbau als Grund für ein Wiedererstarken der Taliban genannt, vereinzelt auch ideologische Gründe, wie die Nichtbestrafung des Bibelgläubigen und dergleichen Sünden.

Die Taliban-Entwicklung kann ich am schlechtesten von allen einschätzen. Das geht auch anderen so. Denn hier müsste sich eigentlich die langfristige Entwicklung vorzeichnen lassen, hier wird die politische Schlacht geschlagen, und hier müsste jede Strategie ansetzen, die Dinge zum Positiven zu wenden oder im positiven Bereich zu halten.

Ob die Vielzahl der Taliban-Aktionen, die Präsenz in den Medien und die Ausbreitung der Aktionen nur die übliche Frühlingsoffensive ist oder eine neue, bedrohlichere Entwicklung, weiß ich nicht. »Es wird noch geforscht«, würde der Frankfurter sagen.

5. gibt es natürlich irgendwo noch immer Al Qaida, Osama bin Laden und den internationalen Terrorismus. Es heißt, er habe in Pakistan eine sichere Basis, an der Grenze, irgendwo im Gebirge. Da ist sicher was dran, denn ohne logistische Basis könnte eine solche Bewegung nicht überleben. Auch die Selbstmordattentäter müssen irgendwo ihre Ausbildung sowie die nötige Ein- und Ausschwörung bekommen. Aber die Fixierung der Amerikaner vor allem, der Pakistaner und anderer auf Al Qaida allein und die überörtlichen Terroristen ist leichtsinnig. Die meisten derer, die hier verhaftet oder erschossen werden oder sich in die Luft oder die Umgebung sprengen, sind Afghanen, Pashtunen und eben nicht Ausländer. Für die internationale Szene ist Al Qaida natürlich der wichtigere Teil der Auseinandersetzung, schließlich der, der die ganze Operation Afghanistan ausgelöst hat. Erfolge gibt es an dieser Front wenige, zu meinem nicht geringen Erstaunen, denn wenn man weiß, wer und wo ... aber darüber wundere ich mich seit dem 11. September.

6. gibt es – bei so vielen bewaffneten Kriegern im Land – natürlich noch die örtlichen Streitigkeiten zwischen Warlords

(die Warladies müssen mal wieder draußen bleiben), Drogendealern, Feinden aller Art, die mit Hilfe von privaten Milizen oder Sicherheitskräften ausgetragen werden, den sogenannten »Illegal Armed Groups«, auf die sich unsere DIAG-Initiative richtet: »Disbandment of Illegal Armed Groups«. Da geben dann einige der Kriegshelden Waffen ab, in Hunderten und vielen Tonnen, dennoch hat man den Eindruck, dass noch weit mehr im Untergrund schlummern und manchmal eben plötzlich erwachen, wie ich vorgestern um 23 Uhr 05 durch

7. die »Rocket-propelled grenades«, die von allen und jedem kommen können und deren Herkunft sich nicht lokalisieren lässt, die Ankunft schon.

Ich versuche mir also über die vielfältigen Kanäle ein Bild zu machen, wo was vorangeht, was vorgeschlagen wird, um die Situation zu verbessern, und sehe mit Erstaunen, dass es eine kohärente und gemeinsame Strategie für Erfolge nicht gibt, auch keine Diskussion darüber, gefestigte oder ungefestigte Meinungen dazu. Es gibt wenig strategisches Nachdenken, oder ich bin nicht einbezogen, wie man nun der Frühlingsoffensive entgegenarbeiten könnte, was man wo und wie machen müsste, damit es besser wird. Oder – wenn es nur ein Wahrnehmungsproblem ist – wie man die Laune verbessert. Zurzeit sieht es so aus, als sei Nr. 1 bis 7 auf dem Vormarsch und nicht WIR – schon gar nicht little me.

Nicht jede Woche kann ich mir einen Ausflug per Auto leisten. Immerhin nach Jalalabad zum Beispiel vier Stunden hin und vier zurück, so viel Konvoi und Vorkehrungen. Es ist leichter, mit dem Flieger zu reisen. Und das habe ich vorige Woche auch getan: nach Bamyan, dem Ort, den man wegen der Buddha-Statuen kennt. 2001 haben sie die Taliban in die Luft gesprengt, nachdem sie dort seit 1.500 Jahren in den Fels gemeißelt das Tal überschaut hatten.

27. April 2006

Die Woche ist schon wieder zu Ende. Stubendienst. Ich habe mich mit den verschiedensten Terminen herumgeschlagen, vor allem internen und diplomatischen. Gerne habe ich die Termine mit den Leitern unserer Außenstellen. In der Provinz, da ist das wirkliche Leben, fern von dem immer etwas abgehobenen Kabul. Das hat in Afghanistan Geschichte: Die Hauptstadt ist isoliert, und die Provinzen denken und machen, was sie wollen. Das bleibt bis heute so, auch wenn die Zentralgewalt voranschreitet: Es wird zum Beispiel als großer Erfolg angesehen, dass der Präsident inzwischen in der Lage ist, einen korrupten Provinzgouverneur abzusetzen, ohne dass der Aufstand ausbricht, Polizeichefs zu ernennen, ohne dass ihm der vorherige mit seiner Miliz droht, und die örtlichen Kommandanten der Armee auszuwechseln. Nur tut das der Präsident viel zu zaghaft und vorsichtig: Noch sind in jeder Provinz Leute in hohen Ämtern, die eigentlich ins Gefängnis gehören – wegen der Kriegsverbrechen und Menschenrechtsverletzungen während und nach dem Krieg.

Die Klage über schlechte und korrupte Provinzfürsten dauert an und unser Druck auf den Präsidenten auch. Diese Woche bin ich bei ihm gewesen mit einer Liste von fünf der schlimmsten Polizeichefs, von denen er sich nicht trennen will. Dabei hätte die internationale Gemeinschaft, genauer, die Deutschen und die Amerikaner, eigentlich alle Hebel in der Hand, das beim Präsidenten durchzusetzen: Zurzeit zahlen diese beiden Staaten die Polizeireform, die nicht nur darin besteht, die 180 Polizeigeneräle einer Fachprüfung zu unterziehen und dann 86 von ihnen einzusetzen, die anderen aber in den Ruhestand zu befördern, sondern auch in einer Besoldungsreform, sprich Erhöhung der Gehälter. Und die Gehälter werden für die nächsten Jahre wohl ausschließlich von diesen beiden Staaten bezahlt und die Ausbildung und das Gerät auch, die Waffen vielleicht nicht, denn davon gibt es im Land mehr als genug.

UNAMAs Aufgabe ist es nun herauszufinden, welche von denen, die das Examen geschafft haben, so viel Dreck am Stecken haben, dass sie nicht zu den glücklichen 86 gehören sollten, und die Deutschen und Amerikaner davon zu überzeugen, dass sie in dieser Frage nicht nachgeben. Nicht so einfach, denn der Präsident sieht das natürlich ganz anders und findet, die Herren wären doch sehr effektiv gewesen oder fragt nach gerichtsfesten Beweisen – die es natürlich nicht gibt, denn die Gerichte sind so schlecht, dass sie einen Polizeichef noch nicht einmal anklagen.

In Vorbereitung zu meiner Reise in den Iran habe ich heute eine Pressekonferenz gegeben, die – wie alles, was wir tun – ein vielfältiges Echo gefunden hat. Für Afghanistan ist es entscheidend, mit allen Nachbarn auf gutem Fuße zu stehen. Das sehen mit Schwierigkeiten auch die Amerikaner ein. Meine Botschaft war, dass ich mich für gute nachbarschaftliche Beziehungen mit dem Iran einsetze, den Versuchen, dieses Land zu isolieren, zum Trotz.

Vorausgegangen war natürlich eine Besprechung mit dem amerikanischen Botschafter, der hier der Allmächtige ist, weil er die Hälfte der versammelten Truppen stellt und die Hälfte aller wirtschaftlichen Hilfen bezahlt.

Meine zweite Pressekonferenz war wieder gut besucht: Sechzig oder siebzig Journalisten aus aller Damen Länder und acht Kameras von irgendwelchen Fernsehanstalten. Heute Abend hat mich auch der *BBC* angerufen für das Radioprogramm, das ich selbst jeden Morgen höre. Guten Morgen Tom.

Essen beim japanischen Botschafter. Eingeladen sonst noch der neue Minister für Erziehung, Hanif Atmar, der sich vorher als Minister für ländliche Entwicklung einen sehr guten Ruf erworben hatte. Ich kannte ihn schon. Er hat sein Programm sehr überzeugend vorgetragen, immer im Dienst bis in den späten Abend. Ihm ging es darum, Japan, einen der ganz großen Zahler, davon zu überzeugen, dass es nun nicht mehr in ländliche Entwicklung, sondern in Erziehung investieren solle.

Offenbar ist er gegen Fisch allergisch. Deshalb hat er von dem vorzüglichen Essen fast nichts genommen und hatte Zeit zu reden. Es ist schon eine Strafe, zum japanischen Essen eingeladen zu sein und dann keinen Fisch essen zu dürfen. Am Sonntag, unmittelbar vor meiner Abreise über Teheran nach New York, findet die erste Sitzung des vieldiskutierten Joint Coordination and Monitoring Board statt, einer Einrichtung, der ich zusammen mit dem Obersten Wirtschaftsberater des Präsidenten vorsitze. Es war schon schwierig, die Mitglieder zusammenzubringen. Das hat mich Wochen beschäftigt, jetzt geht es um die Tagesordnung, die Statements, die Reden und die Sitzordnung. Solcherlei Petitessen halten vom Arbeiten ab, sind aber im diplomatischen Leben wichtig. Wie wichtig sie tatsächlich sind, weiß ich nicht so genau: In den zahlreichen Sitzungen zum Thema finde ich alles sehr diskussionswürdig, je später dann der Abend wird und auch am frühen Morgen finde ich es vollkommen überflüssig, sich über so etwas überhaupt Gedanken zu machen.

Die Sitzung scheint mir nun endlich gut genug vorbereitet. Für die Zukunft habe ich eigens einen sogenannten »Tea Club« gegründet, der aus den wichtigsten Botschaftern besteht, damit ich nichts unabgestimmt in dieses erlauchte Gremium einbringe. Ich lerne Diplomatie, hoffentlich. Die Dinge, die ich eigentlich machen will, meine zehn Schwerpunkte, habe ich immer nur beiläufig bearbeiten können: Aus- und Fortbildung als Entwicklungsprogramm, Menschenrechte als zentrales Thema aller UN-Aktivitäten, Aufwertung der Provinzbüros, Auffüllen der leeren Stellen mit geeigneten Leuten, Konzept für die regionale Zusammenarbeit und vieles mehr. In zwei unserer Büros bin ich auch nach zwei Monaten noch nicht gewesen.

Viel Zeit vergeht mit Besuchen von irgendwelchen Würdenträgern, meist Termine, die mir und UNAMA nichts bringen, man aber mit Anstand hinter sich bringen muss. Sind es Leute aus dem politischen Raum, die nur mal wissen wollen, wie es eigentlich so steht in Afghanistan, dann bringe ich die Erdferkel-Nummer: »Haben Sie im Zoo das junge Erdferkel gesehen? Nein? Da müssen Sie unbedingt hin! Ach, wie ist es possierlich! Jetzt putzt es sich, wie niedlich ...« – Wenn man so viel besucht wird, identifiziert man sich schließlich mit dem putzigen Tierchen aus dem Zoo. Das kann ich schon ganz gut. Sind es Leute, die in der UN-Hierarchie stehen, muss ich mich ein bisschen mehr vorbereiten. Selten ist Gelegenheit, etwas Interessantes zu hören. Manchmal sind es auch nur Leute, die einen gesehen haben müssen als Rechtfertigung ihrer Reise. Dann plaudert man eine Stunde voreinander hin, ohne Sinn und Verstand. Viel zu oft. Ein Thema hatte ich mir diese Woche besonders vorgenommen: die Sicherheit, von der ich vor einer Woche geschrieben habe. Dabei habe ich entdeckt, dass ich so recht keine Ahnung habe, wo das alles hinläuft. Wer was dazu denkt. Es können doch nicht alle sagen, die Sicherheitslage wird immer schlechter, die Laune auch, aber wir machen nichts dagegen oder können nichts dagegen machen. Und auf die Frage, wie schlecht es denn dann in ein oder zwei Jahren womöglich sein wird, hat man keine Antwort. So habe ich mir eine Reihe von Treffen überlegt, vom Präsidenten über dessen Sicherheitsberater, die Militärs, den BND, die EU (Francesc Vendrell), die USA und andere, um über die mittelfristige Perspektive zu reden. Zusammen mit Eckart, der von allen als Autorität anerkannt wird, weil er schließlich jeden kennt – von den mehr oder weniger korrupten Polizeigenerälen über die 249 Parlamentsabgeordneten bis hin zu den wechselnden Warlords und Kommandanten der letzten Kriegsjahre – er kennt sie einfach alle. Außerdem schreibt er gut und viel und man kann sich mit ihm zusammen- und auseinandersetzen. Bis ich nach New York fahre, möchte ich eine Meinung haben, wie es in Bezug auf die Sicherheit in einem Jahr aussehen wird, wenn alles gut geht, wenn alles schlecht geht oder wenn's so weitergeht wie bisher.

Die Sicherheit hat natürlich auch ihre Geschichten. Von einer wurde ich heute um 7 Uhr 03 durch meine Stellvertreterin geweckt, die mir sagte, es sei doch nicht so viel passiert, wie gedacht und ich sollte weitere Informationen abwarten. Das war also eine gute Nachricht. Dann erfuhr ich, dass in einem der Wohnheime unserer internationalen Mitarbeiter eine Rakete eingeschlagen habe, es sei zwar nichts passiert, außer dass eine Wand rausgeflogen sei, ein Zimmer vollkommen zerstört und natürlich auch alle Fenster und der Boden. Es sei sogar die Außenwand aufgerissen. Ursache war aber – und das ergab erst ein weiterer Anruf –, dass ein Zimmerbewohner zwei Tage nicht da war, also das heiße Wasser auch nicht verbraucht wurde, das sich wegen eines Betriebsfehlers im häuslichen Boiler offenbar permanent weiter aufheizt. Es hatte dann angefangen zu kochen und schließlich mit lokomotiver Gewalt das ganze Ding und das halbe Zimmer und einen Teil des Hauses zerrissen. Zu Schaden ist niemand gekommen, die afghanische Polizei ist nach wie vor der Meinung, eine Granate sei im Boiler versteckt worden, wir aber gingen bald zum Frühstück über.

Andere erzählen, die Hälfte der Raketen in Kabul würden von der Polizei selbst abgefeuert, um die Sache dann schnell aufklären zu können und irgendjemand in die rauchenden Schuhe zu schieben: zum höheren Preise der Polizei und zum Beweis, dass der Polizeichef nicht korrupt, sondern effizient sei und zum General befördert werden solle. In einem Fall hat ein Bundeswehrpanzerfahrer dergleichen Manöver durch das Nachtsichtgerät beobachtet und kurze Zeit daran gedacht, mal mit der Kanone nach den Kanonieren zu schießen. Aber aus Menschenfreundschaft hat er sich dann auf eine Meldung beschränkt.

Doch möchte ich ein genaueres Bild von der Sicherheitslage haben, auch wenn sie noch so diffus ist. Vor allem

75

möchte ich wissen, ob sich die Dinge zum Besseren wenden oder nicht, ob es eine Strategie gibt oder mehrere, um dem Übel abzuhelfen, woran es eigentlich liegt, dass keine Fortschritte gemacht werden oder ob vielleicht doch welche gemacht werden. Sicher wird es eine Weile dauern, bis ich einigermaßen durchblicke.

Ich selbst fühle mich weder sicherer noch unsicherer, wenn ich weiß, dass der Amerikaner oder der Afghane auf der einen Seite oder der Taliban oder Osama bin Laden auf der anderen Seite auf dem Vormarsch sind. Denn alles spielt sich ja entweder sehr weit weg ab oder ist unlokalisierbar oder hat einen Unfallcharakter, ist Zufall, bad luck.

Für meine Arbeit möchte ich aber wissen, wohin die Reise mit dem ganzen Land eigentlich geht. Irritierend kommt dazu, dass es offenbar eine Tendenz in der US-Presse gibt, Erfolge in Afghanistan klein- und Misserfolge großzuschreiben. Das hat, jedenfalls habe ich das so empfunden, mit dem Besuch von Holbrooke, dem früheren US-Botschafter bei den UN und hoffentlich zukünftigen US-Außenminister, angefangen. Der hat nämlich in der Presse als guter Demokrat kräftig auf den Bush geklopft und geschrieben, dass es mit Afghanistan genauso schiefgehen werde wie mit dem Irak, weil die Republikaner nicht nur Irak, sondern auch Afghanistan in den Sand gesetzt hätten und nichts, aber auch gar nichts aus den schlechten Erfahrungen lernen würden. Da die meisten wichtigen Printmedien der USA, jedenfalls die, die unsereiner so liest, wie die *New York Times* oder die *Washington Post*, eher demokratisch sind, nehmen sie dergleichen Tendenzen schnell auf und schreiben nun täglich über die Widrigkeiten und Misserfolge, die Rückschritte und die Fehler. Das Ganze ergibt dann ein schräges Bild.

Auf der anderen Seite steht die europäische Presse, die immer mehr Interesse an Afghanistan zeigt, in dem Maß, wie die NATO und damit europäische Truppen in die Stellungen einrücken, die die Amerikaner im Süden des Landes gerade verlassen. Es ist wohl mit Ausnahme der allerersten Eroberungszeit nie so viel über Afghanistan geschrieben worden wie im Moment. Bücher sprießen wie die Pilze aus dem verseuchten Boden überall da, von wo Truppen nach Afghanistan entsandt sind, in Norwegen, Kanada, Holland, Belgien usw. In Islamabad war ich in einer Buchhandlung, die so viele Bücher über Afghanistan hat wie die Karl-Marx-Buchhandlung in Frankfurt Bücher über alles Übrige.

Einige meiner Diskussionen über die Sicherheitslage sind interessant, andere weniger. Ich möchte einen Runden Tisch über diese Frage in meinem Haus machen, wenn ich wieder zurück bin. Hoffentlich fliegt bis dahin mein Boiler nicht in die Luft. Ich werde auch wieder reisen, zum Beispiel nach Kandahar, Herat, und werde versuchen, mir ein eigenes Bild zu machen – durch Gespräche mit Leuten, die klüger sind als ich.

Viel zu viele offizielle und inoffizielle Mittags- und Abendessen. Zwei auch in meinem Haus. Da wird man fett. Orthodoxes Ostern mit den zwölf Rumänen – wir haben an einem langen Tisch auf der Terrasse gesessen und alles das gegessen, was ihnen ihre Familien mit dem Militärflugzeug geschickt haben, süß, fett und hochprozentig (nicht Jesus mit seinen zwölf Jüngern, sondern Tom mit seinen zwölf Rumänen).

Heute haben sie endlich ein eigenes Haus bezogen, ganz in der Nähe. Das schafft ein bisschen Befreiung von so viel Mann im Haus. Es gab eine hitzige Diskussion, wie viele denn im Haus bleiben müssen über Nacht, falls mir was passiert und zu meinem Schutz gegen die Taliban. Schließlich hat sich die Sache auf die Frage zugespitzt, ob vier genug sind, wie ich finde, oder fünf, wie sie meinten. Ich habe gewonnen. Jetzt sind wir also nachts zu sechst (inklusive Alberto und little me), vom Hunde ganz zu schweigen. Denn wir haben heimlich einen kleinen Hund bekommen. Er sieht aus wie Tims Struppi, nur dass irgendwelche Rassisten oder Sadisten ihm die

Ohren abgeschnitten haben, damit er später als Kampfhund dem Gegner weniger Anbeißfläche bietet. Das allerdings hat ihm das Mitleid und die Aufnahme durch die Rumänen eingebracht. Ich bin also behütet, behundet (und bebellt).

19. Mai 2006

Der Frühling hat sich hier früher bemerkbar gemacht als in Deutschland, ist dann aber später durchgebrochen. Seit ich hier bin, seit Februar, habe ich keinen Mantel tragen müssen, es ist also hinreichend warm. Dafür sprießen die Gräser und Rosen erst so richtig seit vier Wochen, dank der verschwenderischen Bewässerung in meinem Garten. Vom Flugzeug aus sieht man die Landschaft nun auch ein wenig farblich gegliedert, nicht nur braun in leicht schattierten Tönen, sondern in den Flusstälern deutlich grün, wo es Wasser gibt und auf manchen Bergrücken mit einem ganz leichten hellgrünen Hauch, wo dann die Nomaden mit ihren Herden zum Weiden hinziehen. Die Wasserknappheit, auch die Wasserlosigkeit sieht man nur zu deutlich. Der überwältigende Teil der Landschaft ist entweder bergig braun oder hügelig braun oder wüstig braun und unurbar. Der Hauptkonflikt im Land, der ums Wasser, ist offensichtlich. Bewuchs gibt es kaum und schon gar keinen Wald. In Kabul hat man im Krieg auch die meisten Straßenbäume abgehackt und auf dem Holzmarkt verkauft. Holz wird in Lastwagen von der östlichsten Ecke des Landes angekarrt, wo man die letzten ökologischen Reserven gerade vernichtet. Sonst gibt es nur Buschwerk hier und da, das aber auch fürs Feuer geerntet wird. Bald wird es keinerlei Bäume mehr geben, außer in Parks und Gärten wie meinem. Die Erosion und Verwüstung folgt auf dem Fuße. Am meisten betroffen sind die Nomaden, die ohnehin vom Krieg und von der Diskriminierung seit den Zeiten von Kain und Abel geschlagen sind, von den

Minen, auf die Vieh und Kinder unweigerlich treten, und von dem immer kleiner werdenden Weideland, den versiegenden Quellen und den schwindenden Herden. Man trifft sie auf den Straßen, vor allem auf den Pässen mit ihren schwarzen Zelten, den Kamelen und Eseln, die eifrig das letzte Grün von den Steinen nagen. Die Konflikte werden auch bewaffnet ausgetragen, Kutschi, Nomaden, das ist synonym für Armut. Viele haben sich an den Rändern der Städte angesiedelt.

Die andere Seite dieses Konfliktes ist das Bevölkerungswachstum. Die Vermehrungsrate ist noch höher als im Kosovo. Die Leute haben alle acht Kinder. Zwar ist die Kinder- und vor allem die Müttersterblichkeit höher als irgendwo sonst in der Welt, aber langsam zeigt doch die Hygiene, zeigen die Bemühungen der WHO und die Maßnahmen der Volksgesundheit Erfolg, und der Konflikt um den Lebensraum, das Habitat, die Subsistenz verschärft sich weiter.

Dass die Nomaden, die hier in die Million oder sogar Millionen gehen, auch am wenigsten Möglichkeiten haben, in die Schule zu gehen, versteht sich schon aus der Lebensweise. Meine lebhafte Begeisterung für alle Maßnahmen der Volksbildung, Alphabetisierung und des sogenannten »capacity building« oder »capacity development« hat einen kleinen Dämpfer bei meinem Besuch in Teheran bekommen. Dort ist man auf die Errungenschaften des Bildungssystems besonders stolz. Und die allgemeine Schulpflicht ist dort auch weitgehend durchgesetzt, sogar bei den afghanischen Flüchtlingen. Auf der Universität sind 55 Prozent Frauen, aber die Arbeitslosigkeit bei den Universitätsabgängern ist besonders hoch, und für die akademischen Frauen gibt es in der traditionalistischen Gesellschaft in Iran überhaupt keine Möglichkeiten. Für einen Posten als Sekretärin (mit Examen) in unserem Büro in Teheran haben sich 186 Frauen gemeldet.

Mein Vorschlag, doch ausgebildete Lehrerinnen aus dem Iran nach Afghanistan zu schicken, wurde zwar mit Interesse angehört, wird aber wohl an den religiösen und zum

Teil auch sprachlichen, sicher aber an den politischen Barrieren scheitern. Nur die Hazaras im zentralen Hochland sind Schiiten, nur 80 Prozent der Afghanen sprechen Persisch, und ob man die Iranerinnen allein in die Ferne reisen lässt, das steht auch dahin. Außerdem wird die westliche Gebergemeinschaft wohl kaum zulassen, dass sich auf diesem hochideologisierten Feld Iranerinnen breitmachen. Eine gute Sache wäre es schon, wenn die (fundamentalistischen) Iraner den (fundamentalistischen) Afghanen beibringen könnten, dass die Mädchen zur Schule gehen sollten (selbst wenn sie dann in die Arbeitslosigkeit entlassen werden).

Die Tatsache, dass viele Afghanen, um Arbeit zu finden, ins Ausland gehen müssen, vor allem in den Iran, wird von den Afghanen als besonderes Leid empfunden, nicht als Chance. In Iran sind die (meist illegalen) Afghanen offiziell nicht sehr beliebt. Die Bauwirtschaft, die in Iran boomt, würde freilich zusammenbrechen ohne die afghanischen Gastarbeiter.

Nach drei Monaten in Afghanistan habe ich elf meiner zwölf Außenstellen besucht, die zwölfte folgt am Dienstag. Ich war in Islamabad und Teheran, zweimal in New York, einmal zum Vortrag beim Sicherheitsrat, einmal zum Treffen aller SRSGs mit dem Generalsekretär, ich war bei einer internationalen Konferenz in Doha und ich habe mich mit den Akteuren hier bekanntgemacht, einschließlich König und Präsident, Commanders und Botschaftern. Ich habe unzähligen Gästen die Hand geschüttelt, habe die Mitarbeiter und -innen kennengelernt – aber ich habe immer noch den Eindruck, als arbeitete ich im Notstand, im emergency mode, vorläufig, in Eile, ohne Konzept von einem Ereignis zum anderen gezerrt.

Mein Büro ist nicht voll besetzt, meine neue Sekretärin unerfahren und vielleicht nicht die Richtige für den Job, meine beiden Referenten harmonisieren nicht, meine Stellvertreter sind zu viel auf Reisen, mein Kabinettschef ist noch nicht da, sein Assistent hat gerade gekündigt. Die dreißigprozentige Unterbesetzung quer durch die Mission ist nicht besser geworden. Ich habe noch kein einziges Projekt, das mir wichtig ist, umsetzen können. In der Verwaltung ist die Unterbesetzung so dramatisch, dass ich mich wundere, dass der Laden noch nicht zusammengebrochen ist. Immer wieder muss ich mich mit Reparaturen und Notmaßnahmen, Vorläufigkeiten befassen, die eigentlich nach Reformen schreien, für die ich nicht die nötige Manpower habe. Leute, die zugesagt haben, hierher zu kommen, kommen nicht, für manche Posten habe ich die falschen Leute, die richtigen sind überlastet.

Ich habe noch kein angemessenes Verhältnis zu afghanischen Gesprächspartnern, vor allem den Ministern aufgebaut, bin zu selten beim Präsidenten, habe zu wenig Leute hier im Haus, das Riesenpalais ist ungenutzt, unternutzt, der Garten blüht, für wen?

Ich bin unzufrieden. Und meine Leute merken es. Ich kämpfe mit der UN-Organisation um gute Leute, neue Leute, mehr Leute, Budget, um Regeln beziehungsweise die Verletzung derselben, befasse mich mit Sachen, die eigentlich andere (besser) machen sollten, arbeite zu lange und zu viel an zu wenig Sachen. Schlechte Laune, Allergien, Schnupfen kommen auf. Grippe, Vogelgrippe oder einfach Rotz ...

Die morgendlichen Koordinationssitzungen sind inhaltsleer, auf der anderen Seite habe ich den Eindruck, als wäre ich der schlechtestinformierte Mensch der Mission. Dann gibt es wieder Nachmittage, wo ich eigentlich Zeit hätte, mich aber mit der Lektüre von Unwesentlichem befasse. Ich gehe meinen Mitarbeitern auf die Nerven – und mir auch. Ich kratze mir die Schuppen vom Kopf auf den Anzug. Pfui.

Ich muss mich in New York dafür einsetzen, dass mein Kabinettschef endlich kommt: Man lässt ihn nicht reisen, weil man im 38. Stock sagt, dass ich schon zu viele Engländer hätte, zu viele Westerner. Aber wo soll ich Easterner denn herkriegen? Und wenn das dann wieder drei Monate dauert oder fünf? Ich muss mein Büro zusammenrufen und Frieden schaffen – ohne Waffen. Meine Sekretärin auswechseln, angiften oder sonst was.

Ich habe gestern beschlossen und verkündet, dass wir ein Wochenendseminar der zehn Führungsleute der Mission machen. Zwei Tage hinter verschlossenen Türen. Mit den zehn Obersten vom Headquarter und den acht Leitern der Außenbüros im Lande. Dann wird alles anders.

Wir überlegen uns, was wir in diesem Jahr noch machen wollen. Die Frage ist: Wo wollen wir Ende 1385 (21. März 2007) stehen? Jeder zwei Seiten. Und dann diskutieren, bis wir alle wissen, was wir voneinander zu erwarten haben, was wir erwarten können und was nicht. Dann wissen wir, wie wir den großen Stein ein wenig weiter nach oben rollen können.

Zu erwähnen vergessen habe ich, dass mein Gärtner der einzige zufriedene, weil erfolgreiche Mann im Lande ist: Drei seiner liebsten Rosenstöcke sind vor ein paar Tagen erblüht. Er hat sie selber er- und verzogen, auf- und abgepfropft und beschnitten, wie es sich gehört. Und jetzt kommen aus einem einzigen Stock Rosen in drei verschiedenen Farben, rot, gelb und rosa der eine, rot, rosa und weiß der andere und rot und anders rot und weiß der dritte.

Die Welt ist also schön.

30. Juni 2006

Vorigen Freitag um 10 Uhr beim Präsidenten. Der war gerade von einem Staatsbesuch aus China zurück. Ich hatte gleich gebeten, mir einen Termin zu geben, denn der vorige Termin war nicht sonderlich harmonisch und am Tag darauf hatte er mich angerufen, offenbar ziemlich wütend, offenbar in Anwesenheit von Teilnehmern einer Besprechung, offenbar sprach er »to the gallery«, wie man unter Diplomaten sagt. Ich war darauf nicht so recht gefasst, außerdem wurde das Gespräch von meiner Sekretärin nicht richtig durchgestellt, so dass ich schließlich im Gang am Handy hing und nur die Hälfte verstanden hätte, wenn der Präsident nicht so laut gewesen wäre. Ich musste mich zusammenreißen, nicht wie ein Schuljunge dazustehen, sondern höfliche, aber bestimmte Widerworte zu geben. Die kamen natürlich nicht bei der Galerie an.

Die UN hatte vor anderthalb Jahren einen Bericht über die Greuel und Menschenrechtsverletzungen in den verschiedenen jüngst vergangenen Kriegen gemacht. Keine eigenen Recherchen, sondern eine Zusammenstellung dessen, was irgendwo schon publiziert worden war. Die Hochkommissarin für Menschenrechte, Louise Arbour, hatte diese Zusammenstellung dem Präsidenten überreicht mit der Anregung, sie doch zu veröffentlichen. Das hat dem Präsidenten nicht gepasst, immer gab es einen Grund es zu verschieben, mal war die Situation zu labil, mal standen die Wahlen vor der Tür, mal dahinter. Immer waren die Leute, die da zu Wort oder Tat gekommen waren, noch zu lebendig, noch zu mächtig, noch zu gefährlich, um solcherlei von ihnen zu hören oder zu sagen, vor allem, wenn es nur aus der Zeitung und nicht von einem ordentlichen Gericht kam (die unordentlichen sollen sich besser nicht damit befassen, denn die würden wohl auf Freispruch für alle alten Kommandanten, Krieger und Menschenrechtsverletzer plädieren, wenn sie nur kräftig gegen die Invasoren gekämpft hatten). Da wird zum Beispiel von einem, der jahrelang Kabul bombardiert hat, gesagt, er habe – und das entsprechende Zitat war wörtlich abgedruckt – seine Soldaten aufgefordert, bei der Besetzung eines Stadtteils doch am besten alle totzuschießen, die sie fänden, was die Soldaten dann auch gemacht haben, steht in dem Bericht. Sayyaf heißt der hohe Herr. Ich hatte das Vergnügen ...

Der Vorsitzende des Auswärtigen Ausschusses lud zum Sommerempfang ein. Dafür hatte er eigens ein Haus mit

Rasengarten angemietet in unmittelbarer Nachbarschaft des Parlaments. Ich durfte natürlich nicht fehlen, denn den wichtigsten Mann des Präsidenten im Unterhaus hatte ich bis dahin noch nicht kennengelernt.

Sayyaf steht gleich hinter dem wohlbewachten Eingang, in einer langen Reihe mit den anderen Mitgliedern des Auswärtigen Ausschusses. Ich schüttle unendlich viele Hände von meist bärtigen Parlamentariern, von denen die wenigsten Englisch sprechen. Sehr zeremoniell. Auch der Vorsitzende, der nicht sehr begeistert ist, mich kennenzulernen. Er hat offenbar Reserven gegenüber den UN. Ein Hüne von Gestalt im traditionellen Gewand, der Bart lang, aber schütter, gewaltiger Turban, vielleicht fünfzig Jahre alt. Er ist kein großer Redner, dafür aber spricht er Englisch, die Lautsprecheranlage macht ihn dennoch unverständlich. Auch der Versuch eines freundlichen Diplomaten, mich in ein Gespräch zu bringen mit dem legendären Führer einer der Mudjaheddin-Gruppen, vielleicht einem der mächtigsten seiner Zeit, misslingt. Bald frage ich mich, was ich eigentlich hier soll, finde dann einen Geschichts- und Archäologieprofessor und der Abend ist gerettet, denn der weiß viel über Herat, die Kunstschätze und die Geschichte der Minarette. Trotzdem gehe ich bald, das Hammelschaschlik ist zu fett. Sayyafs Überzeugungen, vor allem die religiösen, unterscheiden ihn eigentlich nicht von den Taliban. Man fragt sich, wieso er die bekämpft hat. Böse Zungen sagen, er habe sich ihnen als Führer angedient, sie hatten aber schon einen. Das gründet Feindschaft. Seinen Ruhm hat er vor allem aus dem Kampf gegen die Sowjets, sein Geld wohl eher aus dem Bürgerkrieg der Mudjaheddin untereinander.

Keiner weiß genau, warum Karzai auf Sayyaf als seinen Kandidaten für das Amt des Parlamentspräsidenten gesetzt hat. Sayyaf ist durchgefallen und der Präsident hatte sich seine erste Niederlage in dem noch nicht einmal konstituierten neuen Parlament eingefangen.

Kurz, meine Sympathie für Sayyaf hält sich in Grenzen. Nachdem also der UN-Bericht nach einem Jahr immer noch nicht veröffentlicht war, hat die Hochkommissarin für Menschenrechte einen Brief an den Präsidenten geschrieben, jetzt wäre es doch langsam Zeit. Ich habe selbst nicht gedrängt, denn ich hatte – jedenfalls bis vor drei Wochen – die Hoffnung, Karzai würde ein ganzes Paket von Maßnahmen zur Vergangenheitsbehandlung vorstellen, in dem dieser Bericht ein Teil sein sollte.

Die Verzögerung hat aber offenbar den Autoren des Berichtes nicht gefallen. Sie haben sich in der *Washington Post* über die Nichtveröffentlichung beklagt und Teile, zum Beispiel den über Sayyaf, zitiert. Das hatte den Präsidenten erzürnt.

Es ist nicht gut, mit dem Präsidenten überquer zu liegen, das stört die Arbeit. Ich habe in seiner Abwesenheit ein bisschen Lobby gemacht, damit das Wetter wieder besser würde. Wurde es auch, als Karzai aus China wieder zurück war, also habe ich gleich einen Termin bekommen und also haben wir über den Bericht nicht weiter gesprochen und werden das auch erstmal nicht tun.

Ich wurde von meinem Stellvertreter begleitet, der sich sehr gut in Afghanistan und in einigen anderen Regionen der Welt auskennt, weil er noch vor einem halben Jahr kanadischer Botschafter in Kabul war. Der Präsident war cheerful, ausgeruht und gesprächig. Jedes Gespräch geht im Augenblick mindestens zu fünfzig Prozent um die Frage zur Sicherheit im Süden Afghanistans, den Aufstand der Taliban und die Perspektiven im unteren Drittel des Landes.

Der Präsident beklagt sich lange darüber, dass die internationale Gemeinschaft und vor allem die Militärs ihn falsch beraten hätten. Noch vor einem halben Jahr hätten sie alle immer gesagt, die Situation sei unter Kontrolle und die Taliban seien ein paar versprengte Grüppchen. So habe ich die Generäle auch bei meiner Ankunft hier im Februar noch reden hören. Wir selbst hatten immer eine vorsichtigere Einschätzung, vor allem haben wir stets auf bessere, das heißt auch weniger korrupte und professionellere Verwaltung gedrängt, ohne Erfolg allerdings.

Die Rufe nach mehr Polizei und mehr Armee, die Karzai in der Tat schon seit einem Jahr ausstößt, sind ebenfalls ungehört geblieben. Denen hatten wir uns bald angeschlossen, sind aber bei den für Polizei verantwortlichen Amerikanern und Deutschen nicht durchgekommen. Die Korruption und Unfähigkeit der Gouverneure, Vizegouverneure und Polizeichefs mochte der Präsident selbst wiederum nie richtig angehen, denn der Süden, das heißt das Gebiet der Pashtunen, ist die Heimat des Präsidenten selbst, seine Brüder sind mächtige Fürsten – ob der Drogen, der Immobilienwirtschaft oder der Politik weiß man nicht so recht, vielleicht alles gleichzeitig, aber mächtig sind sie, einer ist auch Vorsitzender des Provinzparlaments. Andere Würden-, Amts- und Turbanträger sind enge Vertraute oder werden als solche gesehen, auch keine armen Leute. Vor allem keine Leute, die sich um die armen Leute kümmern. Die meisten unserer Gesprächspartner in Kandahar und Kabul halten die Korruption für den Hauptwegbereiter der Taliban im Süden. Unfähigkeit oder schlicht Abwesenheit von Behörden kommen meines Erachtens noch dazu.

Es ist nicht einfach, das diplomatisch dem Präsidenten nahezubringen, und vor allem ist es nicht leicht, den Präsidenten davon zu überzeugen, dass hier etwas passieren muss.

Wir redeten auch über China, die vielen Verträge, die zwischen Afghanistan und dem Reich der Mitte geschlossen worden sind. Auch davon, dass Karzai das Talibanproblem dort angesprochen hat, die Chinesen sich aber nur fürs Geschäft interessiert haben.

Die Verstimmung auf unserer, das heißt der deutschen, europäischen und UN-Seite über die handstreichartige Ernennung von 13 neuen Polizeipräsidenten durch den Präsidenten, an allen sorgfältig ausgearbeiteten Qualitäts- und Professionalitätsgarantien vorbei, kam nur am Rande wieder auf. Der Präsident dozierte, dass wir Afghanistan nicht kennen würden. Er bekundete, dass er jetzt nicht mehr so viel auf die internationale Gemeinschaft hören werde, man könne doch die Heroen der letzten Kriege, vor allem gegen die Russen, nicht einfach ausschalten, die verdienten Respekt und Amt, es seien die Leute, die den Krieg gegen die Taliban geführt und gewonnen hätten, die wüssten, wie man gegen die Taliban kämpft und so weiter. Alles ein bisschen wahr, aber vor allem falsch. Das Thema hat viele Facetten, die wir in der einstündigen Audienz nicht ausschöpfen. Leider ist der Präsident nicht von einer besonders fähigen Schar von Beratern umgeben, so dass man die Diskussion mit ihnen nicht weiterführren kann.

Am Abend ein offizielles Abendessen. Der italienische Botschafter hatte mich gebeten, eine hochrangige italienische Delegation zu bewirten. Das konnte ich ihm nicht abschlagen. Ich arbeite gut mit ihm zusammen.

Die hochrangige italienische Delegation kam dann nicht nur mit ein, zwei oder drei, sondern mit sieben, acht oder neun Leuten. Wir hatten erst ein Meeting über die Justizreform – ich will mich mit UNAMA da mehr engagieren, einer meiner Schwerpunkte –, dann das Essen. Es sind noch meine beiden Stellvertreter da und einer von der afghanischen Menschenrechtsorganisation, Alberto natürlich und der Mitarbeiter aus dem Sachgebiet Justizreform. Der Delegationsleiter ist Senator und einer der stellvertretenden Außenminister der neuen italienischen Regierung, hat dort irgendwann die Grünen mitgegründet, ist dann aber ausgetreten und nun bei der PDS. Im italienischen Parlament wurde beschlossen, das Engagement im Irak zu beenden. Die PDS will auch die Soldaten aus Afghanistan abziehen. Das will ich natürlich nicht. Ich biete an, in Rom für einen verstärkten Einsatz der Italiener im zivilen Bereich zu werben (wenn schon keine mehr Soldaten oder keine Soldaten mehr). Ob ich nun irgendwann nach Rom fahre, weiß ich nicht. Vielleicht. Schließlich bin ich ja Prodi-Fan.

Eigentlich gehört zum afghanischen Wochenende auch noch der Samstag. Das halten sogar manche Organisationen so. Der Verkehr ist dünner, Schule ist, glaube ich, auch keine, jedenfalls nicht überall. Bei mir bleibt davon nur ein Mittagsschläfchen, wenn ich Glück habe. Vorigen Samstag aber hatte zu meiner Überraschung der Präsident alle, die mit dem Aufstand im Süden zu tun haben, zum Brainstorming eingeladen, auch wenn er das nicht so genannt hatte. Ich wurde auf der großen Sitzung aufgefordert, etwas zum Krieg im Süden zu sagen, nach dem Kommandeur der amerikanischen Truppen und dem der NATO und vor den Botschaftern der USA, der Briten, der Niederlande und der Kanadier, die alle Truppen im Süden stehen, fahren oder kämpfen haben. Wir haben nur ein Büro in Kandahar, das allerdings sehr gut informiert ist und dessen Berichte ich mit Regelmäßigkeit lese. Das rettet mich bei solchen Überfällen.

Auf der afghanischen Seite der Präsident, der dicke Verteidigungsminister, ein alter Kämpfer der vergangenen Kriege (der erstaunlich wenig Dreck am Stecken hat, auch wenn er sich sicher nicht immer nur mit dem Stecken verteidigt hat), der Chef der (Staats-)Sicherheit, der Sicherheitsberater des Präsidenten, der Erziehungsminister (weil das der beste Fachminister auf der Regierungsbank ist), sonstige Minister, Berater, Assistenten und viele weitere.

Nachdem der Präsident sich alle angehört hat, hebt er zu einer guten Rede an, die vor allem betont, dass es für ihn kein großer Erfolg sei, wenn in den letzten drei Wochen 600 Taliban erschossen worden seien. (Die anwesenden Krieger hatten ihren professionellen und ungebrochenen Optimismus vor allem mit der hohen Zahl der feindlichen Gefallenen begründet.) Es sei traurig. Das wären alles Afghanen,

Brüder, Familien, die Opfer zu beklagen haben. »These 600 dead will haunt us.« Offenbar ist Karzai auch davon überzeugt, dass der Aufstand nicht niedergeschlagen und der Krieg nicht gewonnen werden kann, indem möglichst viele Taliban erschossen werden. Schon das erste Erscheinen der Taliban in Afghanistan 1993 hat gezeigt, dass die auf ein fast unbegrenztes Reservoir von Rekruten aus Pakistans religiösen Schulen (Madrassas) zählen können. Jeder Tote mobilisiert drei neue, wie das Gorgonenhaupt.

Aufstand/insurgency – ein Wort, das weder ihm noch den Amerikanern gefällt, auch wenn es insurgency ist. Ich werde versuchen, das im Sicherheitsrat auch so zu sagen, wenn es mir das Headquarter nicht wieder aus dem Bericht streicht.

Am Schluss steht genau die Frage, die auch unsere UN-AMA-Klausur vor zehn Tagen bestimmt hat – als wäre der Präsident dabei gewesen: Wer sind die Taliban eigentlich und was treibt sie? Wofür wollen sie sterben? Schlechte Regierung gibt es überall, aber im Süden wollen sie kämpfen und scheuen sich nicht, ihr Leben einzusetzen. Arm waren sie immer, das führt nicht zur Revolte. Korruption auch nicht, da müsste es überall kochen in der Region. Wenn es heute 5000 Terroristen gibt, wo waren sie voriges Jahr? Was mobilisiert die Taliban? Und wenn 50 Prozent aus Pakistan über die Grenze kommen, wofür und warum kämpfen die anderen 50 Prozent? Wenn es ein regionales, das heißt nicht afghanisches Problem ist, dann ist die internationale Gemeinschaft gefragt. Wenn es ein Problem der pashtunischen Stämme ist, dann ist der Präsident gefragt, da kann die internationale Gemeinschaft nichts machen. Wenn Gouverneure ausgewechselt werden sollen, welche? Welche Beweise gibt es für Korruption? Wer ist involviert?

Am Schluss der Lektion diktiert uns Karzai als Aufgabe, dass wir Antworten zu drei Fragen finden sollen:

1. Was treibt die Taliban?
2. Wie kann man das Vertrauen der Bevölkerung im Süden (wieder)gewinnen?
3. Wie kann man schnell Entwicklungshilfe in diese Regionen bringen?

Und wer soll die Antworten der internationalen Seite zusammentragen? Na, wer wohl?

Wir hatten die ganze Woche sehr interessante Sitzungen mit den Beteiligten, diese Woche die internationale und die nationale Seite getrennt, nächste Woche beide zusammen. Ich habe viel mit den Geheimdienstlern geredet, aber auch mit den Entwicklungspolitikern, den Soldaten und den Beamten, Weltbank und EU, USA, Niederlande und Kanada sowie die ISAF (= NATO). Auch wenn das Ergebnis noch nicht präsentabel ist und auch noch nicht so, dass man daraus Handlungsempfehlungen ableiten könnte, der Prozess ist spannend, es gibt doch mehr Meinungen, als ich dachte, und vor allem sind die Ursachen keineswegs nur im militärischen Bereich zu suchen. So setzt sich einigermaßen fundiert das durch, für was ich bisher nur Schlagworte im Kopf hatte: Da ist eine Guerilla, ein Aufstand, der nicht mit militärischen Mitteln besiegt werden kann oder nicht nur, der eine politische Strategie nötig macht und der einen Wechsel der Methoden verlangt.

Was schließlich machbar, durchsetzbar, finanzierbar, überzeugend ist, wird man sehen. Auf jeden Fall ist erstmal gedanklich ein neuer Anfang gemacht, dem werden vielleicht neue Konzepte folgen und – Inshallah! – Taten und Erfolge.

6. Juli 2006

Den Verteidigungsminister, eine gewaltige Gestalt, habe ich kennengelernt, als Richard Holbrooke hier war, im Haus meines Stellvertreters. Erst habe ich mit seiner Frau gesprochen,

Deutsch, denn sie hat in Heidelberg eine Weile studiert. Sie ist Usbekin, stattliche Erscheinung, Hochfrisur und ist – wie Goethe gesagt hätte – ein ausladendes Frauenzimmer. Sie passen gut zusammen. Als er auf die Frage, ob er denn gar nicht für seine parlamentarische Bestätigung – die stand gerade an – lobbyieren müsse, antwortete, das habe er nicht nötig, weil mehr als genug Parlamentarier im Krieg unter ihm gekämpft hätten, die würden ihn auch jetzt verteidigen, hatte sie mir schon ausführlich berichtet, dass sie jeden Abend eine andere Gruppe von Abgeordneten zum opulenten Mahl eingeladen habe, oft auch ohne ihren Mann, der auf irgendwelchen Terminen sei und dass sie da schon ihren Beitrag leisten würde. Mal wieder steht hinter einem dicken Mann eine große Frau.

Vorgestern nun war ich zum ersten Mal im Verteidigungsministerium, das das erste richtige Ministerium ist, das ich hier in Kabul betrete. Teppiche, überall salutierende Soldaten, breite Sessel und verhangene Sitzungssäle. Das Chefzimmer noch geschmackloser als alles, was ich bisher gesehen habe, aber in einer so vollkommenen und überladenen, schweren Weise, dass es zum Chef des Hauses passt. Der bewegt sich dort dann auch als einziger wie ein Fisch im Wasser oder besser wie das Nilpferd im Schlamm, während unsereins von der allgemeinen Gewichtigkeit erschlagen ist.

Der Verteidigungsminister hat die Antwort des afghanischen Sicherheitskabinetts auf die Fragen des Präsidenten, warum die Taliban eigentlich kämpfen, koordiniert. Der Job also, den auf der Seite der internationalen Gemeinschaft ich übernommen hatte. Während sich auf meiner Seite die Botschafter und die Generäle darin überboten, die zivile Seite des Konflikts und vor allem der Lösung zu betonen, ist Wardak, so heißt der Verteidigungsminister nach der gleichnamigen Provinz, aus der er stammt, mehr dem Militärischen zugewandt, das heißt er betrachtet die Welt von der Seite des Krieges.

Den hat er schon gegen die Sowjets geführt, dann als die Mudjaheddin gegeneinander kämpften, dann gegen die Taliban, erst verlustreich, dann siegreich. Wardak ist heute eine der friedlichsten Provinzen. Sicher hieß er in seiner Jugend ganz anders, der nom de guerre ist oft den heimischen Provinzen entlehnt. Er trägt ihn mit Stolz. Er ist auch einer der wenigen Kriegsherren, die sich in den Zeiten des Krieges wenig haben zuschulden kommen lassen. Er wird von allen Seiten als ehrbarer Krieger betrachtet, wenn auch sicher nicht von allen geliebt. Er ist kein Populist und auch kein Politiker. Große Ringe prangen an seinen fleischigen Händen, er spricht gut Englisch und hat einen – fast möchte ich sagen rheinischen Humor, der gleichzeitig den Guten Gemütlichkeit und den Bösen Ungemütlichkeit zu versprechen scheint.

Wir sprechen über insurgency. Er präzisiert: Man sei am Anfang der ersten Phase der insurgency, es gäbe nach General Giaps Theorie der insurgency deren drei: die erste, der punktuelle Kampf um den Raum, unorganisiert noch, aber immer breiter werdend, (»schlagt den Imperialismus, wo ihr ihn trefft« vielleicht), dann die zweite mit dem ländlichen Raum schon fest in der Hand der Aufständischen, nur die Städte, die Burg, noch in den Händen der Regierung, die sich immer weniger in die befreiten Zonen traut, und schließlich der Angriff der organisierten Heere mit Kriegswaffen auf das Zentrum, die Städte und die Regierung.

General Wardak, der hier den General Giap kundig und liebevoll zitiert, weiß, wovon er spricht. Gegen die Sowjets hätten sie die zweite Stufe gerade erreicht, dann seien sie geflohen. Lange hätten sie darum gekämpft, den Imperialisten den Weg über Land zu vergällen, sie überall anzugreifen, mit welchen Mitteln auch immer, um sie sich nirgends sicher fühlen zu lassen, bis sie sich schließlich auf ihre Festungen zurückgezogen hätten. Der General hat die Kriegstheorie gut durchdrungen, sie bildet den Hintergrund seiner Betrachtungen über den Aufstand und dessen Bekämpfung.

Die Erwähnung des legendären Generals Giap, der die vietnamesischen Aufständischen erst gegen die Franzosen und dann gegen die Amerikaner und schließlich gegen das südvietnamesische Vasallenregime siegreich geführt hat, klingt mir schon schrill in den Ohren.

Nicht so sehr wie Ho Chi Minh war doch auch Giap einer meiner legendären Helden, der Mann im geheimen, fast übermächtigen Hintergrund, der den Krieg gegen den Imperialismus gewinnt. »Theorie des Aufstands« heißt sein Buch – glaube ich – auf Deutsch. Wo stehe ich heute? Neben Wardak, dem afghanischen Helden des Aufstands gegen die Stalinisten. Na ja, das ginge ja noch klar. Aber jetzt, neben dem, der den Krieg gegen den Aufstand führt, mit demselben gemütlichen Ingrimm, mit dem er Giaps Theorie zitiert? Erarbeiten wir die Strategie der counter-insurgency?

Auf der einen Seite beharre ich darauf, den Aufstand auch Aufstand (insurgency) zu nennen und nicht nur Terror, die Aufständischen als Aufständische und nicht als Terroristen zu bezeichnen. Mit Terroristen kann es keine Verhandlungen geben. Am Ende eines Aufstands steht eine Friedensverhandlung, eine Versöhnung und Integration und nicht immer nur die Niederschlagung mit militärischen und politischen Mitteln, Tod oder Gefängnis oder beides. Der »War on Terror« endet mit Guantánamo. Der Sieg gegen die Aufständischen kann nur durch politische und polizeiliche oder militärische Mittel gewonnen werden. Auf der anderen Seite sträubt sich mir immer die Feder, wenn ich »counter-insurgency strategy« schreiben soll. Die unendlichen Opfer der verschiedenen counter-insurgency-Strategien, der lateinamerikanischen Militärs, der Contra, der Marines ...

Die Taliban haben der demokratisch gewählten Regierung Afghanistans gegenüber einen Vorteil: Sie kommen von unten. Auch wenn Karzai gewählt worden ist, gewählt sogar mit einer recht guten Mehrheit, ist er doch erstmal von oben eingesetzt worden, von oben, von Bonn (dem sogenannten

»Bonn-Prozess«) und natürlich vermöge der amerikanischen Bomben gegen die Taliban, die von unten kamen. Aus der Jugend, aus den Flüchtlingslagern in Pakistan, aus den Madrassas, den religiösen Schulen, aus Kandahar, vom Lande, von den Mullahs. Da kommen sie auch heute noch her. Und auch heute noch ist ihr Reservoir schier unerschöpflich. Verluste machen ihnen nichts aus. Fast scheint es so, als würde jeder Tote zwei seiner Brüder zum Kampf mobilisieren. Als würde jede US-Bombe ihnen ein Dorf zutreiben, jede Hausdurchsuchung einen Clan. So war das auch, als die Russen hier waren. Genau so.

Auch scheint mir – und das ist eine Überlegung, die sich immer mehr einschleicht – dass die Entwicklungshilfe der Regierung kaum Loyalitäten einbringt. Vor allem nicht die, die in Afghanistan betrieben wird. Die südlichen Provinzen sind keineswegs von der Entwicklungshilfe ausgeklammert worden. Dort sind Straßen und Schulen gebaut worden. Wie in den anderen Provinzen auch. Wir diskutieren jetzt den richtigen Mix von Entwicklungsmaßnahmen. Aber hilft der dann? Verhelfen die Schulen, die gebaut worden sind, der Regierung, der internationalen Gemeinschaft oder den Helfern zu Popularität? Oder hilft den Taliban das Abfackeln derselben?

Die Taliban versprechen den Leuten nichts. Keine Schule, keine Straße, keine Brunnen. Nur Islam, fundamentale Interpretation des Islam genauer, und Frieden – Abwesenheit von Krieg. Erstaunlicherweise ist das ihr stärkstes Argument. Als würde man dem, dem man wehtut, das Nachlassen des Schmerzes versprechen. Aber auch bei ihrem vorigen Einzug in Afghanistan haben sie vor allem ein Ende des Krieges versprochen. Damals war das noch glaubhafter, weil die Taliban nicht die einzigen waren, die den Frieden störten. Dann versprechen sie, die Ungläubigen, die Kreuzritter aus dem Lande zu jagen, Afghanistan wieder autonom, unabhängig, islamistisch zu machen. Und noch eins: Sie betonen, dass Korruption gegen den Islam verstößt, und damit greifen sie die jetzige Regierung an. Alle Leute, auch die Feinde des Taliban, bestätigen eins: Die Taliban sind weniger korrupt als die jetzige Regierung. Das ist wohl nicht von der Hand zu weisen. Karzai mag ein ehrbarer Mann sein, ebenso wie Spanta und Wardak und ein paar der Minister. Aber schon beim Bruder von Karzai in Kandahar fängt es an, bei den Gouverneuren geht's weiter, bei vielen jedenfalls, und die ganz schlimmen Warlords, die sich an den Massen versündigt haben, die sitzen immer noch in Staatspositionen und bereichern sich schamlos.

Die Taliban sind eine Bewegung von unten, deshalb (noch) weniger korrupt. So wird es wenigstens gesehen. Und das nicht nur von ihnen selbst.

Zählen die Menschenrechtsverletzungen nicht, die sie vor zehn Jahren begangen haben, die Massaker, die systematischen Unterdrückungen der Frauen, der weniger fundamentalen Fundamentalisten, der Hazaras, der politischen Gegner, der Intellektuellen, der Schüler?

Erstaunlicherweise haben der Krieg und der Wechsel der Konstellationen, des Wer gegen Wen über Nacht, eine Form von Unempfindlichkeit oder Ergebenheit ins jeweilige Schicksal, ein Abfinden mit den Verlusten hervorgebracht, das mir woanders noch nicht begegnet ist. Es gibt keine Opferverbände. Auch keine Mütter, Schwestern, Brüder oder Ehefrauen, die wissen wollen, wo die Verschwundenen sind, in welchem der vielen Massengräber wer nun liegt und wo der eigene Angehörige. Ob das an dem für uns schwer verständlichen Totenkult liegt? Oder daran, dass das Höchste für viele ist, ein Kämpfer zu sein, einen Märtyrer in der Familie zu haben, einen, der für den Islam gestorben ist, im Djihad, dem Kampf gegen die Ungläubigen?

Also insurgency. Für die UN ist es wichtig, das festzustellen. Denn dann steht am Ende ein verhandelter Frieden. Und auf diese Verhandlungen müssen wir uns vorbereiten.

Wir kennen die Taliban nicht. Wir haben keinen Kontakt. Das ist – zu meiner großen Überraschung – unter den afghanischen Amtsträgern anders. Da verhandelt schon mal ein Gouverneur mit einem Taliban-Unterführer über die Herausgabe eines erbeuteten Lebensmitteltransports, ein anderer über Humanitäres. Man kennt sich anscheinend.

Auch die Journalisten kennen die Taliban. Keiner der internationalen Korrespondenten, der nicht wenigstens eine Telefonnummer von einem Taliban-Sprecher in Pakistan hätte. Und dort ist es sowieso leicht, in Kontakt zu kommen. Die Zeitungen in Pakistan sind voll von Stellungnahmen und Berichten. Mein Vorvorgänger Brahimi hat in einem Interview der *FAZ* gesagt, es sei damals in Bonn falsch gewesen, die Taliban nicht in den Friedensschluss einzubeziehen. Wohl wahr.

Wie beendet man einen Aufstand?

Wir haben uns mit den intelligence people (der Feind-Aufklärung) der Amerikaner und der NATO zusammengesetzt, mit den Holländern, Engländern und Amerikanern, also allen, die im Süden Truppen und Hilfsprojekte haben, und haben versucht herauszufinden, wer eigentlich die Taliban sind. Wer sind die, die wir da sterben sehen in den Gefechten, die von beiden Seiten als siegreich empfunden werden? Im Gegensatz zu den Taliban berichten die Afghanen, die Coalition Forces und die NATO auch über die Anzahl ihrer Toten und Verletzten und nicht nur über die Verluste des Feindes.

Die Taliban sind natürlich ein buntes, wenig organisiertes Gemisch von Kämpfern, die ideologisch nur zwei Ziele vereinigten: Ausländer raus und Religion. Die Führung ist nicht homogen und schon gar nicht koordiniert. Verschiedene Gruppen, Tendenzen und Führer lassen sich in Pakistan und in Afghanistan identifizieren. Viele der Führer sind bekannt. Sie arbeiten locker zusammen in dem riesigen Kampfgebiet im Süden, Südosten und Osten des Landes, im-

mer entlang der 2.400 km langen Grenze zu Pakistan. Fünf
Gruppen lassen sich definieren:

1. Die, die ideologisch so festgelegt sind, dass sie Argumen-
ten, Versöhnungsversuchen oder Angeboten wohl kaum
zugänglich sein dürften: Al Qaida, Tschetschenen, Araber
aus den verschiedenen Krisenländern, Taliban-Führer um
Mullah Omar, Taliban-Warlords etc. Sie können nur »mit
militärischen und polizeilichen Mitteln« bekämpft, also tot-
geschossen oder gefangengenommen werden.

Auf diese und nur auf diese haben sich die Amerikaner
in den letzten fünf Jahren konzentriert. Abenteuerliche Geschichten werden erzählt von damals, als man glaubte, bei
Tora-Bora die Talibanführung dingfest gemacht zu haben.
Da hätten afghanische Hilfstruppen der Amerikaner 50 Dollar für Afghanen und 500 Dollar für Ausländer verlangt, um
sie nachts über die Grenze zu bringen. So seien dann alle
abgehauen, einschließlich Osama bin Laden. Ohne Bart und
Turban erkennt den ja sowieso keiner. Geschweige denn unter der Burka.

Heute sitzt ein Teil der ideologisch-religiösen Taliban-
Führung in Quetta in Pakistan, als Ehrenmänner, elder
statesmen, die »Quetta Shura«. Wie weit Quetta auch ein
operatives Zentrum ist, weiß man nicht. Eher ja als nein.
Baluchistan ist sowieso nicht unter scharfer Regierungskontrolle und einige der Regierungsparteien dieser reichen
Provinz sympathisieren offen mit den Taliban.

2. Die zweite Gruppe ist stärker operativ, auch ideologisch
motiviert, ausgebildet in den Madrassas Pakistans, aus den
Flüchtlingslagern stammend oder als Kinder zur religiösen
Ausbildung geschickt. Sie sind Grenzgänger, kommen und
gehen nach Afghanistan zum Kämpfen. Sie sind die pashtunischen Kämpfer, auf die die Mütter und Väter so stolz sind.
Sie halten die Tradition der Krieger aufrecht und wollen als

Helden und Märtyrer heimkommen. Da sie keine Zukunft außer dem Kampf haben, scheuen sie den Tod nicht. Sie waren schon 1993, als die Taliban zum ersten Mal kamen, die treibende Kraft, das schier unerschöpfliche Reservoir der motivierten Soldaten, die damals mit Lastwagen über die Grenze ins Land gekommen sind.

Ihrer könnte man langfristig Herr werden, wenn es gelänge, in Zusammenarbeit mit Pakistan Integrations- und Ausbildungsprogramme aufzulegen. Eine Sisyphus-Arbeit ohne Zweifel. Dasselbe Volk, die Pashtunen, dieselben Probleme, nur jenseits der Grenze. Ohne eine Strategie der internationalen Gemeinschaft, die Pakistan miteinbezieht, wird sich nichts machen lassen. Noch gibt es in Pakistan mehr als zwei Millionen Flüchtlinge, die Pashtunen der Grenzregion sind genauso arm wie die Afghanen jenseits der Grenze. Den Kriegermythos und den radikalen Islam teilen beide. Von den Afghanen in Pakistan sind 50 Prozent 18 Jahre alt oder jünger, also eine Million. Vielleicht 400.000 sind zwischen 16 und 24, im Kämpfer-Alter. Im Augenblick schätzen Optimisten die Zahl der Taliban auf 10.000 (noch im Frühjahr hatte man von ein paar versprengten Gruppen gesprochen). Wenn auch nur jeder zehnte Flüchtling Kämpfer wird, könnten von da allein nochmal 20.000 kommen.

Ein Ansatz zur Lösung ist auch der Plan des neuen Erziehungsministers, in Afghanistan selbst staatliche und nicht-fundamentalistische religiöse Schulen zu gründen, die dann nicht die jeweils radikalste Interpretation des Islam predigen. Im Süden ist es immer noch so, dass ein intelligenter Sohn keine andere Erziehung finden kann, als die in einer pakistanischen Madrassa. Diese Initiative könnte zwar nur einen Teil des Problems lösen, ist aber der einzige Ansatz, der den religiösen Aspekt des Problems anspricht.

3. Die größte Gruppe, sicher mehr als fünfzig Prozent der Taliban, kommen aus Afghanistan selbst und bleiben auch dort.

Es sind Leute, die entweder aus denselben Gründen wie ihre Stammesbrüder jenseits der Grenze kämpfen, aus Perspektivlosigkeit, Abenteuerlust oder auch aus Not. Sie werden als Soldaten bezahlt, aus den unerschöpflichen Reichtümern von Al Qaida oder aus Subventionen der arabischen Welt oder von Drogenbaronen, die von der Instabilität profitieren – eine Vielzahl von Motiven. Not ist davon noch die vornehmste ...

Sie wären wieder zu integrieren, wenn ihr Problem gelöst werden könnte, ein Problem, das auch eins der Bevölkerungszunahme (die größte der Welt), der Ignoranz und Ausbildungslosigkeit ist. Totschießen hilft bei denen auch nicht, denn sie sind Pashtunen und ihre Brüder werden sich rächen. Sie haben viele Brüder. Sie bilden das Kanonenfutter, sie stellen die Toten.

4. Die Stammeskrieger. Sie führen einen Krieg, der sich nicht so sehr gegen die Zentralregierung richtet, sondern gegen den Nachbarstamm, der auf Seiten der Regierung kämpft, weshalb sie auf Seiten der Gegner stehen. Oft ist damit ein Kampf um die Ressourcen verbunden, den die Regierungsbeamten zugunsten ihrer Leute entschieden haben, ohne auf Gerechtigkeit oder Ausgleich zu achten. Die Abwesenheit von Gerichten spielt hier ebenso eine Rolle wie die Benennung von parteiischen und/oder korrupten Gouverneuren.

Die Drogenpolitik vor allem der Amerikaner hat dieses Heer vergrößert. Sie haben die Mohnernten zerstört, ohne den Bauern Alternativen zu bieten. Das hat ganze Stämme gegen sie aufgebracht, denn diese Eradication-Kampagnen werden von den örtlichen Regierungsvertretern gesteuert, die sie auf das Land ihrer Feinde lenken. Etwa zehn Prozent der Ernte ist vernichtet worden. Das hat die Bauern zu den Taliban getrieben. Nur den besten Gouverneuren ist es gelungen, den Schaden durch eine Umlage gerecht zu verteilen.

Hier hilft nur eine bessere Stammespolitik. Die können nur die Afghanen selbst machen, denn wie das Gesellschaftsgefüge der Stämme funktioniert, werden wir nie lernen. Das sagt uns der Präsident immer wieder. Nur macht er selbst es auch nicht besser, denn er bevorzugt bedingungslos seinen eigenen Stamm. Das wird seinen Statthaltern als Korruption, also als Islamfeindschaft ausgelegt.

5. Schließlich gibt es noch die nicht geringe Zahl Opportunisten, die aus dem einen oder anderen Grund am Konflikt verdienen, auf Seiten der Sieger stehen wollen, ihr Geschäft mit dem Krieg machen und zur Zeit meinen, der Talib sei der kommende Mann (oder besser der kommende Mullah). Hier finden sich desertierte Polizisten, demobilisierte Soldaten aller Armeen der Vergangenheit, aber auch Geschäftsleute und Profiteure der Instabilität. Sie werden – wenn die Aufständischen verlieren – weiterziehen.

Alle diese Gruppen kann man noch weiter differenzieren. Es ist kaum möglich, sie zu quantifizieren. Die erste ist sicher klein, die zweite schon größer, vor allem aber unerschöpflich, die dritte die größte und im Zuwachs, die vierte lokal sehr unterschiedlich, die letzte nicht zu unterschätzen.
Ein paar Sachen fallen auf:

1. Macht es wohl kaum einen Unterschied, ob viel oder wenig Entwicklung geschieht. Die Frage der Beschäftigung ist so hoffnungslos und allenfalls langfristig erfolgreich anzugehen, dass unsere Bemühung in dieser Richtung aus humanitären Gründen sicher richtig ist, das akute Aufstandsproblem aber nicht lösen wird. Sicher, Erziehung tut gut und ist auch nötig, sie wird aber dieses Jahr noch nicht viel Früchte tragen. Dasselbe gilt für Straßen. Bei kleinen Projekten, die die Nöte der Leute betreffen, mag Entwicklungshilfe etwas Einfluss haben, aber viel ist es nicht – weder nach der einen noch nach der anderen Seite. Die Leute gehen nicht zu den Taliban, weil sie frustriert sind von der Entwicklungslosig-

keit, noch wenden sie sich von den Taliban ab, wenn wir ihnen eine Brücke bauen.

2. Wenn ein guter Teil der Ideologie und Kämpfer importiert ist, liegt ein guter Teil der Lösungen nicht in Afghanistan. Da ist Diplomatie, nachbarschaftliche Zusammenarbeit und regionale Entwicklung gefordert. Die ist nur sehr verschwommen und an einem fernen Horizont zu sehen, wenn man optimistisch ist. Damit droht zunehmende Instabilität auch in Pakistan, die den Konflikt weiter anheizen würde.

3. Die Drogenpolitik ist vollkommen gescheitert. Sie spielt sicher eine große Rolle, aber die Milliarden, die da reingeflossen sind, haben nichts geholfen. Für denselben Betrag hätte man eine alternative Landwirtschaft aufziehen sollen, die vielleicht einigen der Krieger eine Alternative gegeben hätte.

4. Die Abwesenheit der Regierung im Süden ist der größte Fehler gewesen. Man hat die Region sich selbst und den Amerikanern überlassen, die immer wieder mit militärischen Operationen den Frieden eher gestört als gefördert haben. Al Qaida oder Bin Laden haben sie trotzdem nicht erwischt. Für die Taliban haben sie sich nicht sonderlich interessiert, sonst hätten sie die Entwicklung erkennen müssen. Der Aufbau von Regierungs- und Verwaltungsstrukturen in den Distrikten ist zu langsam oder gar nicht vorangegangen.

5. Die Korruption ist die Pest des Südens. Sie hat den Taliban eine moralische Grundlage gegeben, die ihnen viele Türen geöffnet hat.

6. Die Pashtunen werfen der Regierung nachst der Korruption vor allem vor, dass sie es nicht geschafft hat, Frieden einkehren zu lassen. Die Leute sind kriegsmüde. Hätte die Regierung, hätten die Amerikaner und die Deutschen den

Aufbau von Armee und Polizei so beschleunigt, dass dort nicht ein Polizist pro 1.500 Bewohner, sondern vielleicht fünfmal so viele wären (wie beispielsweise in Bayern), dann wären diese Provinzen nicht im Aufstand versunken. Denn mehr, als dass sie aufgestanden wären, sind sie im Aufstand versunken. Die Taliban sind nicht willkommen, sie sind eher gefürchtet. Aber es widersteht ihnen auch niemand.

Nicht nur die internationale Gemeinschaft hat eine Analyse gemacht, sondern auch die afghanische Seite unter Führung des Generals Wardak. Ich war erstaunt, wie weit sich die Analysen decken. Der heutige Termin hat dazu gedient, die Vorstellungen zu harmonisieren. Der Minister bemerkte süffisant, dass die afghanische Seite wohl etwas selbstkritischer an die Sache herangegangen sei als wir. Da hat er Recht. Weder die strategischen Fehler der Coalition Forces (vor allem der USA), noch die Fehler bei der Drogenbekämpfung (hier vor allem UN und England) haben wir so explizit angesprochen, wie es ehrlicherweise nötig gewesen wäre.

Am Sonntag sollen wir das Ergebnis unserer Beratungen und vor allem unsere Vorschläge dem Präsidenten vorlegen. Dazu treffen wir uns noch einmal am Samstag. Und morgen, am Freitag? Da haben wir die Referenten beauftragt, aus den Papieren das Wichtige und Richtige herauszuziehen und uns wieder vorzulegen. Ich habe die Arbeit unter Beihilfe des heldenhaften Generals und Verteidigungsministers so verteilt, dass der Freitag frei bleibt, für uns, nicht für die ReferentInnen. (Das ist das Gemütliche an uns beiden.)

Ob ich mich nun beherzt auf die Seite der counter-insurgency stellen soll, weiß ich immer noch nicht. Auch stellt sich die Frage, ob die UN in solchen Sitzungen nicht zu sehr auf die Seite der Generäle (ob nun Giap oder Wardak, Eikenberry (US) oder Richards (UK)) gerät, zumal ich mit letzterem schon allmittwöchlich frühstücke. Sind wir zum Kriegmachen oder Friedenmachen hier?

Andererseits halte ich mir natürlich zugute, dass ich die Soldaten aller Länder immer wieder auf die Seite der nichtmilitärischen Aktion zu ziehen versuche, besonders in Bezug auf den Aufbau von rechtsstaatlichen Strukturen. Ich versuche, die Schlagetots aller Couleur davon zu überzeugen, dass tote Taliban kein Erfolg sind, eher im Gegenteil. Trotzdem muss ich zugeben, dass mich der Bezug zu Giap verwirrt hat. Auf dessen Seite habe ich ja gestanden, ohne viel zu problematisieren. Und jetzt nutze ich seine Theorie zusammen mit Wardak gegen den Aufstand?

Ein bisschen zu militaristisch war das gloriose counterinsurgency-Papier, das der General uns verfasst hat, schon. Das fand auch der holländische Botschafter. Also habe ich meine Referentin gebeten, morgen darauf zu achten, dass die militaristischen Untertöne rauskommen. Die Sitzung fängt um zehn Uhr an. Dann schlafe ich hoffentlich noch und träume vom Sieg des Vietcong.

4. August 2006

ROM – Senatus Populusque Romanus

Am Mittwoch, den 12. Juni 2006, bin ich auf dem Militärflughafen von Kabul um sechs Uhr in die Sondermaschine des italienischen Außenministers eingestiegen, zusammen mit Ettore, dem italienischen Botschafter. Sechs Stunden wunderschöne Reise über den Iran und die Türkei, ich habe den Vulkan Ararat mit beschneitem Gipfel gesehen und verstanden, warum man dachte, dort oben müsse Noah mit seiner Arche gestrandet sein. Der Blick war herrlich, ich war schläfrig, die Bilder verlöschen so schnell, die Eindrücke sind nur scheinbar tief, man überfliegt die Landschaft eben nur.

Dann, nach all den Wüsten und Bergen, Griechenland und Italien, dicht besiedelte Kulturlandschaft seit Jahrtausenden.

In Rom hatte man mich in einem Hotel im Stadtzentrum untergebracht, das unendlich vornehm, teuer, aber im Service doch dürftig war. Ich habe einen kleinen Spaziergang zur spanischen Treppe gemacht, eine Zeitung gelesen und in einem Caféchen gesessen, um die Freiheit zu genießen, auch die Freiheit von den Rumänen – pero no tanto, hätte García Márquez gesagt: Als ich mich irgendwo ganz plötzlich entschloss, doch in die andere Richtung zu gehen, stand ich vor dem Sicherheitsbeamten, den die italienische Regierung mir vorsichtshalber mitgegeben hatte, und der mir offenbar schon seit Stunden unauffällig, aber erbarmungslos gefolgt war, um dies auch auf dem gesamten Rest des Besuches zu tun. Freiheit, scheinbare Freiheit oder keine: Es war heiß und schön in Rom, und um zwei musste ich sowieso ins Außenministerium, gefahren und betreut von dem oben Benannten und einem weiteren Beamten und immer begleitet von dem rührenden Ettore.

Das Außenministerium ist im Stile des IG-Farben-Hauses in Frankfurt und auch in derselben Zeit gebaut. Es sollte mal als Headquarter der Faschisten herhalten, deshalb ist es groß mit Tendenz zum Wahn. Die Räume sind nicht so recht zeitgemäß, die Flure beherbergen eine Sammlung modernster, sagen wir: postmoderner Bilder, die da so schlecht nicht hinpassen.

Ich habe mit dem Außenminister D'Alema geplaudert, was formell war, mit dem Präsidenten des Senats, Dini, was interessant und sehr freundlich war, mit dem Präsidenten des Parlaments und mit Abgeordneten, was schwierig war, weil genau die Opponenten der anstehenden Verlängerung des Afghanistan-Mandats der italienischen Truppen anwesend waren und die Übersetzung schlecht rüberkam. Ich war erstaunt, dass die nötig war bei Mitgliedern des Auswärtigen Ausschusses. Neben einem formellen Abendessen mit dem Vizeminister Vernetti, der mich schon in Kabul besucht hatte, gab es noch diesen oder jenen Termin offizieller

Art, aber der Hauptevent war der Vortrag vor dem Senat, von dem die Einladung kam.

Donnerstagnachmittag 15 Uhr. SPQR steht auf jedem Kanaldeckel in Rom. Senatus Populusque Romanus. Das ist der Senat, in dem Cäsar nicht der Zweite sein wollte (sondern lieber im kleinsten Bergdorf Latiums – so etwas wie Oberbreisig vielleicht – der Erste), der Senat, wo Cato mit seinem »ceterum censeo« genervt hat, der Senat, wo schließlich »Et tu mi fili ...« brutal wurde ... SENATUS SENATORUM. Und ich sollte sprechen. Ein erhebender Augenblick. Ein Höhepunkt im politischen Leben des T.K. Der Ausblick auf Erhebendes war ein bisschen der Grund, weshalb ich angeboten hatte, nach Rom zu kommen. Aber auch die Stadt, in ihrer unbeschreiblichen Schönheit, jede Einzelheit Geschichte, Pflege der Geschichte und meistens guter Geschmack.

Die Absurdität liegt dem Erhabenen immer nah, vor allem, wenn ich dabei bin, so wie der Schalk beim Fürsten sitzt: Nach dem Gang durch weite prächtige Hallen mit Säulen und livrierten Wächtern, Bildern von gewaltiger Größe und schaurigen Motiven, erreichten wir den Ort der Versammlung schließlich durch eine kleine Tür. Der Saal mehr wie ein Hörsaal, ein kleines Rund mit schlichtem Gestühl. Ich war darauf hingewiesen worden, dass vielleicht die Teilnahme nicht allzu groß sein würde, wegen des Donnerstags(!), der Sitzungspause, des Themas und der (relativ) großen Einigkeit zum Thema – mit Ausnahme natürlich der Dissidenten aus der Prodi-Koalition, wegen derer ich ja eingeladen war, um als alter Linker und Grüner gerade die Tendenzen zu überzeugen, die es schwer hatten, Irak von Afghanistan zu unterscheiden.

Also: Außer dem artigen Präsidenten Dini, dem ebenso artigen Vizeminister Vernetti und dem hilfreichen Sekretär, der mir einen Platz auf dem Podium anbot – waren genau fünf Leute im Saal, davon einer uralt und zusammengefallen in der ersten Reihe direkt vor mir, ein Fossil, das mir vorgestellt wurde oder umgekehrt: Andreotti, Senator auf Lebenszeit, zehnmal oder mehr Ministerpräsident Italiens, angeklagt und freigesprochen, beschimpft und nun schließlich altersgemäß geehrt. Er entschlief gleich zu Beginn meines Vortrags und erwachte in der Debatte nur einmal, um zu fragen, ob ich auch dem König von Afghanistan meine Aufwartung gemacht hätte – hatte ich.

Wir warteten zehn Minuten, bis schließlich ganze vierzehn Mitglieder des Hohen Hauses anwesend waren und ich mit meinem Vortrag beginnen konnte, wie ich ihn sorgfältig vorbereitet hatte. Die linken und die grünen Wurzeln, der Pazifismus, die Erfahrung von Srebrenica, die Diskussion um die Intervention im Kosovo, Afghanistan ist nicht Irak, die Erfolge und Bedrohungen in Afghanistan, was nötig ist und so weiter – eine halbe Stunde genau. Ich wurde artig bedankt.

Nun sind 14 von vielleicht 70 nicht gerade viel. Aber immerhin waren alle die Senatoren da, die mit Dissidenz gedroht hatten und die haben dann alle auch Fragen gestellt, vehement gesprochen, argumentiert und polemisiert – ganze zweieinhalb Stunden intensiver Debatte wie in der grünen Bundesversammlung, auch in der Erscheinungsform: Da haben Leute heftig gepoltert und scharf gefragt und sind dann vor der Antwort entschwunden, andere sind gekommen und haben sich in die Debatte eingemischt, ohne vorher gehört zu haben, um was es gerade ging, dann wieder welche, die so weit von der weltpolitischen Diskussion entfernt und so tief in die örtlichen Parteiinterna verstrickt waren, dass sie vollkommen deplatziert schienen.

Zum Erstaunen des Präsidenten, der mir höflich und wiederholt bedeutete, ich müsse nur die Fragen beantworten, die ich auch beantworten wolle und nicht alle, vor allem nicht die unfreundlichen, habe ich der Reihe nach jedem Rede und Antwort gestanden, bin auf jedes Argument und vor allem jede Person sorgfältig eingegangen, wie vor dem

Ortsbeirat 14, wenn's um den Grüngürtel ging, ohne allerdings irgendeine Wirkung meiner Worte zu verspüren, außer vielleicht Dankbarkeit des Präsidiums, dass ich mir das alles antue. Aber ich hatte ja genau mit dieser Diskussion gerechnet und wollte auch genau die führen, vielleicht eine Vorbereitung auf HARDtalk von *BBC*, zu dem ich im September nach London eingeladen bin, vielleicht eine Reprise der Bundesversammlung, die Joschka ein Trommelfell gekostet hat, vielleicht auch die Lust am Diskutieren, die in Afghanistan nicht befriedigt wird: Mir hat es gefallen vor dem römischen Senat. Wenn ich mir's genau überlege: Solange nicht gerade Cäsar dabei war, nicht Cicero oder Cato, dann war's da wahrscheinlich auch nicht anders, weder in sachlicher noch in formaler Hinsicht. Die Grandiosität und Erhabenheit ist doch mehr was für die Lateinlehrer und Steinmetze. Die Absurdität, die Kleinteilig- und Kleinlichkeit, die Lächerlichkeit und peinliche Bemühung, Verbohrtheit und Pedanterie, das qualvolle Argumentieren der Wahrheit – pero no tanto –, die Parteilinie und darunter und darüber, der goodwill und der badwill, das ist wohl immer der Alltag gewesen. Was kann man mehr von einem Donnerstagnachmittag erwarten, 45 Grad draußen, Sommer, die Stadt voller schöner Menschen, Touristen und Römerinnen. Ich war's zufrieden. Auch als es zu Ende war.

Man hat mich herzlich bedankt, zum Flughafen gebracht und ich habe mich auch bedankt, ich glaube, wir sind alle zufrieden mit uns. Und dann endlich wirklich keine Sicherheitsbeamten mehr, zwar immer noch Flugzeug, immer noch Dienst, aber auf dem Weg nach Frankfurt.

Dort habe ich um Haaresbreite die Feier zur Besiegelung der ersten schwarz-grünen Koalition verpasst. Das wäre es wirklich gewesen, den alten Kollegen zu gratulieren, Lutz [Sikorski], der mit 13-jähriger Verspätung jetzt endlich zum Dezernenten gewählt worden ist, Jutta [Ebeling], Bürgermeisterin neben Petra Roth und neue Umweltdezernentin, all die alten Mit- und Gegenstreiter ... aber ich war zu spät, eine Stunde zu spät zum großen Auftritt im Römer.

17. Juli, in Bonn bei UNV, neuerdings im Langen Eugen. Ich werbe für unser Programm von hundert nationalen UN-Volonteers, wie wir es auch in Guatemala gemacht haben. Alle sind dafür, nur fehlt uns eine kleine Million Dollar. Ich werde bei den üblichen Verdächtigen lobbyieren müssen. Vielleicht ist ja Senatus Populusque Romanus willig.

Dann nach New York. Keine Katastrophen in Afghanistan. Katastrophen im Libanon und in Gaza. Vor einem Jahr hatte ich mich bei UNWRA (einer der UN-Missionen im Nahen Osten) beworben und geärgert, dass sie mich nicht genommen haben. Jetzt sehe ich das plötzlich anders.

Der Generalsekretär versucht, den Sicherheitsrat zu einer Resolution zu drängen, die einen Waffenstillstand fordert. Die Gegenposition: Forderung nach security corridors für humanitäre Hilfe. Das wird aber als Ablenkungsmanöver gesehen, um einen Waffenstillstand auf die lange Bank zu schieben. Seit Beginn des Krieges hat der Generalsekretär immer wieder diesen Waffenstillstand gefordert. 14 der 15 Mitglieder des Sicherheitsrates sind dafür, nur die USA ist dagegen.

Auf einem Hügel an der Grenze zwischen Libanon und Israel steht ein weißes Haus mit der blauen UN-Fahne. Seit 28 Jahren ist es von der UN-Mission bewohnt. Jeder kennt es. Es wird von Israel bombardiert. Die Besatzung protestiert. Erst in Jerusalem, dann über die Botschaften, schließlich in New York. Der Generalsekretär schaltet sich ein, wird aber systematisch ausgeschaltet. Mal sind die Gesprächspartner nicht da, mal wollen sie nicht zur Führung verbinden, mal sind sie nicht zu sprechen, auch für den Generalsekretär nicht, es gibt für die ganze UN sechs Stunden lang keine Möglichkeit, das Bombardement zu stoppen. Auf keiner Ebene kommt man durch. Nach sechsstündigem Bombardement ist die Besatzung tot: ein Chinese, ein Österreicher, ein Kanadier und ein Finne. Der Generalsekretär protestiert scharf, spricht von Elementen des Vorsatzes in der Aktion. Alle, die im Headquarter damit befasst sind, sind seiner Meinung. Es ist ein Skandal. Inzwischen sind noch mehr UN-Leute verletzt worden. Und es gibt immer noch keinen Waffenstillstand. Auch heute nicht, am 3. August.

Der Krieg im Libanon und in Gaza nimmt die UN-Spitze in Beschlag. Nicht Afghanistan. Meine Termine mit den Sicherheitsrat-Botschaftern werden immer wieder verschoben oder abgesagt, weil der Sicherheitsrat praktisch permanent tagt.

Dennoch: communications briefing mit Mark Malloch Brown, dem stellvertretendem Generalsekretär. Treffen mit Kofi Annan, dem Generalsekretär, sehr konzentrierte 15 Minuten, unmittelbar bevor er nach Rom zur Konferenz über Libanon aufbricht. Jedes dieser Treffen muss sorgfältig vorbereitet werden. Mit vielen anderen Sitzungen, aber auch mit Lektüre, mit Papieren, die produziert und redigiert werden müssen. Ich habe ein Büro im 22. Stock zugewiesen bekommen. Mit Blick auf die Skyline von New York, die mich immer neu beeindruckt, wenn ich nach einer Weile wieder hinschaue.

Es geht vor allem um die Sicherheitslage in Afghanistan. Die stellt alles in den Schatten, die sorgt für Besorgnis und schlechte Nachrichten. Ich bin zusammen mit Talatbek Masadykov, dem Leiter unseres Büros in Kandahar, gekommen. Den hatte ich vor allem mitgenommen, weil er noch nie in New York war und so gerne den Generalsekretär kennenlernen wollte. Das ist gelungen, sogar mit Foto. Dass er genau der richtige Mann im richtigen Augenblick in New York war, um die Detailfragen zu beantworten, hatte ich nicht geahnt, als ich ihm vor einem halben Jahr bei meinem ersten Besuch in Kandahar die Reise nach New York versprochen hatte. Talatbek ist Kirgise und kann alle Sprachen der Region gut, kommt aus der sowjetischen Diplomatenschule und ist seit mehr als vier Jahren in Kandahar.

Im communications briefing, das es gibt, seit Mark Malloch Brown im 38. Stock ist, ging es um die Pressestrategie. Wir wurden in unserer Einschätzung der Lage bestärkt, die den Aufstand als Aufstand sieht, nach politischen und nicht nur militärischen Lösungen sucht und die Toleranz Pakistans den Taliban gegenüber anspricht. Dieselben Themen waren auch Gegenstand des politischen Komitees, des höchsten Entscheidungsgremiums an der Spitze der UN, in dem neben dem Generalsekretär auch die Spitzen der Unterorganisationen der UN vertreten sind. Das Dokument dazu war sorgfältig erarbeitet worden. Die Vorbereitung für meinen Vortrag, die ich aus Kabul erbeten hatte, kam so spät, dass ich sie kaum mehr nutzen konnte und mit meinem Vortrag schließlich sehr unzufrieden war – die Obrigkeit glücklicherweise anscheinend weniger. Die Einzelheiten dieser Sitzungen finden sich anderswo – in meinen Scribble-Büchern, in den offiziellen Protokollen, so wie die von den vielen Meetings mit Botschaftern und UN-Kollegen, die ich in der Woche in New York absolviert habe. Allen war eine große Sorge um Afghanistan und das Gelingen der Mission gemeinsam. Die Erkenntnis ist allgemein, dass die ausschließlich guten Nachrichten der vergangenen Jahre übertrieben waren und die Analyse oft falsch war, dass es sicher mehr Zeit und Aufwand erfordern wird, in Afghanistan zu einem guten Ergebnis zu kommen und dass das Ende des Aufstands im Süden noch nicht abzusehen ist.

Ich war sehr froh, dass man sich meiner Vorstellung von der Qualität dieses Aufstandes weitgehend angeschlossen hat, auch die Botschafter, mit Ausnahme vielleicht des amerikanischen, der aber nicht frontal opponiert hat.

Zwei Sitzungen sind vielleicht einiger besonderer Bemerkungen wert: die mit Kofi Annan, weil sie eine der letzten mit ihm als Generalsekretär sein könnte, und die mit dem Sicherheitsrat.

Der Generalsekretär versteht es, sich auf einer sehr kurzen Sitzung voll seinen Gesprächspartnern zuzuwenden und eine Atmosphäre der Sammlung und Konzentration zu schaffen. Er kennt seine Leute – mich in dem Fall – gut und auch die Mission mit vielen Details. Das Treffen begann mit seiner Frage, wie es in Rom war, denn da hatten wir uns um einen Tag verfehlt: Er hatte vor dem Parlament, also nicht vor dem Senat gesprochen und natürlich mit Prodi. Allerdings zum selben Thema.

Dann ging es um insurgency, den Begriff und die Notwendigkeit, die UN etwas anders zu positionieren – von der bedingungslosen Unterstützung der Regierung in eine etwas neutralere Position mit einer Option zur Verhandlungsvermittlung zwischen Taliban und Regierung und schließlich um die Ausdehnung von UNAMA auf einige der unsicheren Provinzen. Bei meinem vorigen Treffen hatte ich dafür geworben, diese Büros zu eröffnen, weil ihre schlichte Existenz einen Beitrag zur Stabilisierung liefern könnten – jedenfalls so Talatbeks Meinung, und der ist für mich der kundigste Mitarbeiter dort. Jedes neue Büro ist aber ein zusätzliches Risiko, das wir auf uns nehmen, oder genauer: eine Gefahr, in die ich Mitarbeiter schicke.

Das alte Thema: Die UN nimmt Risiken auf sich, um bestimmte Erfolge in der Friedenssicherung zu erringen. Das gilt für jede Mission, für jeden Blauhelm- oder NATO-Einsatz und das gilt für jeden Einzelnen. Am meisten aber gilt das für die Chefs und Führenden, die den Mitarbeitern sagen: Da gehst Du hin, das ist zwar gefährlich, und wir tun alles, diese Gefahr zu mindern, aber gefährlich ist es doch. Da übernehmen wir eine Verantwortung für anderer Leute Leib und Leben um des Erfolgs der Mission willen. Dieser Verantwortung bin ich mir wohl bewusst. Bei einer Entscheidung wie der zur Eröffnung neuer Büros möchte ich sie aber nicht nur mit unseren Sicherheitsexperten gemeinsam tragen, sondern eben auch mit dem Generalsekretär.

Kofi Annan ist ein leiser Mensch, der zwar sehr artiku-
liert und konzentriert spricht, aber seine Meinung nieman-
dem aufzwingt. Zumindest scheint es einem so. Er hat sich
meine optimistische Einschätzung angehört und dann vorsichtig geraten, doch zuerst ein Pilotprojekt mit einem oder
zwei Provinzbüros zu machen, dann zu berichten und danach über die anderen neu zu entscheiden. Dann könne man
noch einmal abwägen. Ein Vorschlag, der mich bei diesem
Stand der Dinge überrascht hat, der mir aber wohlgetan hat,
denn ich war mir doch gerade im Gespräch mit ihm nicht
mehr ganz sicher, ob ich mich bei der Durchsetzung meiner
Vorstellungen oft genug umgesehen hatte, um festzustellen,
ob sich die Sicherheitsbedingungen nicht so geändert hatten,
dass »security permitting« inzwischen heißt: vielleicht doch
nicht, lieber langsam und erstmal Vorsicht. Ich war erleich-
tert, dass der Generalsekretär das Thema Sicherheit noch
einmal angesprochen hat, erstaunt, dass er bis in solche Details die Missionen kennt und verfolgt und schnell überzeugt.
Also Pilotprojekt, Pilotprojekt des Generalsekretärs. Damit
bin ich nach Hause gekommen.

Diejenigen, die an der Umsetzung der Vorgaben im Haus-
halt und unserer internen Klausur zu dem Thema unter
Hochdruck gearbeitet hatten, waren ein bisschen enttäuscht,
auch wenn die Vorbereitung der Neueröffnung noch keineswegs so unter Dach und Fach war, dass man gleich auf
breiter Front hätte anfangen können. Vor allem dauert die
Einstellung von neuem Personal immer sehr lange. Dafür
hatten wir nun eine klare Priorität für zwei Büros, die mit
Hochdruck eingerichtet werden sollten und mussten.

Wir fühlen uns bestärkt und gut beraten. Es erstaunt
mich immer wieder, wie viel Vertrauen und Zuspruch, aber
auch Verantwortung und Handlungsspielraum uns die Obrigkeit einräumt. Das ist nur bei der UN so. Die allgemeinen
Regeln sind streng und manchmal auch steif, aber das Maß
an Autonomie, das ein SRSG hat, ist viel höher, als alles, was

ich als Dezernent oder Diplomat hatte. Ich kann mir jeden Tag nur gratulieren, dass ich nicht Bundestagsabgeordneter in Bonn geworden bin, was ich mal wollte, oder Minister in Hessen, was Joschka wollte.

Im Gegensatz zum römischen Senat ist das Gebäude des Sicherheitsrates schlicht (immerhin aber von Le Corbusier), der Innenraum dagegen prunkvoll. Das Bild vorne im Stile der mexikanischen Muralisten, wenn auch nicht von derselben Qualität, aber genauso gewaltig, der Raum fensterlos, nur die Luken der Übersetzerkabinen schauen auf einen herab, das Rund der 15 Delegationen fast klein bei so viel Bild vorne und Zuschauertribüne hinten, Assistenten-Sitzen an beiden Seiten und Hilfspersonal überall herum. Es ist eine geschlossene Sitzung, das heißt außer den Delegierten sind nur noch der Botschafter von Afghanistan und ich eingeladen. Auf der Tribüne ist Deutschland zugelassen, weil man schriftlich beim Präsidenten darum gebeten hatte. Hinter den Botschaftern sitzen die Hilfskräfte, hinter dem Präsidenten die Vertreter des Sekretariats des Generalsekretärs und die Sicherheitsratverwaltung. Eine insgesamt eher einschüchternde als inspirierende Szenerie. Ich denke in diesem Saal immer an die historische Entscheidung gegen den Krieg im Irak, als Joschka präsidierte, alle Mitglieder mit Ministern vertreten waren, Powell mittels Overheadprojektor vortrug, was sich nachher als falsch erwies, und die Delegierten mit Mehrheit und drei Vetos den US-Vorschlag ablehnten. Neben Joschka saßen Kofi Annan auf der einen Seite und Kieran Prendergast auf der anderen – mein damaliger Guatemala-Chef.

Die Vorbereitung meines Briefings hat fast eine Nacht gebraucht, der Text ist von den Mitarbeitern des Sekretariats auf der Grundlage von Missionsbeiträgen und Diskussionen mit mir erstellt worden, dann hundertmal von mir und vom Sekretariat redigiert und verändert, in zahlreichen Besprechungen mit Botschaftern der Sicherheitsratsmitglieder beackert worden, Russland, Dänemark, USA und Afghanistan mit mir, UK, Japan und China von Seiten des Sekretariats, weil ich keinen Termin mehr machen konnte. Es darf im Sicherheitsrat keine Überraschungen geben.

Die entscheidenden Punkte sind: insurgency, der Begriff mit allen seinen Konsequenzen, Pakistan – ohne Pakistan auch nur ein einziges Mal zu erwähnen, weil das eine unfruchtbare Debatte auf den Gängen mit Pakistan hervorrufen würde – und der Ernst der Lage, der sich in den Diskussionen der Parlamente der Mitgliedsländer der UN und vor allem der 37, die Truppen in Afghanistan haben, widerspiegelt.

Erst der vorsitzende Franzose, formell. Dann der Beschluss, mich einzuladen und mich an den Verhandlungstisch, also an das linke Ende des Hufeisens zu bitten, neben der Slowakei – auch formell – und dann dasselbe mit dem afghanischen Botschafter ans rechte Ende – genauso formell. Alles Formalitäten. Dann ich. Wieder formell. Ich versuche dennoch, den Bericht mit bewegter Stimme vorzulesen und merke dabei, wie schlecht mein Englisch ist und wie ungern ich vorlese. Aber zum Improvisieren ist hier kein Raum, denn die Übersetzer haben den Text. Die meisten Anwesenden hören Englisch, sprechen aber selber auch kein besseres Englisch als ich, thank God.

Nach mir kommen alle 15 Mitglieder zu Wort. Auch Qatar. Keiner lässt den Dank und das Lob des TK aus, den Preis der Mission und die fortdauernde Unterstützung von UNAMA. Auch alles formell – pero no tanto, sag ich mal. Einige Fragen, die ich mir ebenso sorgfältig aufschreibe, wie in Rom. Nur sind meine Antworten und müssen es sein: kurz und abschließend. Man hat höflich gefragt und ich habe die Höflichkeit besessen, zu antworten. Keine Highlights, keine Überraschungen, auch vom afghanischen Botschafter nicht, der sich der Jahrhundertgrenze nähert. Er sagt einmal ISI – nicht Pakistan. ISI ist der pakistanische Geheimdienst. Einige der Delegierten nehmen den Begriff insurgency auf, nicht alle. Die amerikanische Vize-Botschafterin spricht nicht dagegen – aber auch nicht dafür. Am Schluss der Sitzung der Vorsitzende wieder formell. Zwei Stunden waren es, ich war erschöpft. Es war anstrengender als Rom.

Dann die Presse. Viele Fragen. Ich habe versucht, mich nicht aus dem Gleichgewicht bringen zu lassen. HARDtalk eben.

6 Stunden nach Frankfurt, 36 Stunden in Frankfurt, 6 Stunden nach Dubai, 4 Stunden in meinem kleinen Jet (klingt wie in dem Lied »dans mon petit bordel, dans la rue St. Denis ...«) nach Kabul. Meine Rumänen haben mich wieder. Sie begrüßen mich freundlich und professionell.

Inzwischen sind meine beiden Stellvertreter in Urlaub gegangen, habe ich fast alle Botschafter schon wieder getroffen, sind 2000 koreanische Evangelisten zu einem christlichen Friedensmarsch ins Land eingesickert und haben die afghanischen Behörden sie wieder rausgeschmissen, weil sich Selbstmordanschläge auf den Friedensmarsch angekündigt hatten, haben wir einen Entwurf für das nächste UNAMA-Budget in New York abgeliefert, habe ich alle meine Generäle erneut gesehen, gibt es schlechte Nachrichten aus dem Süden, hat ISAF das Kommando dort übernommen, was gut ist, und hat mich K. mit ihrem Freund gestern Abend besucht. Wir haben im Garten gesessen und sie sind bis eins geblieben. Es war nett und gemütlich, sie arbeitet in einem Krankenhaus hier, einem privaten, als Urlaubsvertretung, aus keinem anderen humanitären Grunde, als um ihren Freund zu besuchen.

Es ist schön, ein bisschen Normalität zu erleben und einen Rosengarten zu haben.

12. August 2006

Der Krieg ist wieder da, in allen Zeitungen und Nachrichten, und es ist ein Krieg, der das ganze Land betrifft. Der Feind heißt Taliban, auch wenn er vielleicht gar nichts oder wenig mit der ideologischen Substanz der Taliban oder mit dem Staat von 1996 bis 2001 zu tun hat oder haben will. Auch die durchaus vorhandenen Differenzierungen der im Süden und Südosten des Landes kämpfenden Truppen gehen im Feindbild unter. Die Taliban sind wieder da: in der Zeitung, in den Köpfen und auch auf dem Schlachtfeld.

Die Minen sind aus den Schlagzeilen, auch wenn sie immer noch weit über fünfzig Tote oder Verletzte pro Monat fordern. Schließlich haben die verschiedenen Kriege der Vergangenheit ja nicht Tausende, sondern Millionen von Minen gelegt. Und die sind auch nach fünfzig Jahren noch scharf.

Neu sind die Selbstmordattentäter. Neu für Afghanistan. Der erste Anschlag galt Ahmed Shah Massud, dem legendären Führer der Pandjiris, die in einem Tal nicht allzu weit von der Hauptstadt entfernt die ganze sowjetische Besatzungszeit über unbesiegt blieben und auch von den Taliban nicht niedergeworfen werden konnten. Am 9. September 2001, also zwei Tage vor dem 11. September, haben zwei als Journalisten auftretende Marokkaner in einem Selbstmordkommando diesen Hoffnungsträger der Afghanen umgebracht. Sein Bild empfängt einen riesengroß neben dem des Präsidenten Karzai schon am Flughafen. Bis heute heißt es, dass Selbstmordattentate eigentlich nicht afghanisch sind, und viele Afghanen finden sie auch koranwidrig. Aber dennoch: Heute sind die meisten Attentäter keine Araber – wie die Muslime heißen, die nicht aus der Region kommen – und auch keine Pakistanis, wie man es hier gerne hätte, um Pakistan die Schuld zu geben. Vielleicht kommen sie aus den Flüchtlingslagern jenseits der Grenze, sicher sind sie auch in pakistanischen Religionsschulen ausgebildet oder wenigstens auf ihre heilige Mission eingeschworen worden, aber in ihrer überwältigenden Mehrheit sind sie Afghanen.

Im Jahre 2002 gab es einen weiteren Anschlag, 2003 dann zwei, 2004 fünf, 2005 einundzwanzig und in diesem

Jahr bis heute (12. August 2006) schon mehr als sechzig. Auch wenn das Ziel der Attentäter anscheinend die internationalen Truppen sind, getroffen werden die Truppen nur selten. Fast immer sind es Zivilisten, die sterben. Nicht Schiiten oder Sunniten oder irgendeine spezielle Sorte von Zivilisten, sondern irgendwelche Afghanen, die gerade da waren, wo dieser Wahnsinn losging. Manchmal, sehr selten, kommt auch ein Soldat zu Schaden, meistens einer der afghanischen Armee oder ein Polizist. Die Anzahl der nichtafghanischen Opfer kann man an zwei Händen abzählen.

Selbstmordattentate sind Terror, reiner Terror. Das konnte man bei dem ersten dieser Anschläge nicht sagen, denn der Mord an Massud hat die Geschichte wirklich verändert. Massud war in Afghanistan der wichtigste Feind von Al Qaida, er wäre sicher der Anführer im Krieg gegen die Taliban geworden, mit ihm hätte es wohl auch keinen Präsidenten Karzai gegeben.

Die späteren Selbstmordattentate terrorisieren, verängstigen, erschrecken, verunsichern, machen alle Sorten von Sicherheitsvorkehrungen nötig, isolieren uns von der Bevölkerung, machen es unmöglich, ungepanzert, unbewacht herumzufahren oder herumzulaufen. Die Sicherheitsfirmen haben Hochkonjunktur. Das ist ein gutes Geschäft für die Warlords und für die Gangster und der einzige Bereich, der richtig boomt. Sicherheitsleute sitzen an jeder Straße, stehen an jedem Eingang, bewachen jedes Gebäude. Überall, wo Militär oder internationale Organisationen sind, sind die Straßen verbarrikadiert, stehen Betonarmierungen herum, gibt es weiträumige und gewaltige Absicherungen. Auf der ganzen Welt muss man sich jetzt vor Selbstmordattentätern schützen, das Risiko vermindern, so weit das möglich ist.

Sie verbreiten eine Angst, die eigenartig ist, vor allem weil die üblichen Abwehrmaßnahmen, die alle darauf aufbauen, dass der Täter entkommen und nicht sterben will, dass ihm Angst gemacht werden kann, wenn ihm versichert wird, dass er scheußlich endet, beim Selbstmörder nicht wirken. Aber auch die ideologische Sicherheit des Täters, dass er Recht hat, eine Sicherheit, die auf irgendetwas Transzendentalem beruhen muss und die nicht vor den Grenzen des Menschlichen und des Selbst Halt macht, beunruhigt.

Noch jeder Selbstmordattentäter hat den Weg in die Presse gefunden. Die Aktion ist öffentlich, die Bilder sind schrecklich. Natürlich ist 9/11 das Vorbild. In jedem Element extrem: in der Qualität der Vorbereitung, in der Dimension, der Öffentlichkeit, aber auch in der Ästhetik. Ein deutscher Komponist, der darauf nach den Anschlägen hingewiesen hat, ist – glaube ich – damals von der öffentlichen Hand, die ihn bis dahin gefeiert hatte, ohne Umstände fallengelassen worden. Trotzdem hatte er Recht: die Buntheit, die ergreifenden Bilder, die Ästhetik der schwarzen Wolken vor blauem Himmel ... die Inszenierung ist unübertrefflich gewesen. Auch Hieronymus Boschs Bilder sind schön. Jedes der 9/11-Bilder ist überwältigend schaurig und schön – wie viel mehr noch für den, der diesen Kampf führen möchte, der die Täter bewundert, die Motive nicht verachtet. Das sind nicht wenige. Man sagt, dass Osama bin Laden eine freie Wahl in Saudi Arabien gewinnen würde, die Unperson, die er für uns ist, ist er für die Taliban und andere Islamisten nicht. Er ist der Held der Demonstration einer Stärke, einer Stärke der Bilder auch, der Inszenierung und der Überzeugung vom Sieg. Und die Anzahl der Opfer, die uns so erschüttert, erschüttert hier nicht. Sie ist nicht extrem, verglichen mit dem, was in dieser Region hier in der jüngsten Vergangenheit erlebt und erlitten, angerichtet und ertragen worden ist. Das Massaker in Mazar, das erste, das zweite ... Die Opfer beim Kampf um Kabul zur Mudjaheddin-Zeit, mit den Waffen der Sieger über die Sowjet-Invasion ausgefochten, zwischen Gruppen, die allesamt im Kalten Krieg, der hier ja heiß war, vom Westen unterstützt worden sind, auch die Taliban ...

Es ist kaum möglich zu sagen, was die jungen Männer in den Selbstmord treibt. Es heißt, Hunderte stünden bereit, sich im Djihad zu opfern. Nur selten dringen Gerüchte durch, wie sie ausgebildet, wie sie vorbereitet werden, dass es ein Initiationsritual gäbe, bei dem sie einen Schlüssel bekommen, den Schlüssel zum Himmel, den sie dann bei sich tragen bis zum Mord. Sie scheinen vor allem militärisch ausgebildet zu werden: Wie und wo sie zünden, wie sie die Sprengladung am Körper unterbringen. Die Techniken werden immer raffinierter. Es heißt, die Ausbilder kommen aus Irak. Ich wundere mich, dass man so wenig darüber weiß, über das Wie und Wer, die Vorstellungen, die im Hintergrund stehen, wie es Leuten, die offensichtlich selbst nicht bereit sind, sich zu opfern, gelingt, andere dazu zu bringen. Sind das Bekehrungen?

Dann wieder heißt es, den Familien würde viel Geld versprochen, der Sohn würde sozusagen das Auskommen der Familien damit sichern. Auch dass Familien je nach Erfolg des Bombers bezahlt würden. Alles schwer zu glauben und noch schwerer zu begreifen. Aber es werden mehr. Die meisten in den umkämpften Gegenden des Südens, im Pashtunen-Bereich. Aber nicht nur. Zunehmend kommen auch welche in andere Teile des Landes. Man weiß noch nicht mal, ob sie alle Pashtunen sind. Niemand macht sich die Arbeit, die Identität der Täter zu ermitteln. Auch das verwundert. Aber vielleicht gibt es Spezialisten, die das wissen. Ich werde meine Sicherheitsexperten bitten, für mich Material zu finden.

Die Opfer der Bomber sind fast ausschließlich Zivilisten. Es erstaunt mich, wie offen Taliban und andere islamische Extremisten sich mit den Selbstmordattentätern identifizieren und gleichzeitig die zivilen Opfer der internationalen Kriegführung zum Anker der Agitation gegen die Invasoren und ihre Immoralität machen. Offenbar haben sie nicht den geringsten Respekt vor dem Leben ihrer Glaubensbrüder, wenn die in einem solchen Attentat ums Leben kommen. Oder vielleicht glauben sie, dass alle mit in den Himmel fahren.

Selbstmordattentäter sind ein weltweites Phänomen ebenso wie die Reaktion darauf. Die Sicherheitsmaßnahmen an den Flughäfen sind ja nur ein kleiner Teil davon. Die Bewegung – und als solche sollte man sie bezeichnen – hat bisher eher gewonnen: an Aufmerksamkeit sicher und global an Einfluss und Macht. Aber wer hat die Macht, wer nimmt sie? Ist es eine religiöse Macht? Wo setzt sie sich in Politik um? In Palästina, im Irak, in Pakistan? In Afghanistan am Ende auch?

Taliban heißt Widerstand. Heißt nicht Übereinstimmung. Heißt Djihad gegen die Amerikaner, die Ausländer, die Ungläubigen in Afghanistan. Taliban ist eine Bewegung, die von den Pashtunen ausging. Kandahar ist ihre wichtigste Stadt. Dort hat sich Mullah Omar den Mantel des Propheten umlegen lassen, der ihn zum »Beherrscher der Gläubigen« gemacht hat – ein Begriff, den ich nur aus 1001 Nacht kenne. Der Beherrscher der Gläubigen hat religiöse Macht, ihn zu töten oder sich ihm zu widersetzen, ist ein religiöses Vergehen, das auf dieser Erde und im Jenseits nicht verziehen wird.

Widerstand gibt es nicht nur im Süden. Am deutlichsten drückt er sich in den unzähligen Bombenanschlägen aus, die die Straßen und öffentlichen Orte unsicher machen. Mit der Zeit zeigen sie immer mehr Wirksamkeit gegen die Militärs aller Provenienz ...

13. August 2006

Am Donnerstagabend kam Gareth Evans, der Präsident der International Crisis Group (ICG) in mein Büro, um sich über den Stand der Dinge in Afghanistan zu informieren. Mit ihm kam die Vertreterin der ICG in der Region aus Islamabad, eine streitbare Diskutantin, die ich gern in der Mission hätte.

Die ICG macht über alle Krisenregionen der Welt sorgfältige Analysen, die ich schon seit der Kosovo-Zeit lese. Sie vereinigt in ihrem Board alle Elder Statesmen, die man sich denken kann und verfügt damit über ein hervorragendes Netzwerk in der ganzen Welt, ist vollkommen unabhängig und weiß, was gebraucht wird. Auch über Afghanistan haben sie schon verschiedentlich berichtet.

Die Diskussion ging vor allem über die Rolle Pakistans in der Region, über die Möglichkeiten, Pakistans Präsidenten Musharraf zu irgendetwas zu bringen, zu zwingen oder zu überreden. Wie internationaler Druck aussehen könnte und ob ein Regierungswechsel in Pakistan zu mehr Stabilität führen würde. Das war aber nicht der Punkt meines eigentlichen Interesses.

Gareth Evans, früher Außen- und auch Premierminister von Australien, ist ein Freund der UN und von Kofi Annan. Er hat in diversen Panels zur UN-Reform mitgearbeitet und vor allem in einem Bereich einen entscheidenden Fortschritt mitgestaltet: bei der Definition der »Responsibility to Protect (R2P)«, wie sie im Abschlussdokument des 60-Jahr-Gipfel 2005 verabschiedet worden ist. Im high level panel zur UN-Reform und in dem Vorgängerdokument einer Kommission über Souveränität und Intervention waren die Formulierungen vorbereitet worden. Gerade hatte ich einen lichtvollen Artikel von Evans gelesen, in dem er die nächsten Schritte definiert: »R2P – Unfinished Business.«

Paul Berman hat meines Erachtens zum ersten Mal genau beschrieben, wie wir, die 68er Generation, die heutigen Grünen, die Frankfurter Spontis und ich uns von der extremen Linken schließlich zu Befürwortern der humanitären Intervention entwickelten, sie durchgedacht, durchdiskutiert und uns zu ihr durchgerungen haben. Er hat das an der Biografie von Joschka, Dany [Cohn-Bendit] und Bernard Kouchner gezeigt, hat den Weg mit den Gedanken von André Glucksmann und Régis Debray verbunden, die offenbar mehr Einfluss auf uns gehabt haben, als wir dachten. Auch wenn das Buch vieles auf die Biografien von drei Heroen verengt und damit manches abschneidet und auslässt, für mich war es eine Erleuchtung, obwohl es merkwürdigerweise mit der Kosovo-Intervention abbricht. Alles las sich so, als habe er uns gedanklich verfolgt oder immer aus einem Winkel betrachtet, den wir selbst nicht einnehmen konnten, aus dem er aber vieles richtig gesehen hat.

Ich erinnere mich am besten an die ausführlichen Debatten, die ich mit Dany beim Frühstück im Urlaub in Le Gurp in Südfrankreich geführt habe, als er immer schon alle Zeitungen gelesen hatte und bei der *Gazzetta dello Sport* gelandet war, bevor wir aus den Zelten herauskamen, ich ein bisschen früher vielleicht, dann die Diskussionen über die Zeitläufte, vor allem über Bosnien und die Entwicklungen im Balkan. Der Druck der französischen Philosophen und der ganzen intellektuellen Öffentlichkeit auf eine Intervention hin, die auch Kosovo einschließen sollte, um ein zweites Sarajevo und vor allem ein zweites Srebrenica zu verhindern. Für mich damals noch eine ferne Welt, jedenfalls eine, in die selbst einzugreifen ich mir nicht vorstellen konnte. Ich konnte mir auch nicht vorstellen, dass unsere Diskussionen dabei irgendetwas bewirken könnten, Kohl seit Ewigkeiten an der Regierung, die FDP mit dem Monopol auf Außenpolitik, die Grünen in der Opposition, die Mehrheit der Grünen bei den Pazifisten und den Vertretern der Nichteinmischung, vor allem der Nichteinmischung von Deutschen. Dany auf Seiten der Einmischung auf allen Ebenen, vielleicht auch der Intervention. Er diskutierte sehr stark aus der Erfahrung von München, der Appeasement-Politik und der schließlichen Intervention der Alliierten heraus. Ich habe ihm damals zugestimmt, aber mehr emotional als aus historischer Kenntnis und mehr theoretisch-moralisch als praktisch. Ich war eher in der Politik der Stadt Frankfurt zu Hause als im Internationalen. Später, bei der Bundesversammlung der Grünen, auf der Danys Interventionsantrag fast einstimmig unterging, war ich nicht dabei. Joschka hat sich damals – glaube ich – enthalten.

Ein Jahr später waren wir in der Regierung, Joschka war Außenminister, und die Diskussion um Intervention oder nicht, die in der deutschen Gesellschaft nie so breit wie in Frankreich geführt worden war (Außenpolitik war irgendwie jenseits der Gestaltungsmöglichkeit versteckt), stand nun unmittelbar auf der Tagesordnung der grünen Bundesversammlung. Die Diskussion wurde jetzt dort stellvertretend für die ganze deutsche Gesellschaft ausgetragen.

Inzwischen gab es eine halbwegs gesicherte Meinung der Realpolitiker, die stark von Joschka und Dany bestimmt und vor allem darauf aus war, den Außenminister zu stützen. Joschka war auf Probe, neu auf dem diplomatischen Parkett, genauso die neue Regierung vor der internationalen Gemeinschaft, Madeleine Albright sagte zu Joschka: »It's hard to be green.« Deutschland hatte die Präsidentschaft der G8 und der EU – keiner hatte so recht eine Ahnung, unter welchem Druck der Außenminister stand. Ich erinnere mich nicht mehr an die Einzelheiten der Debatten, nur an die ungeheure Anspannung, die Dramatik.

Dann das Farbei, das Joschka traf und sein Trommelfell verletzte. Ich dachte zuerst nur »Aua« – Farbeier wurden eigentlich nicht als Aggression gesehen, wir hatten selbst genug geschmissen. Das war aber doch der Moment, wo sich die Pazifisten ins Unrecht setzten und Joschka, als er dann vom Krankenhaus wiederkam und eine sehr engagierte Rede mit schmerzverzerrtem Gesicht und rotverschmiertem Anzug hielt, die Mehrheit gewann. Was wäre ohne das rote Ei gewesen?

Gestritten wurde über das Recht der internationalen Gemeinschaft zur Intervention. Wie viel leichter hätten wir uns getan, wenn wir damals schon über die Pflicht zum Schutz der Menschenrechte gesprochen hätten. Die Diskussion war noch nicht so fortgeschritten – bei uns, bei den Grünen, bei mir. Auch die UN war damals, kurz nach dem Ende der Kohl-Zeit noch eine ferne, wenig relevante Größe. Erst die rot-grüne Regierung mit Joschka hat den Multilateralismus in den Mittelpunkt gestellt, so wie es jetzt in Italien endlich wieder die Prodi-Koalition tut.

Wir hätten über die Menschenrechte diskutieren sollen, zu deren Schutz in allererster Linie die Staaten verpflichtet sind. Aber nicht nur jeder einzelne Staat, sondern die Staatengemeinschaft gegenüber jedem einzelnen Bürger, und jeder einzelne Bürger ist verpflichtet, daran mitzuarbeiten, sie zu schützen – mithilfe seines Staates zuerst, dann mit der Staatengemeinschaft und schließlich auch gegen den einzelnen Staat, der sie systematisch verletzt. Das ist der Begriff der »Responsibility to Protect«.

Bei systematischen und schweren Verletzungen der Menschenrechte in einem Staat durch den Staat selbst oder wenn der Staat seine Bürger nicht schützt, wenn er sich systematisch an den Rechten seiner Bürger vergeht, hat die Staatengemeinschaft die Verpflichtung, diesen Schutz an seiner Stelle und gegebenenfalls auch gegen ihn zu übernehmen.

Diese Verpflichtung ist nicht absolut und nicht einfach. Sie ist gebunden an die Möglichkeit, einzugreifen und damit den Schutz zu erreichen, an die Betrachtung des Einzelfalles, an die Mehrheit des Sicherheitsrates und an den expliziten und auf den Fall bezogenen, beschlossenen politischen Willen der Gemeinschaft. Aber seit 2005 steht sie so in den Dokumenten der UN und mit der Resolution vom April 2006 über den Schutz von Zivilisten in bewaffneten Konflikten ist sie auch in das Regelwerk des Sicherheitsrates eingegangen.

An dieser Diskussion und ihrem Ergebnis haben Gareth Evans und natürlich Kofi Annan einen maßgeblichen Anteil. Die Generalversammlung konnte sich endlich auf einen gemeinsamen Wortlaut einigen, der einleuchtet, an die Charta der Vereinten Nationen und an die Allgemeine Erklärung der Menschenrechte anknüpft und zur Richtlinie der Organisation wurde.

Das Prinzip ist aus den Dokumenten entwickelt und erklärt, es hat nicht nur eine Mehrheit, sondern die einstimmige Zustimmung der Staatengemeinschaft auf dem Gipfel anlässlich des 60-jährigen Bestehens der UN gefunden und ist in eine Grundsatzresolution des Sicherheitsrates eingegangen. Wir haben mit unserer Diskussion auf der Bundesversammlung der Grünen vielleicht einen winzig kleinen Anteil daran gehabt.

Es fehlen die näheren Begriffsbestimmungen, die Leitlinien: Wann ist die Verletzung der Menschenrechte so schwer, dass eingegriffen werden muss, wie lassen sich die Einzelfälle so charakterisieren, dass die Entscheidungen des Sicherheitsrates berechenbar werden, wann hilft eine Intervention (Kosovo) und wann nicht (Irak)? Die Generalversammlung ist aufgerufen, sich hierüber Gedanken zu machen. Ob sie es tut? Und wenn – wird dann das Prinzip durch die Richtlinien wieder verwässert?

Es fehlt auch noch die Möglichkeit, die Kapazität zum umfassenden Schutz. Welche Mittel hat die internationale Gemeinschaft denn, um einzugreifen? Im Kosovo waren es die NATO und andere Staaten, einschließlich der Russen. In Afghanistan ist es ISAF unter Führung der NATO. Im Sudan ist es die Afrikanische Union, auch eine Regionalorganisation, aber viel schwächer als die NATO. Und wer wird es sein, wo es keine Regionalorganisation gibt? Soll die UN eine eigene Truppe aufbauen?

Schließlich fehlt oft der politische Wille, die Mehrheit, die politische Zustimmung. Sie muss immer wieder erfochten werden, auf Konferenzen wie dem Kölner G8-Gipfel 1999, im Sicherheitsrat wie im Dezember 2001, als ISAF und UNAMA mandatiert wurden, in den nationalen Parlamenten wie letzthin in Italien zum Afghanistan-Einsatz und auf Mitgliederversammlungen und Parteitagen. Der politische Wille wird immer ein »unfinished business« bleiben, auch wenn sich Prinzipien erhärten können – so wie sich das Prinzip des Selbstbestimmungsrechtes der Völker seit US-Präsident Wilsons Programm von 1915 erhärtet hat – viel zu sehr, finde ich.

Auch das Prinzip der »Responsibility to Protect« muss zum Gemeingut der UN-Resolutionen werden. »Common language« heißt das im Fachjargon, eine Formulierung, auf die man sich schon einmal geeinigt hat und auf die man dann immer wieder ohne große weitere Diskussionen zurückkommen kann. So hatte ich im vorigen Jahr versucht, das Menschenrecht auf Wasser in den Dokumenten der UN festzuschreiben und ich hoffe, andere werden daran weiterarbeiten.

Die kürzeste Antwort, warum ich im Kosovo war, in Guatemala oder warum ich in Afghanistan bin, heißt: R2P.

17. August 2006

Wir haben gestern mit großem Pomp ein neues UN-Büro in Qalat, der Hauptstadt von Zabul, einer der südlichen Grenzprovinzen von Afghanistan eröffnet, mitten im Aufstandsgebiet.

Seit meinem ersten Besuch im nicht allzu weit (das heißt vielleicht 200 Kilometer) entfernten Kandahar hat der dortige Leiter unseres Regionalbüros darauf gedrängt, dieses und andere Provinzbüros zu eröffnen, damit sie dazu beitragen, die Lage in der Region zu stabilisieren; das heißt also, nicht Kräfte aus Sicherheitsgründen abzuziehen, sondern aktiv daran zu arbeiten, Sicherheit und Entwicklung in die Provinzen zu bringen. Gerade da, wo die Regierung schwach ist, müssen wir stark sein, die Provinzregierung beraten, andere Träger von Entwicklungshilfe anziehen, Projekte entwickeln und umsetzen, um der Bevölkerung Mut zu machen und sie davon zu überzeugen, für ihre Demokratie einzutreten. Wir müssen zeigen, dass die internationale Gemeinschaft helfen kann und will und dass es sich lohnt, mit der selbstgewählten Regierung zusammenzuarbeiten und nicht mit den Taliban.

Das ist in der gegenwärtigen Lage nicht so einfach, aber wir haben ein paar Erfahrungen in anderen Provinzen, wo zwar kein Aufstand war, aber doch eine erhebliche Verunsicherung durch streitende Warlords oder aus anderen Gründen. Unsere Anwesenheit und die von anderen UN-Agenturen wie UNICEF oder WHO haben den Gouverneur gestärkt und die Entwicklung wieder ins Lot gebracht.

Nachdem ich mich davon habe überzeugen lassen, dass dieser Weg richtig ist und einen Beitrag darstellt, den wir, UNAMA, zur Sicherheit leisten können, haben wir versucht, die nötigen internen Voraussetzungen zu schaffen, das heißt, wir haben, neben den existierenden acht UNAMA-Büros im Lande und den zwei Provinzbüros, weitere neun Provinzbüros in unseren Haushaltsentwurf geschrieben, mit dem entsprechenden Personal, Fuhrpark usw. Dann haben wir viel Energie darauf verwendet, unsere Obrigkeit von diesem Weg zu überzeugen. Obrigkeit, das heißt die Obrigkeit in politischer Hinsicht, die Abteilung für friedenserhaltende Missionen (DPKO), die Obrigkeit in finanzieller Hinsicht – vor allem die gewählte Vertretung der Mitgliedsstaaten für Budgetfragen (ACABQ heißt die Abkürzung, und jeden UN-Finanzbeamten überfällt ein Schauer, wenn er das ausspricht, auch wenn es schwer ist, sich zu merken, was die Buchstaben bedeuten) – und natürlich die Obrigkeit in Fragen der Sicherheit, geführt von Sir David Veness, einer beeindruckenden Persönlichkeit.

Auch der politische Teil ist nicht so einfach: In den Bericht des Generalsekretärs an den Sicherheitsrat, der zweimal im Jahr abgegeben wird, müssen entsprechende Planungen eingeflochten werden. Da zählt jedes Wort. Genau genommen hat es gar nicht so lange gebraucht, alle zu überzeugen und alle Vorkehrungen zu treffen, auf dem Papier jedenfalls. Jetzt haben wir also in unserem Budget neun zusätzliche Büros, zwei

Hubschrauber, um sie auch zu erreichen und im Notfall zu evakuieren, die entsprechenden Kapazitäten im Stellenplan und sogar das Geld überwiesen bekommen, um die fälligen Anschaffungen zu machen, gepanzerte Autos zum Beispiel. Es ist also sogar schnell gegangen, für die UN-Bürokratie extrem schnell. Dabei will ich mit dem »für die UN-Bürokratie« diese gar nicht schmähen, denn verglichen mit der Stadt Frankfurt oder der Bundesregierung, ganz zu schweigen von der Europäischen Union, ist die UN-Bürokratie schlank und rank und kann im Ernstfall auch sehr rasch agieren.

Ich selbst hatte im letzten Moment gezögert. Ich hatte mich von der Richtigkeit der Sache überzeugt, hatte auch alle anderen überzeugen können, soweit sie dies nicht schon waren, hatte die nötigen Sätze im Sicherheitsratsbericht akzeptiert und das Budget bekommen, alles immer mit der Randbemerkung »security permitting«. Diesen Kompromiss musste ich eingehen, um die Zustimmung von UN-Sekretariat und Sicherheitsrat zu erhalten. Dieses Zugeständnis hatte ich gern gemacht, denn wer würde etwas unternehmen, wenn es die Sicherheitsbedingungen nicht erlauben. Ein formales Zugeständnis, ein Formelkompromiss nur. Also los.

Einen kleinen Umweg muss ich hier machen:

Ziemlich genau vor drei Jahren, am 19. August 2003, sind die UN nicht aus Versehen und kollateral mitbetroffen, sondern frontal attackiert worden, weil sie für das stehen, wofür sie stehen. Der verheerende Angriff auf den Sitz der UN-Mission in Baghdad und der Tod von mehr als 20 Kollegen war eine Wende: Zum ersten Mal war die UN hier als Kriegsteilnehmer, als Feind angesehen und behandelt worden. Die Erfahrung, die bei mir – damals im friedlichen Guatemala – nur langsam eingesickert ist, sitzt inzwischen bei der ganzen UN tief.

Die Mission im Irak war damit zu Ende, die Organisation als Ganze erschüttert und ich hatte plötzlich ein Gefühl, wie es mein Vater und seine ganze Generation immer wieder gehabt haben müssen: Man arbeitet mit den Kollegen eine Weile zusammen, mehr oder weniger eng, man erlebt vieles gemeinsam, auch Schweres, und dann ist plötzlich einer weg, ist verschwunden. Jean-Sélim Kanaan, den ich als »Sportminister« im Kosovo eingesetzt hatte und der mich in Guatemala, nun für UNOPS arbeitend, gerade noch besucht hatte, ist da umgekommen, gefallen, wie es im Krieg hieß, mit ihm Nadia Younes, der Leiterin der Presseabteilung bei UNMIK im Kosovo, die ich wegen ihrer vitalen Herzlichkeit in der Strenge und Kälte des Kosovo besonders mochte, Fiona Watson und ein paar andere, die ich als Kollegen aus Kosovo oder New York gut kannte, natürlich auch Sergio Vieira de Mello, den jeder kannte – alle plötzlich gefallen, im Krieg. Dabei hatten sie friedlich und für den Frieden gearbeitet, im Kosovo, überall in der Welt.

Auf einmal bin ich näher am Krieg. In Afghanistan ist die UN nicht der Feind. Von keiner Seite wird auf die UN gezielt. Obwohl wir uns mit der Karzai-Regierung identifizieren, sind wir hier noch nie direkt angegriffen worden – aber wie lange hält das in einer unübersichtlichen und zugespitzten Lage?

Manchmal werde ich gefragt, ob ich keine Angst habe hier. Doch, habe ich. Dass es einem meiner Büros, meinen Kollegen passiert, dass ein Selbstmörder mit seinem Bombenauto in so ein Gelände reinfährt und alles in die Luft sprengt. Sicher, die UN sind gesichert, sicher, wir haben Wachen und Barrikaden, Stacheldraht und Abstandshalter, Experten und ein Heer von Leuten, die sich der Sicherheit widmen, aber hundertprozentige Sicherheit gibt es nicht. Ich muss abwägen, welches Risiko ich übernehme, und übernehmen heißt immer auch, welcher Gefährdung ich meine Mitarbeiter aussetze. Natürlich ist jeder zusätzliche Ort, an dem sie sind, ein zusätzliches Risiko, und es ist unsere, meine, meiner Mitarbeiter Pflicht, es, so weit es geht, zu mindern. Aber wir müssen das Mandat erfüllen, wir sind nicht hier, um uns zu verbarrikadieren, sondern um uns nach außen zu wenden, uns mit der Bevölkerung zu treffen, mit der Regierung und den Organisationen der Gesellschaft zu arbeiten, auch mit den Soldaten aller hier vertretenen Nationen, einschließlich der afghanischen. Das neue Büro in Qalat ist ein zusätzliches Risiko, das ich eingehe und das mir den Schlaf rauben kann, genauso wie das in Asadabad, das ich in acht Tagen einweihe.

Aber ich trage es nicht allein. Das kann ich nicht und brauch ich auch nicht. Das trägt die ganze Organisation, die UN von oben bis unten. Und sie ist sich dessen bewusst. »Informed and explicit consent« hatte ich von New York eingefordert und bekommen.

Qalat liegt in einer der ärmsten Provinzen des Landes, Zabul mitten im umkämpften Gebiet. Die Stadt selbst ist aber ruhig – die Stadt: 30.000 Einwohner in kleinen Häusern mitten in der Wüste, an der Straße, die Kandahar mit Kabul verbindet, der sogenannten »ring road«. Dennoch ist genau diese Provinz der Vorzeigefall für gute Regierungs- und Zusammenarbeit. Der Gouverneur, Herr Arman, ist ein Glücksfall mit breitem Turban, dichtem tiefschwarzen Bart und gutem Englisch: eine erstaunliche Kombination. Zudem hat er offenbar ein starkes Team, bestehend aus dem Stellvertreter, dem Polizeichef und den Direktoren der wichtigsten Abteilungen seiner Verwaltung.

Ich selbst hatte ihn erst Anfang der Woche in Kabul bei einem Treffen mit allen Gouverneuren der südlichen Provinzen kennengelernt, wo er einen lichtvollen Vortrag gehalten hatte. Dabei war mir vor allem genehm, dass er die Bedeutung der Verwaltung für die Stabilität und Sicherheit der Provinz betonte, die Zusammenarbeit mit den Kommunen und ihren Führern und besonders die Präsenz in den Distrikten, nicht nur in der Hauptstadt. Er reist also ständig – trotz der Risiken, die das vielleicht mit sich bringt – in seiner Provinz zu allen möglichen Leuten, ist geschätzt und kennt die Probleme. Da begegnet einem wieder die Kommunalpolitik, auch wenn die Provinz größer ist als unsere Kreise, an

Ausdehnung sicherlich und oft auch an Bevölkerung. Die organisierte kommunale Ebene gibt es aber gar nicht, statt gewählter Oberhäupter gibt es nur Würdenträger, die sich irgendwie herausgebildet haben, dann die Ältesten, Mullahs und Richter. Die gewählten Provinzparlamente werden da zunehmend auch eine Rolle spielen, wenn sie denn – und darin ist der Gouverneur von Zabul auch vorbildlich – eine Entscheidungsbefugnis zugewiesen bekommen.

Ich wäre gerne mit dem Auto gefahren, 400 Kilometer von Kabul, gute Straße, aber meine Sicherheitsleute hatten schon die Stirne gerunzelt, als ich es nur ansprach, dann vorgeschlagen, nur von Kandahar, also von der anderen Seite, die 200 Kilometer mit dem Wagen zu fahren, und schließlich zum richtigen Zeitpunkt von einem Zwischenfall auf den dortigen Straßen berichtet, um mich vollends auf den Luftweg zu schicken, der offenbar immer sicherer ist.

Sieben Uhr mit »meinem« Jet los, eine Stunde bis nach Kandahar. Der Flughafen, den ich bei meinem ersten Besuch noch als recht verschlafen erlebt hatte, ist ein Heerlager geworden. Hier sieht man, dass Krieg ist. Allein die Zahl der Hubschrauber ist unüberschaubar. Sicher mehr als 100, dann Drohnen in luftigen Zelten, unendliche Container, Hallen und Flieger aller Sorten. Die Piste spiegelglatt und viel Verkehr zwischen den einzelnen Bereichen. Der Zivilflughafen ist völlig verwinzigt.

Wir werden abgeholt mit einer Wagenkolonne, die uns zum militärischen Teil des Flughafens bringt, obwohl eigentlich der ganze Flughafen militärisch ist. Dort werden wir in ein paar martialischen Gemächern erst warten gelassen und dann in einen Kampfhubschrauber gefüllt, von einer schwerbewaffneten Soldatin platziert und angeschnallt. Man sitzt weitgehend im Freien, sie hinter dem Maschinengewehr, das sie im Laufe des Fluges auch mal ausprobiert, ohne allerdings irgendein Ziel anzuvisieren. Der Lärm des Fluggerätes ist so gewaltig, dass man das nur als einen unerheblichen Anstieg des Lärmpegels wahrnimmt. Eine Stunde Flug über wüste Berge, wüst ausgetrocknete Flusstäler, wüste Hügel, wüste Ebene. Nur hier und da ein Grasbüschel oder ein Strauch, alles braun verbrannt und unurbar. Einige wenige Flusstäler, die manchmal ein kleines Dorf beherbergen, mal ein paar grüne Felder, ein einziger Fluss mit ein bisschen Wasser, jetzt im August noch, sonst eigentlich nur Hitze und Dürre. Ein paar Kilometer außerhalb der Dörfer einige Zelte der Nomaden. Da dann Schafherden, die sich verschreckt um den Leithammel scharen, Kamele auch, einmal sogar eine riesige Herde, ein paar Esel und sonst nichts. Eine unglaubliche Dürre und Ärmlichkeit der Vegetation. Auch die Dörfer sehen braun und unwirtlich aus, der erbarmungslosen Sonne ausgesetzt und scheinbar tot. Und da soll sich nun der Krieg abspielen? Keine Ahnung, wie man von einem Dorf zum anderen kommt, wenn man keinen Hubschrauber hat, sondern nur ein Kamel? Die Siedlungen scheinen weit auseinander zu liegen. Nur in der Nähe des Rinnsals sind sie aufgereiht und nutzen den winzigen Flecken urbares, bewässerbares Land.

Wir fliegen tief und schnell. Manchmal beides abenteuerlich. Auch für die Schafe, die anscheinend im Gegensatz zu Kamel und Esel noch mit Feinden aus der Luft rechnen. Wir meiden die Dörfer, wohl kaum aus Rücksicht auf die Ruhebedürftigkeit der Bevölkerung. Nach einer Stunde erreichen wir Qalat, landen im PRT (dem sogenannten »Provincial Reconstruction Team«), das von den Amerikanern betrieben wird, aber seit August unter NATO-Oberbefehl steht. Der Ort, staubig und braun, wird von einem Berg mit Fort überragt. Dort hat sich das afghanische Militär einquartiert. Der Gouverneur will da oben ein Teehaus eröffnen lassen, was ich reizvoll fände. Sonst zieht es anscheinend keinen dorthin. Schon gar nicht in der brütenden Hitze, die wir dank dem Fahrtwind im Hubschrauber bisher nicht gespürt hatten.

Wir werden mit großem Zeremoniell empfangen. Roter Teppich vor dem Gouverneurspalast, gesäumt von den Würdenträgern der Provinz, Kindern in Trachten mit Plastikblumen, die ich dankbar entgegennehme und an Alberto weiterreiche. Zwei lange Reihen von Exzellenzen, die mir der Gouverneur einzeln vorstellt. Alles sonnengebräunte, gegerbte Gestalten, hagere Gesichter mit gewaltigen Bärten und Turbanen, die jedem Bilderbuch Ehre gemacht hätten. Ich blicke in die stolzen, distanziert freundlichen Augen, alte Menschen, wahrscheinlich aber jünger als ich, hagere Wüstenfüchse, zerfurchte Gesichter, aber stolz getragene Gewänder, auch wenn sie vielleicht nicht teures Tuch sind, aber doch alle mit einem besonderen Schmiss, einer Pracht, die mich mir mit meinem Anzug irgendwie peinlich underdressed erscheinen ließ.

Die Vorstellungsrunde endete schließlich, und wir gingen zur Versammlung mit denselben Ältesten, Direktoren der verschiedenen Abteilungen, religiösen Würdenträgern, Richtern, Lehrern und Mullahs in den kleinen Saal, wo Reden gehalten wurden. Große Reden, große Erwartungen an die UN, an mich. Höflichkeiten und Wünsche und weitausladende Gesten: Reden können sie alle. Immer zur Hälfte zum eigenen Volk und zur Hälfte zum Gast, wie es sich für einen guten Politiker gehört. Ich hatte als einziger eine schriftlich vorbereitete Rede und hoffte, dass sie das wie die Guatemalteken als Verbeugung vor dem Anlass und nicht als Unfähigkeit auslegen.

Erst sang der Mullah, es wurde gebetet, dann sprach der Gouverneur, dann ich, dann der Vorsitzende des Provinzparlaments, dann der ISAF-General, dann der Richter, dann der Lehrer, dann sprach der Mullah, dann einer der Ältesten, dann Talat von uns, dann der General der Polizei, dann ein mir nicht erinnerlicher Turbanträger, dann der nächste, alle kurz und recht konzentriert, alle freundlich und erwartungsvoll. Ich trank derweilen Tee und aß Rosinen, versunken in dem gewaltigen Sessel, der am Kopf eines jeden afghanisch-repräsentativen Raums steht und in dem Gastgeber und Ehrengast, also ich, Platz zu nehmen haben. Vor uns ein Tischchen mit Tee, Wasser, Rosinen, Mandeln und anderen Kernen, einer Büchse Pepsi (Reverenz an den Zeitgeist) und ein paar Plastikblumen. Der Saal sonst mit Sofas, Stühlen, Teppichen und Vorhängen reich dekoriert, alles im immer gleichen pompösen afghanischen Repräsentationsstil. Eine eindrucksvolle Veranstaltung jedenfalls, die mir klargemacht hat, wie viel Erwartungen, wie viele Wünsche und Hoffnungen sich auf die UN konzentrieren, wie sehnlich man auf uns gewartet hat und wie wichtig es ist, dass wir da sind, aber auch, wie viel Chancen wir haben, mit den Afghanen zusammenzuarbeiten. Das hat mir auch die Herzlichkeit bewiesen, mit der eine amerikanische Kollegin empfangen wurde. Sie arbeitet eigentlich nicht mehr in dem Bereich, hatte aber die Gelegenheit genutzt, dahin zurückzukommen, wo sie vor einem Jahr für USAID für zwölf Monate gearbeitet hatte. Hellblond und sehr amerikanisch aussehend, eher schüchtern, wurde sie mit großem Pomp empfangen: Wer einmal Freund ist, bleibt es. Das ist eine große Stärke der Afghanen.

Dann der Weg zum neuen Büro. Wir schneiden das Band durch, der Gouverneur und ich, die Presse macht Fotos. Alles, was fotografieren kann, ist dabei. Das Band hängt vor einer Alu-Halle, die die sechs Container birgt, die unsere Büros und Wohnstuben sind. Drei internationale Mitarbeiter werden es sein, die da hausen. Sonst stehen in der Halle noch Autos, es gibt einen Bunker darunter, das Klo ist außerhalb, noch ein paar Häuschen daneben, eine Mauer drumrum, ein paar Wachen, das war's. Die Computer funktionieren noch nicht, die Sonne scheint auf die Halle, das Airconditioning in den Containern und die Generatoren ist funktionstüchtig und werden es auch morgen noch sein, Inshallah. Sonst gibt es nichts. Von UNOPS wohnen bis September noch ein paar Leute da. Andere sollen folgen von weiteren UN-Organisationen und NGOs. Wir sind die Lockvögel, unser Gemäuer könnte noch eine ganze Menge Leute aufnehmen, die sich um die Entwicklung von Zabul verdient machen wollen.

Es ist eine strenge Mission. Meine Kollegen werden zwar das Wohlwollen der Bevölkerung genießen, aber ihre Sprache sprechen sie nicht und soziales Leben schlägt ihnen auch nicht entgegen. Nach Hause wird man nicht eingeladen in Afghanistan. Das Telefon geht nur intermittierend ins Ausland. Skype geht überhaupt nicht. Ja, einen Brunnen gibt es, und der Luxus ist sicher größer, als er für die einheimische Bevölkerung vorstellbar ist, aber dennoch: Sechs Wochen dort, dann eine frei, dann wieder sechs Wochen – es ist schon eine Herausforderung. Und gut schlafen wird man wohl trotz der nahen Kasernen nicht immer, vielleicht gerade wegen ihnen nicht.

Heute Morgen haben wir vor allem die Verwaltung gedrängt zu erkennen, dass das ein Pilotprojekt des Generalsekretärs ist, nicht nur eins von mir und Talat, dass es funktionieren muss und einfach nicht scheitern darf, nur weil das Internet nicht geht; dass die Leute unterstützt werden müssen, die sich dahin freiwillig oder nicht so ganz haben versetzen lassen und dort die Helden spielen sollen.

Die ersten Schwierigkeiten werden bekannt. Talat hatte 13 Mann aus dem Dorf – nein, aus der Provinzhauptstadt – als Wache vorgeschlagen. Er kennt sie alle, hat sie ausgesucht. Die Personalabteilung hat sie nicht eingestellt, weil sie keine »höhere Schulausbildung« haben. Höhere Schulausbildung heißt acht volle Schuljahre. Die meisten haben nur vier. Wozu brauchen die Wachen in Qalat, frage ich mich, acht Schuljahre? Warum müssen wir die wenigen Intellektuellen (acht Jahre sind eine große Ausnahme in Qalat) bei uns als Wachen beschäftigen? So sind die Regeln. Gut, dass ich sie diesmal brechen kann. Über die Einstellung von Afghanen entscheidet die Mission allein. Ich mache einen Erlass für diesen und andere Fälle. Könnte es sein, dass erst in den letzten vier Klassen Schießen gelernt wird? Dann müssten die Wachleute bei uns es in vier Tagen lernen. Schwierigkeiten über Schwierigkeiten? Aber diese ist keine. Schießen kann hier jeder, auch ganz ohne Schule.

Ich bin gespannt, was ich dem Generalsekretär berichten kann, wenn ich das nächste Mal nach New York fahre, wie unser Pilotprojekt gelaufen ist, was die Erfahrungen und Erfolge sind.

Der ISAF-Commandeur hat die »Ink-Spot-Strategie« entwickelt, um dem Aufstand zu trotzen: erst Sicherheit in einigen Zentren, da Normalität und Entwicklung einkehren lassen, dann ins Land hinaus, bis sich die Tintenflecken schließlich zu einer ganz schwarzen Fläche verbinden.

22. September 2006

ORB, occasional recreation break – alle sechs Wochen eine Woche frei, das ist der Rhythmus, nach dem die meisten UNAMA-Mitarbeiter und -innen die Tage zählen. Auch wenn ich klage, dass ich nicht rauskomme, irgendwie gefangen bin: Ich habe immerhin noch meinen Rosengarten und reise viel, mehr als ich möchte, rückblickend betrachtet, und immer wieder gern, wenn ich mich auf die nächste Reise freue.

ORB, eine Woche Berlin und Frankfurt, geschmälert durch zwei Vorträge, vor denen ich gleich viel Angst hatte: vor dem einen bei der Böll-Stiftung, weil ich nicht wusste, ob ich so unterschiedlichen Ansprüchen der Zuhörer gewachsen war, das heißt den Saal zu interessieren, und vor dem anderen beim Auswärtigen Amt, das mir die Reise bezahlt hatte, weil ich nicht so recht wusste, was ich da sagen sollte über die friedenserhaltenden Missionen der UN vor kritischen Botschaftern, die über jede der Regionen, die ich kenne, mehr wissen und sich länger damit befasst haben als

ich. Entsprechend war dann auch mein Beitrag – partly satis-
factory. Ich saß mit dem Generalinspekteur der Bundeswehr
und dem Botschafter bei der NATO auf dem Podium und habe
Allerweltsweisheiten von mir gegeben, immer auf der siche-
ren Seite, lampenfiebrig erst und dann unbedeutend.

Der General war auch nicht bedeutend (und der andere Botschafter auch nicht, ich lag also im Trend, was die
Veranstaltung nicht besser machte), aber in einem Gespräch
danach habe ich doch noch ein paar erleuchtende Bemerkungen von ihm aufgeschnappt: Die Bundeswehr, die meines Erachtens ihre Identität fast vollständig aus den Friedensmissionen im Kosovo, in Afghanistan, im Kongo und
in Bosnien, den paar am Horn von Afrika und dreien noch
irgendwo sonst bezieht, also von den insgesamt 7.900 Peace-
keepern (aus dem 250.000 Mann starken Heer der Bundes-
wehrsoldaten), fühlt sich »overstretched«, wenn noch eine
Friedensmission dazukommt: Sudan oder Libanon, Verlängerung der 400 im Kongo oder etwa mehr Soldaten für Afghanistan? Der General gab freimütig zu, dass man aus der
Kalten-Kriegs-Planung eigentlich noch nicht ausgebrochen
sei, immer noch mit großen Panzereinheiten für die Vertei-
digung des Fulda Gap (in der Mitte Europas) gerüstet sei.
Auch die allfälligen Bestellungen von Wehrgerät seien noch
kein bisschen auf Friedensmissionen eingestellt. Gerade
kauft man wieder Flieger, die für die Dritte Welt nichts taugen, und Panzer, die nirgends gebraucht werden; Großraum-
transporter dagegen muss man von der Ukraine leihen.

Nun bin ich wirklich kein Militärspezialist, aber ich könnte mir denken, dass dasselbe Vakuum, derselbe Gap auch bei
der Ausbildung, der Strategie und überall sonst zu finden ist.
Offenbar ist die neue Generation von Offizieren und Generä-
len, die das in Angriff nimmt, noch nicht herangewachsen.

Immer wenn ich einen General – und wenn es ein sehr hoher General ist, dann ist er so alt wie ich – sehe, dann denke
ich mir: 1967, als wir auf die Straße gingen und alles anders

machen wollten, da ist der zur Bundeswehr gegangen, weil er alles genauso machen wollte, wie es immer gemacht worden ist. Von Ausnahmen abgesehen kommen mir die deutschen verglichen mit den englischen Offizieren irgendwie hausbacken vor, ohne viel Verständnis von der Politik und der Welt außerhalb von Rummelsberg und Grafenwöhr, Landsberg und Sonthofen.

Für die Veranstaltung bei Böll habe ich mich intensiv vorbereitet, weniger die Inhalte als die Abfolge, die Dramaturgie. Das wurde immer komplizierter, als sich erst Otmar Hitzelberger anmeldete, alter Spontigenosse, der einen Film über mich machen will, mich hier in Kabul aufsuchen möchte und schon mal mit dem Vortrag anfing, dann die üblichen nachbarlichen Diplomaten (Usbekistan, Tadschikistan usw.), aber auch Winrich Kühne von der Stiftung Wissenschaft und Politik (ein ganz Schlauer), mein Vetter Kaspar von Erffa (Überraschung), der *SPIEGEL* und viele andere Presseleute, die Obrigkeit der Böll-Stiftung und viele, viele mehr. Eine Mischung von alter Szene und Familie, Diplomatie und Presse, die zu amüsieren oder wenigstens am Einschlafen zu hindern gar nicht so einfach ist.

Ich wundere mich immer wieder selber, wie viel Lampenfieber ich entwickle, wie viel Zeit und Energie ich brauche, um immer wieder dasselbe zu sagen oder doch Sachen, die ich sehr gut kenne. Am meisten fürchte ich die Afghanistan-Spezialisten, die sich natürlich alle viel besser auskennen, in Kabul geboren sind, Bücher über Afghanistan geschrieben haben und die mich milde anblicken: Ich habe ihnen nur das Amt und manchmal die Aktualität voraus, komme direkt von Kabul und müsste es eigentlich wissen, weiß es aber eben nicht, sondern sie.

Dann die zentrale Botschaft: Was will ich eigentlich sagen, was soll in der Presse aufgenommen werden? Die Börner'sche Tagesordnung: »Was machen wir jetzt, was wollen wir, dass in der Zeitung steht, und wie hauen wir den

Schwarzen auf den Sack?« Oder Matthias Beltz: »Die Lage ist beschissen, was machen wir jetzt?«

Die Zeit, wie lang, wie kurz, immer zu lang. Aber der Abend muss auch gefüllt werden. Schließlich ist man extra am Sonntagabend zur Böll-Stiftung gekommen – das Erdferkel muss seinen possierlichen Rüssel zeigen, Geschichten erzählen, Meinungen haben und äußern, zum Nachdenken und zur Diskussion anregen. Prediger und Komiker zugleich – wie Matthias Beltz. Wozu brauche ich dergleichen Auftritte eigentlich? Eitelkeit? Sendungsbewusstsein? Selbstbestätigung? Versicherung der Zustimmung, der Unterstützung gar?

Davor habe ich mich unwohl gefühlt, vor allem unmittelbar davor. Konnte auch eigentlich mit keinem reden. Danach ging's mir besser. Ich war verschwitzt und heiser, aber es war gutgegangen, ich hatte den Eindruck, als wäre ich das, was ich sagen wollte, nicht nur losgeworden, sondern es wäre auch einigermaßen verstanden worden.

Das Presseecho war allerdings sehr gemischt; irgendwie ist was ganz anderes rausgekommen, als ich glaube gesagt zu haben: Kontroversen sind gefunden worden, wo ich sie nicht gesucht hatte – habe ich mich an der Bundesregierung gerieben? Eigentlich gar nicht, auch wenn ich finde, es muss in Afghanistan mehr Polizei ausgebildet werden.

Habe ich die Bundeswehr angegriffen, weil ich gesagt habe, die NATO müsse beweisen, dass sie eine wirkliche Peace-keeping-Force und kein Papiertiger ist? Das Oberkommando hat sich bemüßigt gefühlt zu erwidern: Wenn ich gesagt hätte, sie wären ein Papiertiger, dann sei das nicht richtig – oder so was. Dass die Bundeswehr auch in den umkämpften Süden gehen sollte, wurde geschrieben, hätte ich gesagt, aber das habe ich nicht gesagt, nur auch nicht das Gegenteil.

Die *taz* hat über den ideologischen Hintergrund der Afghanistan-Debatte geschrieben, was ich gut finde, und die *Financial Times* hatte mich in der Schlagzeile auf der ersten

Seite ihrer englischen Ausgabe mit einer Nebensache erfasst, die ich am Rande – für mich am Rande – erwähnt hatte: Dass man wohl mehr Truppen brauche.

Die Böll-Stiftung hat die Presse sorgfältig gesammelt. Nur die *Financial Times London* habe ich suchen müssen und in Frankfurt am Kiosk schließlich gefunden.

Zurück in Kabul: Besuch beim Präsidenten, der auf dem Absprung zu einem Staatsbesuch in den USA und einem weiteren in Kanada war, unendlich viel Kleinscheiß der Verwaltung. Erstaunlich viel Presse, internationale Presse vor allem, dann die üblichen Besucher aus aller Welt (ich Erdferkel), die man nicht ganz abweisen kann, die Botschafter mal wieder zum Tee und immer viel zu wenig Afghanen. Ein ständiger Kampf, mehr Afghanen als Internationale zu sehen – immer geht er verloren.

Reise nach Islamabad mit dem Jet, vielleicht die letzte Reise mit »meinem« Jet, denn nun haben wir kein Geld mehr dafür, sondern für zwei Hubschrauber, die aber noch nicht da sind. Es dauert 36 Minuten über den Hindukusch nach Islamabad. Dort habe ich versucht, mich mit den Botschaftern, vor allem der USA und des UK, aber auch der Niederlande, Australiens, Kanadas – mit allen, die in Afghanistan an der Grenze Truppen haben, über eine Strategie gegenüber Pakistan auszutauschen. Wieder hatte ich den Eindruck, dass die Interessen in Kabul und in Islamabad vollkommen verschieden sind, obwohl die Botschafter doch aus denselben Ländern kommen.

Ein Tag in Islamabad und dann ab nach London zum HARDtalk am 21.9., International Day of Peace.

Warum begebe ich mich auf so dünnes Eis? Wie dünn, habe ich allerdings erst auf dem Eis oder der anderen Seite des Bodensees gemerkt.

Als die Einladung eintraf, ausgedacht oder vermittelt oder beides oder beides nicht von meinem Pressesprecher Adrian Edwards, einem Briten aus Hongkong, der für *BBC* als Journalist gearbeitet und dort viele Freunde hat, allerdings nicht den HARDtalk-Master Stephen Sackur. Im ersten Impuls war ich dagegen, ich hatte die Sendung nur einmal gesehen, mit dem Hohen Flüchtlingskommissar der UN Guterres, der sich aller scharfen Angriffe mit Ruhe und Eindringlichkeit erwehren konnte und hervorragend war, so wie ich vielleicht gerne sein möchte, aber nicht bin, das heißt, so gesetzt und alt, großväterlich sozusagen; möchte ich vielleicht doch nicht sein. Aber mit solcher Kraft und Beharrlichkeit Konter zu geben, falsche Frageunterstellungen zu korrigieren und seinen Rhythmus dem Gespräch und dem Interviewer aufzwingen, das möchte ich auch können. Auf Deutsch wäre das alles noch was anderes, aber auf Englisch schlagfertig zu sein, das traue ich mir nicht zu, gerade das, was ich mir wünschte, um so ein Duell zu gewinnen. Und Tag des Weltfriedens hin oder her – als ein Duell habe ich es gesehen.

Aber konnte ich mich davor drücken? Feigheit? Ist das überhaupt eine professionelle Kategorie? Dann der Wunsch, das Duell doch zu gewinnen, so dass alle sagen: »Das war aber gut«, und mir auf die Schulter klopfen, der Präsident von Afghanistan und die Mitarbeiter, die Freunde in aller Welt, denn es ist eine weitverbreitete Sendung. Weltweit, und natürlich in Afghanistan, natürlich unter den Diplomaten. Das hatte mir auch Adrian gesagt: »Eine der meistgesehenen Sendungen von *BBC* weltweit.«

So habe ich mich also verführen lassen, weniger aus professionellen als aus Gründen der Einbildung, dass ich das schon schaffen würde, Selbstbeachtung, Eitelkeit. Ich hätte eine Bremse ziehen können, als mir Lisa Buttenheim in New York sagte, das sollte ich mir aber genehmigen lassen. Das hat mich professionell geärgert. Ich finde, New York sollte uns die Pressestrategie alleine überlassen. Also hat Adrian angefragt und begründet: weil es für Afghanistan und UNAMA gut ist und der Wahrheitsfindung dient. Die Genehmigung kam prompt und brav, auch für die weite Reise.

Mit Herannahen des Termins sind mir die Knie weicher geworden, vor allem, als Adrian mir sagte, vier Tage nach meinem »Kurzurlaub« in Berlin wäre es so weit. Ich habe alles getan, um mich vorzubereiten oder vorbereiten zu lassen. Von allen Abteilungen habe ich Informationen bekommen, wie es gut vorangeht in Afghanistan, was ich zu diesem und zu jenem sagen könnte und sollte. Ich hatte mir das alles für die Reise nach Berlin zusammenstellen lassen, eigentlich, um es auf dem Weg dahin zu lesen, dann, als mich die Vorträge ausgefüllt haben, um es in den freien Tagen zu lesen und schließlich, um es auf dem Rückweg zu lesen. Auf dem habe ich glücklicherweise geschlafen. Dann vier Tage Stress, dann Islamabad – zum Lesen bin ich erst auf dem Flug nach London gekommen. Inzwischen war die Mappe dick.

In London hatte ich den Tag der Anreise frei. Da habe ich die wichtigsten Aussagen memoriert, die Fakten gepaukt, immer wieder exzerpiert. Es war wie vor der Mathearbeit, chaotischer und beängstigender als vor dem Vortrag in Berlin, denn es war vollkommen unklar, was drankommen sollte und auch nicht in meiner Hand. Alles nur Hypothesen. Sicher war nur, dass der Interviewer aggressiv sein würde. Ich hatte drei seiner Interviews gesehen, eines aggressiv, der Gegenpart – der stellvertretende Botschafter von Sudan – viel doofer als ich mich fühle, eines freundlich und eines so mittel. Also kein Grund zum Fürchten?

Dann hat mich der Rechercheur angerufen und davon geredet, was man so ansprechen würde, Erfolge, Misserfolge, wo das ganze Geld geblieben sei, JCMB, Department for the Promotion of Virtue and the Prevention of Vice – eine Abteilung, die bei den Taliban berüchtigt und nun wieder eingeführt worden ist, oh Graus, Karzai ... alles in sehr ruhigem Ton und ohne Aggressivität: ein Telefongespräch, bei dem ich nur Schwierigkeiten hatte, alles zu hören, weil ich in der U-Bahn steckte. »Na, dann haben wir ja die 25 Minuten genau gefüllt, wie morgen«, habe ich geendet in der

Hoffnung, dass die Debatte morgen genauso abgehen würde. Ich habe gut geschlafen, nochmal alles in Ruhe durchgelesen und bin dann am Tag der Aufzeichnung – vier Tage vor der Ausstrahlung – gelassen und viel weniger aufgeregt als zum Beispiel vor den Vorträgen in Berlin mit Adrian zur *BBC* gefahren. Das Gefühl, jetzt geht's zur Schlachtbank, kam glücklicherweise erst ganz am Schluss auf, in einem kleinen Zimmer, fensterlos und technisch, wo wir auf den großen Interviewer Sackur gewartet haben. Der kam dann kurz vorher rein, freundlich, sehr groß, etwas ungeschlacht und laut, aber nicht beängstigend.

Schminken, Studio, Verkabeln, alles gewohnte Sachen, kein Grund zur Aufregung und auch nicht für Lampenfieber, auch wenn ich kurz dachte, alles, was mir gesagt worden war und was ich vorbereitet hatte, schon wieder vergessen zu haben. Alles, außer dem, was mir Adrian eingebläut hatte: ruhig bleiben und nicht die Kontrolle über sich verlieren.

Das war gut.

Denn Sackur hat mich von Anfang an mit einer solchen Aggressivität angegangen – nein, von Anfang an nicht, meinen ersten Vers (auswendig gelernt) hat er mich noch sagen lassen – aber dann: Ein übers andere Mal wurde ich unterbrochen, in die Ecke gedrängt, konnte nicht weiterreden oder groß protestieren (nicht aufregen!), aber auch nichts erklären. Nach dem ersten Halbsatz kam die nächste Frage, immer haarsträubendere Annahmen, die ich kaum zu entkräften Gelegenheit bekam. Ein paarmal habe ich mich zwingen müssen, zu meinem Konzept zurückzukommen, meine Sachen zu sagen und auf nichts einzusteigen, was mir zu erläutern keine Zeit bleiben würde. Konzentration auf kurze, zentrale Botschaften – das ist mir nur selten gelungen. Auch hatte ich immer mehr den Eindruck, die Arbeit zu verhauen, zurückzufallen, die Partie zu verlieren, keine Möglichkeit mehr zurückzufinden, mich zu erklären. Auch wurde der Interviewer immer unbarmherziger. Sollte ich nun weitersprechen, wenn ich unterbrochen werde, oder abwarten? Ich habe beides versucht. Einmal habe ich einfach nach der neuen Frage weiter die vorige beantwortet. Dann habe ich versucht, ihn durch Handbewegungen zu stoppen. Aber ich hatte immer wieder das Gefühl, das Spiel zu verlieren. Schließlich mal eine Satzfolge, die nicht unterbrochen wurde. Aber dann schon das Ende. Dabei hatten wir gerade erst angefangen. Ich hatte den Eindruck, es könnten allenfalls sieben Minuten gewesen sein. Alle 25 schon vorbei? Und so viel nicht gesagt. Einen Moment lang hatte ich mir gesagt, dass ich mich darauf nicht hätte einlassen sollen, mir dann einen Ruck gegeben und gewaltsam aufgehört, meta zu denken. Ich habe mich wieder auf das Match konzentriert, das zwar verloren war, aber vielleicht doch nicht 6:0 oder 6:1 enden musste. Die letzten Sätze waren besser als der Anfang, aber vor allem deshalb, weil der Jäger sein Wild schon erlegt hatte, seine Übermacht nicht allzu ungnädig zur Schau stellen wollte, ein Rest von Höflichkeit, Gnade, Herablassung auch. Ich war demoralisiert, aber die letzten paar Sätze hat er mich wenigstens sagen lassen. Und ihm dann noch die Hand geben – das hatte er mir vorher gesagt, dass es so endet. Ich hasse ihn.

Mit Adrian, der alles auf einem Bildschirm draußen verfolgt hatte, war ich mir schnell einig: Das war nicht gut. Nicht Vier, sondern Fünf. Ein bisschen Mut hat er mir gemacht, am Schluss sei ich mit meinen Sachen durchgekommen, das sei besser gewesen (da, wo ich das Gnadenbrot bekommen hatte). Sooo schlecht sei es doch nicht gewesen, sagte er tröstend, aber ich merkte: Er fühlte sich schuldig, mich zum HARDtalk gebracht zu haben, und ich fühlte mich saumäßig, ein Opfer der eigenen Torheit und Eitelkeit. Warum muss ich zum HARDtalk? Wozu ist das gut? Wem nützt das? Ich gehe ja auch nicht zu einer Schönheitskonkurrenz oder zu einem Wettbewerb im Walzertanzen, zum Preisboxen oder zum heiteren Beruferaten, Wer wird Millionär und dergleichen.

Adrian hat mein Selbstbewusstsein ein bisschen gekittet, indem er noch drei andere Interviews verabredete, die von seinen Freunden oder wenigstens in einer Umgebung gemacht wurden, die nicht aggressiv und feindlich, sondern nett und freundlich war. Gut vorbereitet war ich ja. Niemand hat mich unterbrochen. Die Interviews waren einmal 10 Minuten, einmal 16 und am nächsten Morgen 5 Minuten lang. So bin ich über den Rest des London-Besuches weggekommen.

»Geschlagen ziehen wir nach Haus, die Enkel fechten's besser aus ...« (Gut, dass es sie gibt!).

In Kabul zurück habe ich mit meiner Einschätzung nicht hinterm Berg gehalten, dass ich mich nicht gut gefühlt hätte, dass der Kerl zu aggressiv gewesen sei, dass so eine Sendung doch nicht das Richtige sei, um was rüberzubringen und dass ich das auch nicht so gut gekonnt hätte, wie ich ursprünglich gedacht hatte. Das hat alles ein bisschen meiner Beruhigung gedient, aber doch nicht so, dass ich ruhig hätte schlafen können. Die Verletzung war schon arg.

Bis Montag. Ameerah hatte vorgeschlagen, die Sendung gemeinsam im country team anzusehen, der Versammlung aller Chefs der UN-Unterorganisationen, die am Montagmorgen tagt. Das hatte ich gerade noch abwehren können, mit der ehrlichen Begründung, so toll sei es nun wirklich nicht gewesen, eher kläglich.

So miserabel war es dann aber doch nicht. Zusammen mit Aleem [Siddique], dem Zweiten der Presseabteilung, habe ich um acht Uhr morgens am Fernseher gesessen und mir mich angesehen. Zuerst der Vorspann. Der war für mich sehr glücklich ausgewählt: die auswendig gelernten ersten Sätze. Auch wenn ich mir eigentlich nie im Fernsehen gefalle, habe ich inzwischen gelernt, dass ich eben immer so blöd aussehe und so alt und dass das die anderen Leute nicht so stört, weil sie, im Unterschied zu mir, mich live und im Fernsehen nicht ganz anders erleben als ich mich selbst.

Dann kam die Sendung. Die Aggressivität kam mehr als Unhöflichkeit rüber, nicht überwältigend, sondern eher gekünstelt oder einfach ungezogen. Dagegen wirkten meine Ruhe und der Versuch, immer wieder zu erklären, nicht als Niederlage, sondern eher als Sachlichkeit. Auch habe ich doch eine Menge sagen können von dem, was ich vorbereitet hatte und was ich unbedingt sagen wollte. Drei Viertel. Der Charakter des Duells fehlte in der Perzeption ganz. Wenn es ein Kampf war, dann einer, auf den ich mich scheinbar nicht eingelassen habe. Sicher, ein paarmal hat er mich unterbrochen und ich konnte nicht das sagen, was ich eigentlich noch hätte sagen wollen, aber das Wesentliche konnte ich transportieren.

Wie kann man sich so verschätzen? Ich war zwar nicht großartig, aber auch nicht schlecht, sicher nicht so schlecht, dass man sagen könnte, das hätte ich auf keinen Fall machen sollen. Gut, die Dinge, die ich gesagt habe, waren schlicht, aber ich habe Afghanistan brav verteidigt, den Präsidenten gelobt, die internationale Gemeinschaft aufgefordert, zu Afghanistan zu stehen, und habe auch einmal etwas offensichtlich Falsches richtigstellen können. Nach 20 Minuten war ich erlöst, denn da wusste ich, jetzt kommt nur noch das, was besser war als der Rest.

3+, voll befriedigend also. Darin haben mich auch die von der Presseabteilung bestärkt. Wenigstens nicht peinlich, nicht die Mission blamiert, die UN. Sicher, man konnte sich darüber streiten, ob es nun richtig war, zu HARDtalk zu fahren, aber eindeutig falsch war es nicht. Ich hatte mich stark verschätzt. Alle die Schwachpunkte waren zwar da, ich konnte sie sehen, aber sie waren nicht wichtiger als die starken Punkte. 7:6 im Tie-Break, vielleicht besser, jedenfalls nicht verloren.

Erst später, in den nächsten Tagen, habe ich mir klargemacht, was für ein Risiko ich eingegangen war: Nicht nur hatten natürlich alle von UNAMA den Streifen gesehen, sondern auch alle Botschafterkollegen, bei dem Empfang in der

Deutschen Botschaft haben mich viele darauf angesprochen, auch E-Mails habe ich bekommen, natürlich alle einigermaßen positiv, sonst hätten sie ja nicht geschrieben, und höflich, sonst hätten sie ja nichts gesagt. Und dann New York, die kamen einen Tag später. Da hätte ich mir die Achtung der Obrigkeit vollkommen verscherzen können, ist mir siedend heiß erst dann eingefallen. Denn die hatten das nur zähneknirschend genehmigt (was will er denn da?). Da wäre ich doch untendurch gewesen, bei der Presseabteilung in New York schon mal gar und der Presse hier wohl auch. Ich bin mir vorgekommen wie der Reiter übern Bodensee und mir wird jetzt noch ganz mulmig, wenn ich daran denke, wie ich mich überflüssigerweise und vollkommen unnötig einer Situation ausgesetzt habe, von der ich nicht die geringste Ahnung hatte, ob ich sie meistern würde und aus der ich nichts gewinnen konnte, außer ein bisschen den Bauch gepinselt zu kriegen.

Professionell gesehen ein grotesker Fehler. Wenn ich einfach abgesagt hätte, hätte das nichts gekostet. Niemand bei *BBC* würde mir vorwerfen, ich sei ein Feigling.

HARDtalk muss man wollen, HARDtalk braucht man nicht. So sehe ich an mir herunter und denke: Da hast du aber Schwein gehabt, Erdferkelchen.

19. Oktober 2006

Ist viel passiert? Es passiert immer viel zu viel.

Die Sicherheitslage, die alle bewegt, ist nicht besser geworden, auch wenn ISAF eine Feldschlacht im Süden gewonnen hat. In der Nähe von Kandahar, bei Pandjwei, hatten sich die Taliban für den Winter eingegraben und ISAF hat sie in einer zweiwöchigen Operation von dort vertrieben: weiträumige Kampfoperationen, bei denen bis zu 1.000 Taliban erschossen worden und 54 Zivilisten gestorben sind, die meisten unter den ISAF-Bomben. Die Beschreibungen sprechen von Gräben und Maschinengewehren, Granaten und Bomben – wie aus dem Zweiten Weltkrieg. Inzwischen sind bei den Kampfhandlungen bis zu 15.000 Familien vertrieben worden – IDPs –, also um die 100.000 Leute, die die humanitären Organisationen der UN versorgen müssen.

Dennoch hat sich die Stimmung, die vorher nur defätistisch gewesen ist, gewandelt, vor allem bei den Militärs. Nun glaubt man, das Blatt habe sich gewendet. Auch die Presseberichte sind zuversichtlicher. Mir scheinen sowohl der Hauch von Hysterie, der vor vier Wochen durch die Presse wehte, als auch die jetzige Zuversicht übertrieben. Weder geht alles auf einmal den Berg hinunter, noch geht plötzlich alles wieder aufwärts.

Noch immer wird im Süden ein richtiger Krieg geführt und noch immer steht das Kriegsglück auf der Kippe. Viele Leute sind frustriert, enttäuscht oder einfach verzagt.

Die Kollegen von UNAMA sind von den Stimmungen nicht verschont geblieben, Stress macht sich breit, auch ein gewisser Zynismus, wenn es schon wieder schlechte Nachrichten gibt.

New York war wieder spannend, anstrengend, inspirierend und frustrierend zugleich.

Erst vor drei Monaten hatte ich mich damit herumgeschlagen, die hier in Kabul allgemein geteilte Begrifflichkeit der Aufstandsbewegung (insurgency) durchzusetzen. Jetzt ging es um eine andere Selbstverständlichkeit hier vor Ort: Pakistan, das bisher nicht beim Namen genannt werden durfte.

Ich hatte vor meiner Abreise Termine mit den Botschaftern der fünf Vetomächte im Sicherheitsrat, um sie darauf hinzuweisen, dass ich diesbezüglich expliziter sein wolle und dass ich mich darüber freuen würde, wenn der eine oder andere Botschafter in seiner Stellungnahme das Thema aufnehmen könnte. Die Franzosen haben gesagt, sie wüssten es nicht so genau – sie haben überhaupt keine Pakistan-Politik –, die Amerikaner, sie wüssten es auch nicht so genau – sie haben mindestens zwei Denkrichtungen –, die Engländer gehen eigene Wege, die Chinesen sagen, sie seien mit beiden Ländern freundschaftlich verbunden und würden nach Peking berichten, und die Russen sagten, sie seien derselben Meinung wie wir, nur wüssten sie nicht, ob sie das auch aussprechen wollten, sie würden nach Moskau berichten. Das haben sie dann auch alle getan.

In New York war alles wichtiger als dieses Thema: Am 9. Oktober, dem Tag, wo um 11 Uhr Afghanistan auf der Tagesordnung stand, war erstmal die Wahl des neuen Generalsekretärs dran, dann die Atomexplosion in Nordkorea. Vor allem das erste Thema hat das ganze Sekretariat in einen leichten Rausch versetzt: Wer bleibt und wer geht, wenn der neue Generalsekretär (GS) da ist, was hat er mit den Engländern ausgehandelt? Department of Political Affairs (DPA) – dann müsste Gambari gehen, aber was kriegt Afrika, wenn es Gambari und den GS verliert. Hat Frankreich auf das Department of Peacekeeping Operations (DPKO) bestanden oder sich damit begnügt, dass Mr. Ban Ki-moon Französisch spricht? Was wird aus dem Deputy GS? – Er sagte im Lift vor allen Mitliftern, nun komme es nur noch darauf an, den Laden in guter Ordnung zu übergeben. Ich habe so getan, als ginge mich das alles nichts an, geht es aber doch, ich bin ja auf das Wohlwollen der Obrigkeit angewiesen, denn mit Leuten in New York zusammenzuarbeiten, die ich nicht kenne und vielleicht auch nicht mag, macht die Arbeit schwerer.

Über Pakistan habe ich auch im UN-Sekretariat mit den wichtigsten Akteuren gesprochen: Es sei doch inzwischen erwiesen, dass viele der Taliban ihre Basis in Pakistan hätten, dass die Oberen in Quetta ungehindert spazierengingen und dass jeder weiß, dass sie Lager in Waziristan hätten, von denen aus sie die Selbstmordattentäter ins Land schickten. Im Bericht des Generalsekretärs ist das vorsichtig angedeutet, in meinem mündlichen Bericht sollte das deutlicher werden.

Dem pakistanischen Botschafter hat das natürlich nicht gepasst. Er hat – Ramadan zum Trotz trinkend und rauchend – sogar gedroht, wenn ich oder gar der afghanische Botschafter dergleichen sagen würden, müsse er die Stimme erheben. Eine äußerst unerquickliche Sitzung in der Delegates' Lounge des UN-Gebäudes.

Im Sicherheitsrat selbst dann war es nicht so schlimm. Ich hatte allerdings die Sprache auch sehr diplomatisch gewählt und vor allem betont, dass ohne die Zusammenarbeit auf allen Ebenen eine Lösung des Problems nicht zu finden sei, dass nur regionale Lösungen in Frage kämen und dass jeder das Seine dazu beitragen müsse, Afghanistan und eben auch Pakistan.

Das kam nur mittelgut bei dem im Sicherheitsrat anwesenden pakistanischen Botschafter an, aber so ungehobelt wie in der Delegates' Lounge war er da nicht. Alle lobten die aufopferungsvolle Tätigkeit von UNAMA und dem SRSG in Kabul mit warmen Worten.

Im Policy Committee wurde Afghanistan eine ganze Stunde lang diskutiert. Ich habe Wert darauf gelegt, dort die Lage so ungeschminkt wie möglich darzustellen, vor allem die Unsicherheit des Ausgangs. Die Aussicht auf einen langandauernden Kampf gegen einen schwer erschöpflichen Aufstand und auf die nur viertelherzige Zusammenarbeit Pakistans. Auch das Problem, UNAMA gegenüber einer korrupten und schwächelnden Regierung und schwer kämpfenden Militärs zu positionieren. Schließlich die Frage, was wir eigentlich im worst oder auch nur im bad case machen sollten.

Beim letzten Thema eine typische Pulp-Fiction-Reaktion: Bis zum nächsten Policy Committee soll ich eine Strategie vorlegen. In den übrigen Punkten ist man meinen Vorschlägen weitgehend gefolgt, hat uns Zuspruch gegeben und war besorgt.

Am Schluss hat mich der Generalsekretär noch nach der Stimmung in der Belegschaft gefragt, wie die Moral sei und wie wir uns fühlten. Er war wie immer sehr fürsorglich, auch mir gegenüber. Ich glaube, das war diesmal wirklich das letzte Mal, dass ich ihm im Amt begegne. Vielleicht geht damit ja auch für mich eine berufliche Ära zu Ende.

Den neuen Generalsekretär habe ich noch nicht gesehen, auch nicht viel über ihn gehört, außer von Iqbal Riza, dem früheren Kabinettschef des Generalsekretärs, und in der *Financial Times*, das war alles sehr positiv.

Ich bin also mit einer Menge Aufträgen nach Kabul zurückgekommen.

Noch im Jetlag rein in das Management-Seminar, das wir erst für die dreißig oberen internationalen Mitarbeiter der Mission und dann für die dreißig nationalen Mitarbeiter veranstaltet haben. Von derselben Trainerin, wie damals in Guatemala und bei DPA vor vier Jahren, genauso intensiv und genauso begeistert aufgenommen. Alle ohne Ausnahme haben die vier Tage genossen und von ihnen profitiert. Sie haben das Team gestärkt, und ich bin sehr froh, dass wir das gemacht haben. Wie es fortzusetzen ist, weiß ich nicht so recht, aber da wird uns schon was einfallen.

2. November 2006

Die vorige Woche war mit der Reise nach Wien – über Frankfurt – angefüllt. Auf Einladung des Liechtenstein Institute of Self-Governance. Geködert hatte man mich damit, dass Joschka auch da sei.

Ich habe in Wien im Hotel Bristol gewohnt, 1912 gebaut, in der Fürstensuite im fünften Stock. Wie ich zu der Ehre kam, weiß ich nicht, aber es war schön: Wohnzimmer auf der Ecke Kärntner Ring und Kärntner Straße, gegenüber der Oper, und Schlafzimmer so groß wie eine Single-Wohnung. Dann ein Vestibül und zwei Bäder, ein kleines und ein großes, einen Gang, durch den man das Schlafzimmer direkt erreichen kann und eine Tapetentür, durch die man vom Wohnzimmer kommt. Begrüßungsobst und Begrüßungssekt. Alles im leicht antiquiertem Charme der zwanziger Jahre, aber gut in Schuss und immer mal renoviert. Man konnte sich wohl fühlen, und ich hätte es auch leicht noch ein paar Tage mehr ausgehalten. Der Fürst von und zu Liechtenstein, der nicht nur Vaduz beherrscht, sondern auch in Wien zwei Paläste von der Größe des Reichstages besitzt, war leutselig. Ich habe mit ihm über 1866 geplaudert.

Vor ein paar Jahren haben die Demokraten des Fürstentums versucht, ihm die Macht zu beschneiden. Daraufhin hat er zu dem Thema eine Volksbefragung angezettelt und mit Abdankung gedroht. Das hat das Volk mit einer breiten Mehrheit für die Erhaltung der konstitutionellen Monarchie beantwortet, schließlich ist der Fürst ja die beste Werbung für den sonst unbedeutenden Platz.

Liechtenstein unterhält eine Botschaft in Österreich und eine in New York, denn schließlich ist es mit seinen 35.000 Leutchen nun mal einer der UN-Mitgliedsstaaten mit demselben Stimmrecht in der Generalversammlung wie die Vereinigten Staaten.

Der Kongress war schön, ich musste vor seinem Ende weg, und Joschka kam erst am dritten Tag, so dass wir uns nur zehn Minuten gesehen haben: Ich reisefertig, er unter der Dusche. Es war nett. Was wir gesprochen haben, weiß ich nicht mehr, ich war von der Leibesfülle so beeindruckt, dass ich mich auf nichts anderes konzentrieren konnte.

Kabul, wohin die Rückfahrt immer zwei Tage in Anspruch nimmt, stöhnt unter den Vorwehen des Besuches des Sicherheitsrates. Er kommt vom 11. bis zum 16.11., für fünf Tage also, und alles steht schon Kopf. Nur Alberto kann sich vorstellen, was die Organisierung eines solchen Besuches bedeutet. Es ist ja nicht etwa so, dass der Sicherheitsrat Sicherheit oder guten Rat brächte, sondern er braucht Sicherheit und will gut beraten werden. Und das müssen wir machen, little me oder

Alberto. Wir stecken bis über die Ohren in der Vorbereitung. Termine machen, sie zusammenbringen, die Sicherheit, die Autos, das Hotel, die Sonderwünsche, New York, Tokio (der gegenwärtige Vorsitzende des Gremiums ist Japaner), Kabul. Dann wollen sie nach Kandahar, das heißt sie müssen, sie wollen eigentlich nicht, weil es ja ein bisschen gefährlich ist. Dann ist noch nicht klar, wie sie eigentlich hierherkommen. Dann möchten sie natürlich eine gute Vorbereitungsmappe haben, wo schon alles drinsteht, was sie sehen oder hören wollen. Und jemand von uns soll Notizen machen, damit sie den Bericht schreiben können, das heißt, den müssen wir auch schreiben. Und die Presse und das Wetter und das Essen. Es gibt zu viele Empfänge. Dann wollen sie auch nach Pakistan, was in der Sache ja gut ist, was wir von hier aber nicht organisieren können. Sie selbst haben in New York vergessen, schon mal mit dem pakistanischen Botschafter zu sprechen. Alberto rotiert. Dabei sind es noch gut zehn Tage hin.

Am Schluss werden es die Militärs rausreißen müssen, denn die sind Notstand gewohnt.

Heute habe ich einen Mann getroffen, der vor drei Wochen erst aus Guantánamo entlassen worden ist. Ein Schiit, Freund von Hashim [Alavi], einem meiner Mitarbeiter und in Gardez zu Hause. Er hat die ganze Taliban-Zeit in Iran gelebt, ist nach dem Abzug der Taliban zurückgekommen, war Abgeordneter der ersten Loya Jirga, hat also 2002 Karzai mit zum Präsidenten gewählt und die Grundlagen der neuen Demokratie in Afghanistan gelegt.

Dann ist er von irgendjemandem angeschwärzt worden, der ihm nicht wohlgesonnen war. Die Amerikaner haben ihn und seine Brüder verhaftet, nach Bagram gebracht und dort »verhört«. Es muss ziemlich schlimm gewesen sein. Darüber wollte er nicht sprechen.

Nach acht Wochen haben sie ihn dann nach Guantánamo gebracht, wo er vierzig Monate geblieben ist. Die Taliban dort haben nicht mit ihm geredet, weil er für Karzai war, die

Araber haben nicht mit ihm geredet, weil er Schiit ist, und das erste Jahr war er sowieso in Einzelhaft.

Dann kam ein Prozess, an dessen Ende der Militärrichter in nicht zu überbietender Deutlichkeit sagte: »... und nach alldem habe ich immer noch keine Ahnung, warum der Mann hier ist.«

Nun wurde er ins Lager 4 gebracht und war dort in Gemeinschaftshaft mit anderen Afghanen. Noch zwei Jahre.

Die anderen Afghanen waren meist Analphabeten, denen er dann Schreiben und Lesen beigebracht hat. Auch sonst hat er viel gelehrt, alles, was er wusste. Er hatte ein paar Semester Medizin studiert.

Wie er das alles ausgehalten hat? Die Familie, die Religion, die hohe Moral, meint er.

Als er in Afghanistan zurück war, ist er zum Roten Kreuz gegangen und hat sich bedankt. Als die zum ersten Mal nach Guantánamo kamen, sagt er, sind auch die härtesten Fundamentalisten weich geworden, den jungen Mitarbeitern und Mitarbeiterinnen (Amerikanern, Christen) des Roten Kreuzes gegenüber. Die haben auch dafür gesorgt, dass sie Post bekommen und schicken konnten. Von ihnen hat seine Familie erfahren, wo er war. Ich habe mir die Bedeutung dieser Arbeit nie so deutlich vorstellen können, auch wenn ich schon mit vielen vom Roten Kreuz in Genf und in Kabul, im Kosovo und in Guatemala gesprochen habe.

Was ihn am meisten stört im neuen Afghanistan: die willkürlichen Verhaftungen durch Polizei und internationales Militär. Was er für den größten Fortschritt in Afghanistan hält: das Parlament, die Pressefreiheit. Beides hatte er in Afghanistan noch nicht erlebt.

Ich hatte mich zwar immer, vor allem als Menschenrechtsbeauftragter, über diesen rechtlosen Zustand der Gefangenen aufgeregt, ich hatte aber doch gedacht, wo so viel Rauch ist, muss auch ein bisschen Feuer sein, die Gefangenen müssen doch irgendwie am Terror beteiligt gewesen sein, müssen von den Amerikanern wenigstens auf dem Schlachtfeld aufgegriffen worden sein. Dass da aber viele nur als die »üblichen Verdächtigen« einsitzen und dann nicht rauskommen, weil man sich keine Blöße geben möchte, nicht will, dass jemand Auskunft gibt, das hat mich doch erschüttert. Gut, dass ich nicht für die US-Regierung arbeiten muss. Aber beschämt ist man bereits, weil man Westler ist.

Und dass der Mann nun immer noch an die Demokratie glaubt und ein liberaler, gemäßigter Mann ist, das kann ich kaum fassen. Ich würde mindestens zu den Taliban gegangen sein.

Ich versuche herauszubekommen, was eigentlich in den Selbstmordattentätern vorgeht. Warum die das machen, ob das mehr wird. Was sie bewegt und wohin. Ich lese alles, was ich dazu bekomme. Es ist nicht viel, weil die meisten ja eben tot sind und wenig authentische Auskunft geben können. Wir, das heißt die UN, haben eine Studie gemacht, die aber vor allem Statistiken zeigt, der hiesige Nachrichtendienst hat auch eine angefertigt, die er mir aber nicht überlässt. Ich habe sie heute nur durchblättern können. Jeder einzelne Vorfall fotografiert. Nach fünf Seiten hat man genug. Und dann die Vernehmung derer, die es nicht geschafft haben, sich in die Luft zu sprengen, sondern vorher gefangen genommen worden sind. Wie echt die Aussagen sind, weiß ich nicht, ob die Leute gefoltert oder nur »hart angefasst« wurden, und ob sie das gesagt haben, was man wissen wollte – nämlich, dass Pakistan dahinter steht. Auch sind es nur Auszüge gewesen. Keine Auskunft über die Motivlage.

Immer aber ist eine Ausbildung gemacht worden. Man ist technisch und wohl auch geistig vorbereitet worden. Die meisten scheinen wenig gebildet und wirkungsvoll hinters Licht geführt worden zu sein. Viel Primitivität in den Aussagen.

Ich möchte die Gelegenheit haben, mit diesen Gefangenen mal länger zu sprechen oder die vollständigen Aussagen zu lesen.

Die Anzahl der Selbstmordattentäter hat sich vom Vorjahr um das achtfache vermehrt. Was, wenn sich das nochmal verachtfacht? Ist das eine internationale Bewegung, die leicht auch in andere Länder überschwappen kann, England, Frankreich, Deutschland, oder ist sie an den konkreten Konflikt hier gebunden?

Was haben wir zu erwarten?

Beunruhigend ist vor allem, dass immer in irgendeiner Weise eine Ebene des Fanatismus, der Religion, etwas Außerirdisches, Überweltliches mitspielt.

Alle Bücher, die ich gelesen habe, sind trocken und gehen eigentlich auf die Frage nicht ein. Aber ich habe mich auch noch nicht sonderlich tief damit beschäftigt, ich sammle Material.

1. Dezember 2006

Vor drei Tagen ist eine unserer besten Mitarbeiterinnen, eine Spitzenfotografin, deren Einsendung immerhin auf den zweiten Platz des Fotos des Jahres bei *BBC* gekommen ist, in Tränen zu mir gekommen. Sie ist 22, mit 12 hat sie ihr sterbender Vater dem Sohn seines besten Freundes versprochen. Der ist jetzt aus Russland zurück und will sie zur Heirat zwingen. Ihre Familie und seine Familie stehen fest hinter dem Versprechen, einen Bruder hat sie glücklicherweise nicht, nur die Mutter, die zu ihr steht, aber sie zählt nicht. Das Ganze spielt sich mitten in Kabul 2006 ab, alle Beteiligten wohnen in derselben Straße, sind Pashtunen und miteinander verwandt. Die Unglückliche will nun ihrerseits ihrer Familie und sich die Schande ersparen, die ein Bruch des Versprechens bedeuten würde. Ich habe mir das staunend angehört und erstmal dazu geraten, Zeit zu gewinnen und aus dieser Straße wegzuziehen. Aber schon das ist zu viel und unmöglich. Dann lieber irgendwohin in der Welt, wo man nicht sieht, dass sie die Tradition unterläuft.

Einerseits eine sehr gute Fotografin zu sein, also extrovertiert und »aggressiv« der Welt gegenüber, andererseits aber so fest in einer unverbrüchlichen Tradition zu stehen, einerseits die ganze Familie mit ihrem Job bei der UN zu ernähren, andererseits daraus aber keinerlei Rechte zu gewinnen, einerseits mit 22 Jahren nicht von zu Hause ausziehen zu wollen, andererseits aber die Sache mit mir zu beraten – wenn auch in Tränen – das sind Widersprüche, die ich schwer schlucken kann. Ich habe keine Ahnung, wie ich damit umgehen soll. Sie ist wohl schon ein paarmal von der gegnerischen Familie verprügelt worden, also ist auch Gewalt im Spiel, das ist aber von ihr nicht als die Hauptsache angesehen worden – offenbar ist das in der Beziehung zwischen Mann und Frau normal ...

Ich habe keine Phantasie, wie ich die von mir ja oft bevorzugte Lösung finden soll: Zeit gewinnen, abwarten, nichts überstürzen – Tom Cunctator. Denn auch wenn ich ihr ein Stipendium in Kanada beschaffen könnte, ist ja nicht gesagt, ob das was löst, ob der Mann nicht genau dahin auch geht und ob sie außerhalb des Pashtunen-Clans überhaupt lebensfähig ist. Am einfachsten wäre es wahrscheinlich, wenn ich eine Sammlung unter den UN-Kollegen machen und dem Mann eine andere Frau kaufen würde (kostet 3.000 Dollar, wenn sie ungefähr so viel wert sein soll wie die Versprochene).

Alles spricht derweil über die NATO-Konferenz in Riga, dabei ist Riga eigentlich für Afghanistan unwichtig. Die Beschlüsse sind nichts Neues, Afghanistan stand zwar mitten auf der Tagesordnung, aber ergeben hat sich nichts. Das NATO-Bündnis macht keinerlei Anstrengungen, sich auf etwas Neues einzustellen. Die Deutschen halten sich mit 6.000 Soldaten – wenn's hochkommt – für überfordert. Die anderen machen so weiter wie bisher. Aber der Ruf nach den UN ist wieder laut. Multilateralismus wird auf einmal auch von den USA angemahnt. Dabei haben sie hier sowohl den Multi- wie den Bilateralismus. Noch immer sind 5.000 US-Soldaten der NATO nicht unterstellt. Was die eigentlich machen, weiß ich nicht. Aber Geld haben sie.

Vor drei Tagen wollte der Kommandeur, der auf den schönen Namen Freakly hört, mich unbedingt zu einer Tour durch drei Provinzen einladen. Ich bin der Einladung gefolgt, die uns mit dem Hubschrauber zu drei Gouverneuren und ihren Essensangeboten brachte, zusammen mit dem Leiter der Entwicklungsorganisation des State Department, USAID, und meinem zuständigen Büroleiter der Central Region. Wir waren nur Staffage für immer dieselbe Szene: Der Kommandeur lobt den Gouverneur, fragt nach seinen Entwicklungsplänen, dann nach den wichtigsten Projekten – die sind, weil der Gouverneur den Kommandanten kennt und die Afghanen nichts besser können, als sich auf die Unterstützer aus aller Welt flexibel einzustellen, vor allem im Straßenbau angesiedelt. Einer der zuständigen Gouverneure ist sogar vom Fach (Straßenbauunternehmer und -ingenieur!!). Dann fragt der General, ob er dieses Jahr noch Geld ausgeben könnte. (Allgemeines Nicken). Dann gibt es fünf Millionen Dollar pro Gouvernement. Ende. UN und USAID staunen. Bei uns dauert das länger. Wir brauchen mehr Transparenz und mehr Bürokratie, wir überlegen auch länger, wir müssen uns auch immer noch mit den örtlichen Entwicklungskomitees rumschlagen. Die Soldaten dagegen gewinnen »hearts and minds« – also den Krieg. Inshallah.

Zweifler, die denken, dass das Problem wohl eher nicht beim Straßenbau liegt – der Taliban bietet keine Straße an und schon gar nicht dem Gouverneur – oder, dass wir doch eigentlich »Afghan ownership« propagieren wollten, sind Nörgler. Am Abend in Bagram durfte ich den War Room sehen. Science-Fiction ist nichts dagegen. Es sah aus wie auf den Bildern des Computerraums in der NASA-Station, wenn die Rakete zum Mond aufsteigt. Wir gewinnen also den Krieg.

Gestern wurden wir, das heißt der amerikanische Botschafter, der General und ich, zum Präsidenten gerufen. Ein paar von Freaklys Soldaten hatten jemanden erschossen, den sie eigentlich festnehmen wollten. Es hat nicht sollen sein. Der Mann war als Gunman bekannt, der die Gegend terrorisiert hatte, das Gefängnis wäre der richtige Ort für ihn gewesen. Jetzt kam sein Vater, ein Kriegsverbrecher, der ein paar Tausend Taliban gemetzelt hatte, als der Krieg schon vorbei war, wegen seines getöteten Sohnes zum Präsidenten. Und wir dazu.

Jeder serbische Vater, alle Ältesten in Kosovo hätten uns ein langes weinerliches Lied über die Unterdrückung vorgeheult, über die jahrhundertealte Unschuld und Entrechtung. Nicht so der Pashtune. Der betrachtete den Tod seines Sohnes eher als natürliches Dahinscheiden, wie es nicht anders zu erwarten war. (Zwei Tage war's her.) Genauso die mitgebrachten Ältesten. Nur dass man ihn, den Mudjaheddin-Führer, und seinen Sohn, den Sohn des Mudjaheddin-Führers, Kämpfer für Karzai und gegen die Taliban, nicht so weit respektierte, dass man ihre Leistungen anerkennt, dass man nicht gegen ihre Gegner vorgeht, dass man von der Vergangenheit spricht ... das fand er zutiefst ungerecht.

Niemand stilisiert sich hier als Opfer. Noch nicht mal die Mütter – die aber sowieso nichts zu sagen haben – jeder ist Krieger, Kämpfer. Das bringt Glanz ins Haus und in die Familie. Also ist es auch weit ehrenvoller, für fünf Dollar am Tag für irgendjemanden zu kämpfen, als arbeitslos zu Hause zu sitzen. Und wenn's denn der Taliban ist, o.k., und wenn dann gestorben werden soll, auch o.k. In 24 Stunden muss er beerdigt sein und dann geht's weiter. Die Grabstätten werden noch nicht mal gepflegt. Na gut, das mache ich mit denen meiner Vorfahren auch nicht.

3. Dezember 2006

Es schneit. Eigentlich wollte ich nach Feyzabad fliegen, ganz im Norden des Landes. Das wollte ich schon dreimal vorher und kein Mal hat's geklappt. Das erste Mal war schlechtes Wetter, das zweite Mal hatte der Pilot Durchfall und wir haben kein Klo an Bord, und das dritte Mal war die Landepiste nicht in Ordnung, und nun, zum vierten Mal, muss ich absagen, denn seit gestern Nachmittag schneit es. Es schneit pappigen Schnee in dicken Flocken. Einen Monat früher als im vorigen Jahr hat der Winter begonnen. Alle Leute sind nass. Kabul ist wie alle südlichen Städte auf den Winter nicht richtig vorbereitet. Die Leute haben Kleider an, die nicht wasserdicht sind. Die Tücher, die alle Köpfe umhüllen, werden nass, die Füße stecken in Schuhen, die für den Schnee und vor allem für das Wasser nicht gemacht sind, die Soldaten und Wachposten frieren. Überhaupt ist Frieren die Antwort auf den Winter, der uns wohl zwei bis drei Monate verfolgen oder begleiten wird.

Die Straßen weichen auf, auch die Asphaltstraßen, die Aufweichung geht von den Schlaglöchern aus und breitet sich in größeren oder kleineren Seen über die ganze Fahrbahn aus. An den Ecken bilden sich riesige Pfützen, durch die die immer noch zahlreichen Radfahrer vorsichtig balancieren. Viel zu schnell fahrende Autos wirbeln Fontänen von Wasser auf, dem die Fußgänger in der Stadt ängstlich ausweichen, um ihrerseits in irgendwelche Wasser zu treten, die tiefer sind, als sie gedacht hatten. Das Wasser ist braun vom Dreck, der Schlamm ist braun, braun wie die Berge und wie die Häuser und wie die Felder und wie die Dächer und wie inzwischen auch die Bäume und der Rasen – braun, wenn es nicht so viel schneit, dass der Schnee liegenbleibt. Seit gestern Mittag hat der Schnee versucht, so schnell zu fallen, dass mehr runterkommt, als wegtaut, das hat er in der Nacht geschafft. Die Bäume sind jetzt für eine kurze Zeit weiß, die Wiesen auch, in der Stadt ein schnell verschmutzendes Weiß. Immer wieder rafft sich dann der Schnee auf, noch ein bisschen schneller zu fallen, und dann wird wieder alles weißgesäubert. Natürlich versuchen die Autos immer wieder, alles zu vermatschen und zu verdrecken, aber es schneit beharrlich weiter.

Ich sehe aus meinem Bürofenster auf den Garten, der weiß ist, auf die Fichten, die auch weiß sind, ab und zu fallen gewaltige Schneelasten nach unten. Da ist es wässrig, Pappschnee oder Wassermatsch.

Und kalt ist es, im Büro zieht es von irgendwoher. Ich versuche dem mit der Klimaanlage, die rückwärts läuft, Herr zu werden und mit dem Radiator, der auf Hochtouren fährt. Energiesparen ist nicht sehr großgeschrieben, warum auch: Wir werden von einem gewaltigen Generator gespeist, der immer angeht, wenn das städtische Stromnetz zusammenbricht und das passiert alle paar Stunden. Die meisten Leute haben sowieso nur vier Stunden am Tag Strom, das heißt, sie frieren, denn Holz ist teuer. Selbst das Wurzelholz ist noch so wertvoll, dass es mit dem gefällten Baum ausgegraben wird. Offenbar von weither eingeführt, ist es das meistverheizte Holz, denn in Kabul gibt es nur ein paar Bäume, die hoffentlich niemand zum Opfer fallen. Jeder Ast, der herunterfällt, wird aufgelesen und mit nach Hause genommen. Man sieht viele Leute mit Astwerk oder kleinen Knüppeln auf dem Gepäckträger heimfahren: Mutterholz.

Die Sicherheitsposten, die an fast jedem Haus stehen, nicht nur vor UNAMA und ISAF, vor Kasernen und Polizei, haben sich mit Latten und Planen ein kleines Häuschen gebaut, in dem sie sitzen und der Nässe trotzen, ergeben in die Unbilden der Jahreszeiten. Die Uniformen sind nicht für den Regen gemacht. Plastik muss herhalten, um sie ein bisschen dicht zu machen, aber man sieht die Nässe. Und man sieht sie frieren.

»Wer friert, ist dumm, arm oder Soldat«, hat meine Mutter immer gesagt, wenn wir uns mal wieder nicht die Jacke anziehen wollten, wie wir sollten. Arm waren wir nicht, Soldaten hatte ich mit Bewusstsein noch keine gesehen, und dumm, na ja, damit ließ sich leben. Das tat wenigstens nicht weh. Also bin ich mit der dünnen Jacke rausgegangen, die ich lieber mochte. Das Bild des Soldaten hat sich bei mir aber bis heute mit dem Frieren verbunden. Ich sehe sie in allen Straßen, auf allen Plätzen und ich sehe sie frieren.

Natürlich hatte das bei meiner Mutter eine andere Dimension gehabt. Die Kriegswinter, Russland, die Gefangenenlager, aber sicher auch die Wachposten, die Kriegswichtiges beaufsichtigen – das Frieren und Erfrieren war ein Teil des Soldatenlebens gewesen.

Die amerikanischen Soldaten und die Bundeswehr mit ihren dicken Regenkutten dagegen sehe ich eigentlich immer nur schwitzen: unter dem Helm, unter der Panzerweste, dick vermummelt, wenn es mal zieht, und überheizt in den Baracken. Aber die Afghanen frieren. Man wartet, bis Frühling wird. Ich warte auch auf den Frühling.

Es gibt Nischen. Eine habe ich zufällig gestern entdeckt. Unser Gärtner hat in einer Ecke des Hofes ein kleines Gewächshaus, mehr eine Gewächsecke, gebaut, mit Holz, Glas und Plastik. Da überwintern die Geranien und Palmen, die Bäumchen und Topfpflanzen, die nicht winterfest sind. Auch die Wellensittiche der Rumänen, die sie gekauft haben, sind da in zwei Käfigen untergebracht, bis sie ihre Voliere im Garten wieder beziehen können. Und in der Mitte steht ein Radiator, stromgespeist und immer an, damit die Temperatur nicht zu weit absinkt. Und ein Stuhl steht da. Auf dem sitzt nachts der Wächter vom Dienst, der, der innen im Areal aufpassen muss, dass ich nicht gestohlen werde. Nicht alle sind so privilegiert.

Ich bin verwundert, dass die Häuser, das Alltagsleben, die Wachen, das Militär nicht auf Winter eingerichtet sind, nicht mit dem Winter rechnen, wie die Lappen und Sibirjaken, Finnen und auch die Deutschen. Ich dachte immer, es sei eine italienische Unsitte, nicht zu merken, wenn die Tür offensteht und es zieht, den Winter eher als einen misslichen Unfall denn als Regelmäßigkeit zu begreifen. Aber offenbar sind auch in Afghanistan die Häuser nicht für den Winter gebaut, die Fenster nicht dicht, die Räume kalt, die Heizungen dysfunktional, die Kleider eigentlich nicht für Kälte, Nässe und Winter gemacht. Alles ist provisorisch, primitiv, schlampig.

Kein Wunder, dass auch der Krieg aufhört. Es ist immer schon so gewesen: Im Winter wird nicht gekämpft. Oder nicht so richtig. Die NATO meint schon, sie habe gesiegt, die Angriffe werden seltener und weniger grimmig, selbst die Selbstmordattentäter scheinen mehr mit dem Winter als mit den Ungläubigen beschäftigt. Der Talib zieht sich in die Religionsschulen in Pakistan zurück, die Waffen und vor allem die Munition sind irgendwo in den Bergen versteckt und höchst wahrscheinlich eingeschneit. Die Truppenbewegungen über die grüne oder besser die braune Grenze werden von Kälte, Schnee und Matsch behindert.

Auch in der Stadt habe ich den Eindruck, als ginge das Leben langsamer. Die Geschäfte leiden, die Leute gehen nicht vor die Tür, die Regierung ist verschlafen, noch verschlafener als sonst, die Kommunikation leidet, sogar der Computer braucht unendlich lange für jeden Arbeitsschritt: Das liegt an den Parabolantennen, die voll Schnee sind und deshalb nicht so funktionieren, wie sie sollten, sagen uns die Hilfsspezialisten. Ich glaube ihnen wie immer kein Wort, aber die Systeme schleichen, man friert, man leidet ein bisschen und schaltet dann auch zwei Gänge runter, denkt langsamer, geht langsamer, bleibt zu Hause und hat weniger Treffen als sonst.

Der Samowar kommt zu seinem Recht. Er siedet vor sich hin, das dampft die Bude ein bisschen ein, auch die Kohle macht einen winterlich-warmen Geruch. Der Tee ist heiß und tut gut. Fast kommt weihnachtliche Stimmung auf. Termine habe ich heute keine, denn alle anderen sind in Feyzabad,

163

wo ich ja eigentlich sein sollte. Der Flug war erst eine, jetzt ist er zwei Stunden verschoben, wahrscheinlich wird er abgesagt. Am Wochenende hatten sich 30 meiner Mitarbeiter nach Dubai verabschiedet, um ein freies Wochenende ohne Sicherheitsbedenken und auch ohne Winter zu genießen. Jetzt sitzen sie schon den dritten Tag dort fest, weil die Flüge nicht gehen. In Dubai ist es immer noch täglich bis zu 30 Grad und die Temperaturen fallen in der Nacht vielleicht auf 18 oder höchstens 15 Grad. Im ewigen Sommer im Schnee steckengeblieben! Sie sind nur mäßig zerknirscht, wenn sie anrufen und sich entschuldigen ...

Auch wenn man sich nicht auf den Winter eingestellt hat, ist es eigentlich ja sowieso ein Wunder, dass Flugzeuge hier verkehren, und wenn das Wunder dann mal ausbleibt, ist das kein großes Ereignis. Dass man im Dezember, Januar und vielleicht auch noch im Februar nicht fliegen kann und man irgendwo für Tage oder vielleicht auch Wochen steckenbleibt, ist normal und dass man an Weihnachten zwar rauskommt, aber nicht dann, wann man will, ist ebenfalls selbstverständlich. Darauf werde auch ich mich einstellen und dann vielleicht ein paar Tage in Dubai zubringen müssen, oder in Kandahar unterwegs oder vielleicht sogar in Feyzabad.

Ich hoffe natürlich, dass es nicht bei Pappschnee und Nässe, Temperaturen um Null und allgemeinem Ungemach bleibt, sondern dass es richtig kalt wird. Und das ist mit Sicherheit zu erwarten. Aber ob das den Armen und den Soldaten zu wünschen ist, weiß ich nicht. Im Winter muss so viel Schnee fallen, dass es für den ganzen Sommer reicht. Die Flüsse speisen sich auch im Sommer von dem Wasser, das, am besten als Schnee, im Winter auf den Bergen fällt. Je länger und je mehr es schneit, je länger der Winter hält, umso besser wird die Ernte.

1. März 2007

Es gibt eigentlich nicht viel Neues zu berichten, was nicht schon in allen Zeitungen steht.

Aber was ist das Neue?

Der Kapitalismus geht mal wieder weltweit seinem Untergang entgegen ...

Der Stein, den sie erhoben haben, wird ihnen auf die eigenen Füße fallen ...

Sieg im Volkskrieg ...

Aber wer soll siegen und vor allem wie?

Am Freitag haben sich die alten Kämpfer, die Djihad-Führer, die Warlords im Stadion zusammengerottet, mit 8.000 bis 40.000 ihrer Mannen – je nachdem, wer mit welchem Interesse gezählt hat – und haben auf UNAMA geschimpft.

Es gab Spruchbänder:

Nieder mit Bush – das geht ja noch.

Nieder mit den USA – das bleibt auch noch im Rahmen des weltweit Üblichen, aber

Nieder mit Human Rights – das geht zu weit.

Human Rights Watch und Saddam Hussein haben die alten Kämpfer zusammengebracht, zum ersten Mal seit der Rückeroberung des Landes von den Taliban. Sie hatten sich vorher schon wochenlang im Intercontinental-Hotel getroffen und Ränke geschmiedet.

Eigentlich gab es auch für sie nichts Neues. Ein Bericht über die Untaten der Warlords, den UNAMA aus veröffentlichten Materialien vor zwei Jahren mal zusammengestellt hatte, liegt bis heute noch immer unveröffentlicht in der Schublade. Der Bericht ist dem Präsidenten übergeben worden. Das war irgendwann 2005, vor der Parlamentswahl jedenfalls. Der Präsident hat es nicht für gut gehalten, das vor der Wahl zu veröffentlichen und der Bericht ist liegengeblieben. Auch später gab es keinen Moment, wo sich der Präsident hätte entschließen können, ihn zu veröffentlichen.

Vor drei Monaten hat dann Human Rights Watch (HRW) einen weiteren Bericht auf der Grundlage desselben Materials veröffentlicht. Da standen Namen der vermutlichen Täter und Daten der Verbrechen drin. Und dann wurde Saddam Hussein gehängt. Das hat den Warlords einen Riesenschrecken eingejagt, und sie haben sich zur Offensive entschlossen. Und zwar – das ist das Neue – gemeinsam. Höhepunkt war nun am vorigen Freitag.

In den beiden Wochen zuvor hatten sie eine Resolution durchs Parlament gepeitscht, die die Djihadi-Führer preist, allen Böses androht, die sie nicht respektieren, ihre historischen Verdienste würdigt und allen Gruppen und Parteien, die in den letzten Dekaden Kriege gegeneinander geführt haben, Versöhnung und Schutz vor Verfolgung verspricht.

Nun ist es nicht unüblich, dass die Kriegführung nach dem Friedensschluss strafrechtlich nicht mehr verfolgt wird. Schließlich ist es ja nicht verboten, wenn Soldaten oder andere »legitime« Kämpfer aufeinander schießen und sich gegenseitig kunstgerecht abmurksen. Das ist weltweit so und sogar in der Genfer Konvention so vorgesehen – Krieg eben.

Wo der Spaß allerdings aufhört, ist bei Kriegsverbrechen, Untaten an der Zivilbevölkerung, Grausamkeiten, die das übliche Maß eines Krieges überschreiten: Rauben, Morden und Brandschatzen, Vergewaltigen, Massakrieren von Wehrlosen, Frauen und Kindern. Diese Verbrechen können nach internationalem Recht nicht amnestiert werden, auch nach islamischem Sharia-Recht nicht. Die müssen vor Gericht verfolgt werden, und erst nach einem Gerichtsurteil kann ihnen vergeben werden, das aber nur von den Hinterbliebenen der Opfer.

Der Parlamentsantrag ist unscharf formuliert, ob es nur um Gruppen geht und nur um kriegerische Handlungen, ob der Rahmen der Genfer Konvention gewahrt wird oder überschritten, das steht im Text, der auch sonst viele Ungereimtheiten hat, nicht eindeutig. Manche Teile sind ganz vage, manche ganz präzise. Immer kann einer sagen, so sei das Ganze nicht gemeint gewesen.

Das ist im Schnellgang an irgendeinem Nachmittag dann durch das Unterhaus gegangen, nach einigen Diskussionen auch durchs Oberhaus, und nun liegt der Text beim Präsidenten zur Unterschrift.

Die Demonstration war dazu da, den Präsidenten zu dieser Unterschrift zu drängen. Wenn er das nicht tut, dann geht das Gesetz ans Parlament zurück und kann dann mit einer Zweidrittelmehrheit durchgesetzt werden. Ob es allerdings zu der kommt, ist nicht klar. Und dann ist noch die Verfassungsmäßigkeit zu klären. Der Oberste Richter zweifelt.

Diese Sache hat die alten Mudjaheddin wieder auf den Plan gerufen: Vereint, wie sie gegen die Russen gekämpft haben, allerdings ohne die Taliban. Denen ist auch Straffreiheit zugesichert. Das Ganze läuft unter der Fahne: Ehre unserer Geschichte, Würde für die Protagonisten und Versöhnung für alle, die gekämpft haben, auch für die, die noch kämpfen. Ein Ölbaumzweig? Ein Palmwedel?

Das Beharren auf Gerechtigkeit für die Opfer und auf Gerichtsbarkeit für die Täter, die Kriegsverbrecher und Massenmörder, wie es UN-üblich ist, von UNAMA, von mir, um ganz genau zu sein, aber auch von der afghanischen Menschenrechtsorganisation und vom Außenminister hat wütende Reaktionen hervorgebracht. So wurden wir auf der Kundgebung angegriffen, in der Schlussresolution komme ich höchstpersönlich vor und in den Gerüchten wird von einer maoistischen Verschwörung (Spanta war zwar vor langer Zeit mal Maoist – ich aber nie) gemunkelt.

Wir hatten eigentlich nicht damit gerechnet, dass die Demonstration ganz friedlich abläuft. Ein kleiner Teil der großen Massen hat versucht, sich in Richtung UNAMA zu formieren, aber das hat die Polizei sehr wirkungsvoll verhindert.

Unsere rituelle Vorbereitung für unsichere Tage besteht immer darin, dass wir uns an den vorgeschriebenen Orten

mit einem kleinen Koffer einzufinden haben, um schlimms-
tenfalls evakuiert werden zu können. Ich habe also auch
meinen Palast am vergangenen Freitag mit all meinen Rumänen verlassen und ihn den örtlichen Wachen anvertraut.
Das war um 6 Uhr morgens. Um 3 Uhr nachmittags waren
wir dann wieder zurück.

Und jetzt wird politisch überlegt, finassiert, geredet und
geplant. Auf allen Seiten.

Die Djihadi-Führer haben ihre Stärke gezeigt, vor allem
die Möglichkeit, sich zusammenzuraufen. Das ist erstaunlich, denn schließlich hatten sie und ihre Leute sich ja Dekaden lang gegenseitig massakriert. Aber die Bedrohung
durch die Taliban unten im Süden und Human Rights Watch
(durch die Saddam-Hinrichtung mehr in der Halsgegend)
und der Wunsch nach Würdigung ihrer Verdienste oben im
Kopf hat sie vereint. Wer weiß, wie lange.

Die Kundgebung war nicht direkt regierungsfeindlich.
Karzai wurde aufgefordert, die Resolution zu unterschreiben, der schärfste Redner, Sayyaf, rief zum friedlichen Ab-
lauf auf. Scharf war er nur gegen uns.

Der Präsident ist sehr verunsichert. Ist sich – wahr-
scheinlich zu Recht – auch seiner engsten Umgebung nicht so
ganz sicher. Jeder macht irgendwie auf eigene Faust Politik.
Spanta ist beunruhigt, denn er wird wirklich angegriffen.
Der Präsident hat ihm gesagt, er dürfe sich nicht mehr zu
Menschenrechtsfragen äußern. Einer der Gründe, warum
er so angefeindet wird, ist, dass er Abdullah Abdullah als
Außenminister abgelöst hat, einen der Sprecher des ermor-
deten Ahmed Shah Massud. Er saß natürlich auch auf der
Tribüne.

Der Präsident laviert. Kriegt von so vielen Seiten Druck,
auch von uns, dass er sicher versuchen wird, einen Kompromiss zu finden: die Warlords hochleben lassen, die Versöhnung feiern, die Resolution aber so abfassen, dass sie mit
der Verfassung und einigermaßen auch mit den internatio-

nalen Menschenrechtsstandards übereinstimmt. Ob das den Kriegsfürsten genügt, wird sich zeigen.

Ich habe einen, Mohaqiq, schon gesprochen. Allerdings hat er nicht viel gesagt. Sie sagen alle, dass eine Amnestie für Verbrecher nicht beabsichtigt wäre, wieso auch ... dass sie die Regierung stabilisieren wollen ... dass sie es irgendwie nicht so gemeint haben. Ich müsste eigentlich mit allen von ihnen reden. Schon um zu wissen, wo das hinläuft, aber irgendwo ist die Schmutzgrenze erreicht. Mit Dostum, der nicht nur Verbrechen begangen hat, sondern sie auch noch weiter begeht, rede ich nicht. Atta hat sich klugerweise nicht beteiligt, mit den beiden Vizepräsidenten muss ich naturlich sprechen, aber ob ich mich mit Sayyaf anlege, weiß ich nicht.

Da das Machtgefüge so komplex gewebt ist, kann mir auch New York nicht helfen. Wir berichten, aber viel kommt nicht zurück. Ich weiß nicht so richtig, ob das UNAMA bedroht. Schön ist es jedenfalls nicht. Irgendwie kommt es dem worst case ein wenig näher: im Süden Krieg mit Vorteilen für die Taliban und der Norden in der Hand der alten Kriegsfürsten, die ihre Macht mit Gewalt und gegen die Leute ausüben, fürs Geschäft und für ihre Truppe, begleitet von ständigen kleineren Ausbrüchen von Rivalitäten. Recht und Gesetz leiden, die Droge blüht und die Armut wächst auf dem Land.

Natürlich legt auch die Kriegslage im Süden es nahe, dass sich die Kriegsfürsten im Norden selbständig machen und weder auf die NATO noch Karzai zählen, auch wenn sie nichts gegen ihn unternehmen. Den lassen sie in Kabul residieren. Wo dann – außer im Humanitären – die Rolle für uns bleibt, weiß ich nicht. ISAF sagt, dass 2007 so gewalttätig werde wie 2006. Das entscheidende Jahr soll 2008 werden – heimlich wird die Hoffnungslinie nach hinten verschoben.

Es ist erstaunlich, wie in einem einzigen Jahr auch auf der Seite der NATO das Klima sich wandelt. Immer mehr drängen die Soldaten in Bereiche vor, wo sie glauben, dass ihnen Erfolg zuwachsen könne, und man kann es ihnen eigentlich auch nicht versagen, denn die Entwicklungshilfeorganisationen können in den Süden nur mit Hilfe der Militärs vordringen. Wo Taliban ist, ist keine NGO mehr, keine GTZ und kein USAID. So übernehmen die Soldaten gern Funktionen, von denen sie eigentlich keine Ahnung haben – Straßenbau, Aufbau der Verwaltung und sogar Ausbildung von Richtern. Das kann nicht gut gehen. Ob es schadet, kann ich nicht sagen. Wo nichts ist, ist auch das Wenige willkommen. Dazu haben plötzlich die Soldaten das meiste Geld, die Amerikaner rechnen die Hilfe in Milliarden. Und die kommt über den Verteidigungshaushalt, übers Pentagon rein. Der liebe Onkel Sam.

10,6 Milliarden Dollar wollen die Amerikaner zusätzlich geben. Das ist mehr, als alle anderen zusammen haben, einschließlich der Afghanen. Das macht sie nicht nur zum Mehrheitsaktionär – das waren sie schon vorher –, sondern sogar zum 67%igen. Da lässt sich von UN-Seite nicht mehr viel koordinieren, es sei denn, die USA wollen sich koordinieren lassen. Das sieht nicht so aus.

Wir sind im Stress – aber nicht durch die Lage. Wir müssen den halbjährlichen Bericht des Generalsekretärs an den Sicherheitsrat schreiben. Das bedeutet immer ein Marathon an Sitzungen und Abstimmungen, der über Wochen alle Kräfte verschleißt – vor allem auch Albertos. Dazu noch müssen wir den Besuch der Obrigkeit in Form des Leiters der Peacekeeping-Abteilung Jean-Marie Guéhenno vorbereiten – wieder Alberto. Also kommen wir zu nichts Vernünftigem. Die internen Termine nehmen überhand. Deshalb habe ich drei Reisen in die Provinz geplant: Herat, Feyzabad und Badghis. Immer nur für einen Tag. Danach noch eine Rundfahrt durch den Norden – alles mit dem neuen Hubschrauber. Nieder mit dem Büro – das hätten die Kriegsfürsten rufen sollen.

Wo geht die Reise eigentlich hin? Mit solchen Unsicherheiten zu leben, ist stressig. Es strengt einfach an. Das weiß ich noch vom Kosovo. Das offene Mandat, Endzustand ungeklärt.

Dabei wusste ich irgendwie immer, dass das in der europäischen Gemeinschaft und mit einer Form der Unabhängigkeit des Kosovo enden muss. Hier in Afghanistan weiß ich so etwas nicht. Der Grad der Unsicherheit ist viel höher. Und die ständigen schlechten Nachrichten aus dem Süden machen einem doch zu schaffen, auch wenn man abstumpft.

Wenn ich den Sicherheitsbericht, den wir einmal die Woche vorgeführt bekommen, vor einem Jahr so gehört hätte, dann hätte ich mich wohl sehr erschreckt. Jetzt ist der letzte Selbstmordattentäter, der gestern vor der US-Kaserne in Bagram 24 Leute mit in den Tod gerissen hat – drinnen saß derweil der Vizepräsident der USA – eigentlich nur eine von vielen schlechten Nachrichten: Ja, die Taliban ... Und der letzte war es auch nicht: heute schon wieder zwei.

Ich arbeite an unserem Projekt einer Untersuchung über die Selbstmordattentäter in Afghanistan. So recht dafür begeistern konnte ich meine Leute noch nicht. Ich bin immer noch der, der am meisten Zeit dafür aufwendet, am meisten Literatur liest, am deutlichsten weiß, worauf es hinauslaufen soll. Das kann nicht so bleiben. Wir müssen Teams bilden, die Interviews machen, Außenseiter finden, mit denen wir reden können, die mehr Informationen haben. Ich könnte meine ganze Zeit damit verbringen. Heute hatten wir einen Termin zum Thema, der mich so unwissend und hilflos hinterlassen hat, wie ich vorher war. Ich würde dem Thema gerne Priorität einräumen. Ich bin erstaunt, wie wenig Interesse ich finde, als hätten sie alle vergessen, dass sie studiert haben. Es ist nicht die Wissenschaft, die ich suche, mehr die journalistische, vielleicht auch die literarische Seite. Ich habe noch kein gutes literarisches Buch über die Selbstmordattentäter gelesen. Updike – da bin ich nicht über die ersten Seiten hinweggekommen. Vielleicht tue ich ihm Unrecht. Und Forsyth ist nicht mein Fall, auch wenn »The Afghan« gut anfängt.

15. März 2007

Ich hatte eine anstrengende Woche, denn die Obrigkeit aus New York war da, zwölf Termine täglich, Alberto hat sich in der Organisation selbst übertroffen und alles ist gut gegangen. Ich kann aber nicht sagen, dass solche Besuche sehr produktiv seien. Lieber wäre ich vielleicht allein herumgefahren und hätte nur sechs Termine täglich gehabt. In New York muss ich den Sicherheitsrat unterrichten. Ich weiß noch nicht, was ich sagen soll. Wir haben gerade mit unheimlichem Aufwand unseren Halbjahresbericht geschrieben. Mehr gibt es eigentlich nicht zu sagen. Es sind 18 Seiten. Und dann muss ich noch jede Menge sonstiger Leute treffen, denen ich sage, was sie genauso gut in unserem Bericht lesen könnten, aber nicht machen, weil er 18 Seiten lang ist.

Also heute Nacht um 2 Uhr von Dubai nach New York. Da habe ich nach 14 Stunden Flug gleich ein paar Termine im Headquarter und dann ist Wochenende, auf das ich mir alles gelegt habe, was zu schreiben, lesen und erarbeiten ich für die Woche in New York und Washington brauche, für die Vorbereitung der Termine und natürlich für das Guggenheim, das MOMA, den Central Park bei hoffentlich gutem Wetter, die Buchhandlungen und Cafés. Dann den neuen Generalsekretär, eine Viertelstunde wie immer oder auch nicht. Er hat mir meinen Vertrag für ein Jahr verlängert, da soll man nicht undankbar sein. Sonst macht er gerade noch keine so gute Figur, diplomatisch gesagt: Das richtige Gleichgewicht zwischen Unabhängigkeit und Abhängigkeit von den USA ist noch nicht gefunden.

3. Mai 2007

Die schlechten Nachrichten aus Afghanistan wirken nach – der Höhepunkt der schlimmen Ereignisse war eigentlich im vorigen August und September mit den Taliban-Angriffen – dem Tiefpunkt der Hoffnungen.

Wir waren alle überrascht gewesen, dass der Talib sein schmutziges Haupt plötzlich wieder erhebt. Wo er herkommt, haben die Afghanen schnell ermittelt: aus Pakistan. Das sieht der Präsident dort natürlich anders. Die NATO war überrascht, die Afghanen waren überrascht und die engagierte internationale Gemeinschaft war überrascht.

Eigentlich erst in der Mitte des Jahres hatte man sich schließlich mit der Analyse abgefunden, dass es ein Aufstand ist und nicht kleine Grüppchen von Terroristen sind.

Wir haben uns ja schon lange an der pakistanischen Regierung gerieben, wenn wir gesagt haben, dass die Taliban dort Rückzugsräume, Unterstützung und Ausbildung finden. Pakistan ist bis heute im »state of denial« geblieben. Inzwischen glaubt aber keiner mehr daran, dass es diese sanctuaries, dies Hinterland, dort nicht gibt. Im Grenzgebiet schreitet auch die kulturelle Talibanisierung voran. Die den Taliban nahen politischen Parteien haben die Mehrheit in den Grenzprovinzen, es wird auch öffentlich zum Befreiungskrieg aufgerufen. In Peshawar kann man Waffen und DVDs der Taliban offen kaufen und in Waziristan beherrschen die Taliban Politik und Verwaltung, Macht und Meinung. Gerade vorige Woche haben sie versucht, den pakistanischen Innenminister in seiner pashtunischen Heimatgemeinde bei einer öffentlichen Rede in der Nord-West-Front-Provinz (NWFP) vermittels eines Selbstmordattentäters in die Luft zu sprengen – 30 Tote und noch viel mehr Verletzte. Innenminister Sherpao, den ich mehrmals als freundlichen und verständigen Menschen kennengelernt habe, ist leicht verletzt davongekommen. Natürlich ist unter Musharraf kein Minister ein Held der Demokratie und Menschenrechte, aber er sollte doch lieber einer freien Wahl zum Opfer fallen, nicht dem – vermutlichen – Taliban-Terror.

Von Dany Cohn-Bendit ins Europaparlament eingeladen, habe ich zu erklären versucht, dass die Taliban eine politische Bewegung sind, auch wenn sie terroristische Mittel anwenden, und gefragt, ob man nicht mit ihnen verhandeln sollte. Zu letzterem Thema hatte sich gerade Kurt Beck, der deutsche Ober-Sozialdemokrat und ein netter (Problem-)Bär, in die Nesseln gesetzt.

Natürlich sind die Taliban eine politische Bewegung, auch wenn sie Terroristen in ihren Reihen haben und sich streiten lässt, wie viel politische Unterstützung sie haben. Sie sind ein Teil des politischen Islam, der fast weltweit agierenden fundamentalistischen Bewegung, inspiriert von den großen Erfolgen seit 9/11: Wahlsieg der Hamas, Erfolg der Muslim Brotherhood in Ägypten, Erfolg gegen die Koalition im Irak, Einflussgewinn in Pakistan und vor allem in Pakistans Norden.

Die Bewegung sieht sich, vielleicht von taktischen Niederlagen wie dem Verlust von Afghanistan und Irak an die Amerikaner zumindest zeitweise gebremst, wieder auf dem Vormarsch, im Irak, in Afghanistan und im Libanon, auch in Iran vielleicht und sogar teilweise auf dem Balkan. Denn dort gibt es mit Bosnien und Kosovo fast selbständige muslimische Staaten.

Es braucht kein Fernsehen, um all die, die an einen fundamentalistischen Islam glauben, davon zu überzeugen, dass Fortschritte gemacht worden sind in den letzten 15 Jahren. Auch in der Öffentlichkeit, in den täglichen weltweiten Debatten ist der Islam plötzlich wieder auf der Tagesordnung. 9/11 war da ein ganz entscheidender Schritt, vor allem im medialen Sinne.

Eine politische Bewegung sind sie aber auch durch ihr Programm, im Heiligen Krieg das System in Afghanistan zu stürzen, durch ein islamisches Kalifat zu ersetzen, der US-Außenpolitik Widerstand zu leisten und das Heimatland von den »Besetzern« zu befreien.

Nicht nur von den Besetzern, sondern auch von den Modernisierern, von den Säkularisten, von den Internationalisten, vom »Fortschritt« der Internationalisierung der (»unmoralischen«) Medien, von den fremden (und verlotterten) Sitten.

Es fällt manchen Diskussionspartnern offenbar schwer zu akzeptieren, dass auch verbrecherische Bewegungen, die einem zuwider sind und die man bekämpft, politische Bewegungen sind.

Ich bestehe da so drauf, weil man mit der Reduzierung auf »Terroristen« immer auch gleich meint, dass man mit denen nicht reden soll oder kann. Mit Terroristen verhandelt man nicht – sondern bekämpft sie, scheinbar am besten militärisch.

Nun sind die Grenzen zwischen verärgerten Afghanen, die sich von der Regierung und ihren Beamten entweder nicht vertreten oder benachteiligt fühlen, und harten Taliban, wie sie das vorige Regime bestimmt haben, vollkommen fließend. Man weiß eigentlich von sehr vielen Leuten nicht, warum sie jetzt bei den »Demokraten« und nicht bei den Fundamentalisten sind, warum sie für Karzai oder für eine der Oppositionsparteien sind und nicht für die Taliban.

Taliban ist oft nicht viel mehr als eine Mode, eine Lebensart, eine Kultur und keineswegs eine politische Organisation, sondern hat alle möglichen Formen. Es erinnert mich diesbezüglich (und nur diesbezüglich) sehr an unsere APO-Bewegung in den sechziger Jahren des vorigen Jahrhunderts (hier spricht der Opa), die eigentlich auch nicht viel mehr verband, als die feste Vorstellung, es müsse alles radikal anders werden, und nur eine vage, wie es werden sollte. Dennoch hat sich vom Erfolg des vietnamesischen Volkes auch der letzte Jugendliche in irgendeinem Dorf noch inspiriert gefühlt, auch wenn er keine Ahnung hatte, was er nun eigentlich mit dem zu tun hatte. Und das weltweit, von Chile bis Berkeley, von Guatemala bis Berlin, von Frankfurt bis Paris, sogar Prag, Warschau usw. (auch wenn das keine Dörfer sind).

Die Frage, ob man die Vorstellungen der Taliban nun teilt, berechtigt findet, verbrecherisch oder nur falsch, erfolgreich oder verloren, bescheuert oder heilig, berührt die Qualität des Politischen als Politisches nicht.

Wenn es eine politische Bewegung ist, dann muss man, wenn man was dagegen hat, sie nicht nur, aber auch politisch bekämpfen. Und damit tun wir uns schwer.

Ich plage mich damit herum, wie wir einen integrierten Schlachtplan entwerfen könnten, einen, der politisch, diplomatisch, entwicklungspolitisch, wirtschaftlich, demokratisch und militärisch stimmt, der alle Aspekte umfasst und unsere Entwicklungshilfe in die Debatte genauso einbezieht wie das Militär, die afghanische und die internationale Gemeinschaft.

Die New Yorker Obrigkeit, die 18 Peacekeeping-Missionen betreibt und in der Regel auch den militärischen Teil umfasst, der hier ja unter der NATO versammelt ist, ein eigenes Mandat und eine eigene Kommandostruktur hat, hat uns erklärt: Bevor sie zum Beispiel im Kongo eine Operation starten, wo solch eine Mission mit integriertem Militär agiert, überlegen sie sich alle diese oben benannten Aspekte und natürlich auch die Sicherheitsaspekte. Sie alle zusammen bestimmen dann, wie und wann und ob der Einsatz sich lohnt. Das ist in Afghanistan anders. Da arbeiten die Militärs für sich und die Zivilen, also wir, für uns. Eine Ebene, wo das zusammenläuft, gibt es nicht. Dazu kommen noch sehr verschiedene militärische Kommandostrukturen, die nur teilweise integriert sind.

Täglich schlagen irgendwo im Lande die Antiterrortruppen zu, die von den Amerikanern mit einer vollkommen eigenen Struktur betrieben werden. Sie suchen Terroristen. Wenn sie von welchen wissen, Taliban oder Al Qaida oder sonst wem, machen sie eine Durchsuchung, schmeißen eine Bombe oder versuchen sonstwie der Terroristen habhaft zu werden. Sie arbeiten auf der Grundlage von Geheimdienstinformationen, die leider manchmal falsch sind. Auch sind die Bomben oft nicht so gezielt, dass keine Zivilisten dabei umkommen. Das empört natürlich die Afghanen. Aber auch sonst gibt es zivile Opfer. Je härter die Aktion, desto mehr. Das ist so in jedem Krieg. Ob aber zum Beispiel die Verhaftungsaktionen, die zunehmend böses Blut in der Bevölkerung schaffen und den Taliban Wasser auf ihre schmutzigen Mühlen leiten, mehr Taliban hinter Schloss und Riegel bringen, als sie vielleicht neue produzieren oder provozieren, wird nirgends richtig abgewogen. In manchen Fällen weiß auch die eine Hand nicht, was die andere tut, oder die eine Kanone nicht, wo die andere hinschießt. Da gibt es die Special Forces der unterschiedlichen Nationen, die Krieger gegen den Terror, die Coalition Forces und dann noch die ISAF auf der internationalen Seite, auf der afghanischen die Afghanistan National Army (ANA) und die Afghanistan National Police (ANP) und dann noch Söldner, die unter irgendeinem oder keinem nationalen Kommando stehen. Und schließlich die Sicherheitsfirmen nationaler und internationaler Art, die entweder kriminell sind oder im Auftrag von unbestimmten Ordnungshütern arbeiten.

Gerade gibt es wieder viele Fälle, wo Häuser zerbombt worden sind, die Frauen und Kinder unter sich begraben haben, von Militärkonvois, die wild um sich schossen und Zivilisten trafen, oder von Verhaftungsaktionen, die Unschuldige getötet, verletzt oder nach Guantánamo gebracht haben. Das empört. Das schafft den Taliban Stoff zur Agitation, das verärgert ganze Dörfer, Stämme und Familien.

Einigermaßen hilflos machen wir, UNAMA, zu denen die Leute in ihrer Not kommen, dann Berichte, die wir mit den Militärs besprechen, die wir auch der Regierung zeigen und von denen wir hoffen, dass sie helfen, solche Fälle in Zukunft zu vermeiden. Selten erzielen wir einen Erfolg, denn meist haben die Militärs eine andere Meinung, finden, alles sei richtig gelaufen, der Krieg fordere seine Opfer und die Taliban seien viel schlimmer.

Das letztere stimmt natürlich und von den 1.000 Zivilisten, die im vorigen Jahr dem Krieg zum Opfer gefallen sind, gehen drei Viertel sicher auf das Konto der Taliban, die sich nicht groß um solcherlei Feinheiten kümmern: Seit 9/11 sind alle Feinde, die nicht Mit-Moslems sind, und die Mit-Moslems, die bei einer Aktion des Djihad umkommen, kommen mit in den Himmel. Auch diesbezüglich hat 9/11 viel verändert.

Dennoch werden die zivilen Opfer, die wir verantworten, das heißt wir als internationale Gemeinschaft, die NATO oder die USA, deutlicher gesehen und diskutiert. Das ist ein großer Erfolg, denn im Zweiten Weltkrieg mit seinen Bombenteppichen war das noch kein bisschen der Fall. Heute ist jeder Zivilist, der umkommt, eine Anklage gegen den Krieg. Das ist gut. Umso mehr Legitimationsschwierigkeiten hat ISAF natürlich: bei den Afghanen und in ihren Heimatländern. Jeder Einsatz, den man ja im Fernsehen oft bis in die Einzelheiten hinein sehen kann, wird verfolgt und diskutiert.

Da die »Besetzer« eines der Themen sind, die die Taliban motivieren bis ins letzte Dorf hinein, ist deren Verhalten natürlich politisch höchst relevant. Die Toleranz den ausländischen Soldaten gegenüber ist viel geringer als die gegenüber den Afghanen. Deshalb hat Karzai gebeten, Verhaftungen, Hausdurchsuchungen und dergleichen den afghanischen Soldaten zu überlassen. Denen misstrauen die Amerikaner, aber auch die anderen Soldaten, und fürchten, dass sie die Verhaftung nicht hinkriegen oder sie vorher verraten. Auch die gemeinsame Truppe ist nicht sehr erfolgreich, denn noch immer wird die Schuld am Fehlverhalten den Ausländern angelastet.

Vom Standpunkt der Menschenrechte ist natürlich die Afghanisierung des Konflikts kein wirklicher Erfolg, denn die Afghanen sind kein bisschen zimperlich und das haben sie nicht von den Amis gelernt. Foltern und morden konnte man in diesen Breiten schon immer. Rauben und brandschatzen auch.

Nicht nur die zivilen Opfer sind Anlass für die Suche nach einer integrierten Strategie. Dahinter steckt die Frage nach dem Erfolg insgesamt.

Wenn das eine politische Bewegung ist, die um die politische Führung kämpft, dann können ihnen eigentlich nur die Afghanen selbst gegenübertreten, können nur sie mit ihnen um die Führung konkurrieren. Noch nie hat eine ausländische Kraft einen inländischen Aufstand besiegt. Also müssen es die Afghanen machen. Die haben aber oft durch ihre korrupte Regierungskunst das Problem erst geschaffen oder verstärkt. Die Hälfte allen Ungemachs im Süden ist schlechter Regierungsarbeit geschuldet. Wenn nun die Waffen eine Region, ein Dorf, einen Distrikt oder eine Provinz freigekämpft haben, dann müsste gleich eine gute, effiziente und wohltuende Regierung einrücken. Woher soll die aber hier kommen? Die UN kann sie nicht ersetzen, wie wir das eine Weile im Kosovo gemacht haben. Dazu ist das Land zu groß und sind die Leute zu erbarmungslos unabhängig. Das würden sie kein Jahr lang ertragen.

Geht das gut? Kann das gut gehen?

Immer wieder überfällt einen natürlich der Frust, wenn schon wieder die Falschen getroffen werden, die Falschen regieren und die Falschen Fortschritte machen. Vorige Woche habe ich meine Kollegen gebeten, eine Prognose der Sicherheitslage in zwei Jahren zu machen. Das wollte ich nach New York schicken, damit sie sich wenigstens mit einer kühnen Abschätzung, einem beherzten Raten, wie es denn sein könnte, auseinandersetzen. Nach dreitägiger Arbeit ist ein so negatives Produkt rausgekommen, dass ich sie alle zusammengerufen habe, und sie gefragt habe, warum sie denn immer noch in Afghanistan sind, wenn alles den Bach und den Berg – nein, den Berg und den Bach, in dieser Reihenfolge – runtergeht. Warum sie sich noch nicht die Kugel gegeben haben. Nach einer Weile Schweigen haben dann alle gesagt, so hätten sie es auch nicht gemeint, und haben dann geschrieben (eine Meinung, die ich teile), dass alles ziemlich so bleiben wird, wie es ist, ein Sauhaufen, Unsicherheit und Kampftätigkeit auf hohem Niveau und es wird nur besser, wenn es bis dahin gelingt, die afghanischen Sicherheitskräfte so weit auszubilden und auszurüsten, dass die den Konflikt selbst ausfechten können, mit der internationalen Gemeinschaft, deren Soldaten und deren Entwicklungshilfe, deren UN und GTZ im Hintergrund.

Das zu hoffen ist einigermaßen realistisch: Die Amerikaner, unser Mehrheitsaktionär, haben ihre finanziellen und militärischen Mittel erheblich aufgestockt. Offenbar soll die Niederlage im Irak in Afghanistan ausgeglichen werden. Das ist gut. Auch die Engländer und die Polen haben ihre Truppenstärke vergrößert. Die EU schickt 250 Polizeiausbilder. Nicht viel, aber auch was. Die englische Botschaft wird verstärkt, die polnische eröffnet ebenso wie einige kleinere Botschaften. Das heißt, das Interesse steigt, der Einsatz wird erhöht. Jetzt müssen nur noch die Afghanen mitmachen.

Leider gibt es auf der Seite von Pakistan nicht viel Gutes: Im benachbarten Waziristan haben sich die Taliban mit den usbekischen Terroristen, die dort vor Jahren eingesickert sind, beschossen. Die Taliban haben gewonnen und spielen sich jetzt der Regierung gegenüber, die sie unterstützt hat, als die Ordnungshüter auf. Ich glaube, der Preis ist freie Hand in Afghanistan. Ich bin gespannt, wann die neuen Kämpfer ankommen.

Die Drogenernte steht vor ihrem Ende. Dann kommen alle, die dort als Erntehelfer gebunden waren, wieder aufs Schlachtfeld zurück. Das wird den Konflikt zum August/September hin wieder beleben. Und schließlich ist die Zahl der Selbstmordattentäter, die sich im vorigen Jahr gegenüber dem vorvorigen verachtfacht hat, in den ersten vier Monaten diesen Jahres schon wieder um hundert Prozent gestiegen.

Ich habe öffentlich gesagt, man solle mit den Taliban verhandeln. Schließlich muss die UN auch mit Kriegsverbrechern reden, wenn sie Frieden machen will. Das ist nicht gut angekommen. Aus den verschiedensten Gründen. Unter den Diplomaten haben sich die Russen und Inder aufgeregt. Beide unterstützen eine politische Organisation, die sich aus der alten Nordallianz gebildet hat und eine Reihe von alten Warlords umfasst, von denen jeder Einzelne nicht mit der Feuerzange anzufassen ist, die aber ein ganz gutes Programm zustande gebracht haben. Beide Botschafter glauben, eine Einbeziehung der Taliban ins politische Geschehen, und sei es auch nur in Gesprächen, werde sie wieder an die Macht bringen. Sie sehen das »Angebot« als Aufweichen der Fronten an, die mitten durch Afghanistan laufen, und den Iran, den Norden des Landes und die nördlichen Nachbarn mit Indien verbinden. Gegen Pakistan.

Erstaunlicherweise hatte der Präsident nichts gegen meine Äußerungen, wohl aber Rangeen Spanta, der Außenminister. Er hat sich in einer ziemlich scharfen Äußerung Luft gemacht und findet, ich hätte keine Ahnung, womit er vielleicht Recht hat. Die Amerikaner sind nicht glücklich, wenn man ihre Totalverdammung durchbricht, weil das in den USA nicht gut ankommt. Außerdem ist der Botschafter auf den Anti-Drogenkampf fixiert. Und wo das nicht ein Thema ist, wie in den meisten meiner Reden, is no good.

Bei UNAMA habe ich Ärger, meine hochgeschätzte Stellvertreterin Ameerah Haq verlässt uns nach vier Jahren. Das kann ich zwar verstehen, aber es ist ein herber Verlust.

New York will, dass ich viel reise. Es wird mir immer mehr zum ermüdenden Ärgernis. Ich versuche, jedes Mal zwei Tage Urlaub einzubauen, in Peking, in Tokio. Das sind Städte, in die ich wahrscheinlich so bald nicht mehr komme. Das soll alles im Juni steigen

12. Juni 2007

Dass der große Bush jetzt schon in das kleine Albanien fahren muss, um gefeiert zu werden! Soll er denen doch seinen Raketenschild verkaufen. Da ist sicher auch Putin mit einverstanden.

Derweil kriege ich von New York merkwürdige Anweisungen. Jetzt wollen sie erst zu den Europäern gehen, mit der EU-NATO eine Strategie verabreden und dann die Amerikaner fragen, ob sie einverstanden sind.

Ich habe immer mehr das Gefühl, als stritten sich da Frankreich (DPKO) auf der einen und USA (DPA) auf der anderen Seite. Das wird nicht lange gut gehen und ich bin dann meine letzten Sponsoren los. Nun werde ich den Generalsekretär spätestens Anfang Juli in Rom sehen. Vielleicht hat er einen Augenblick, um darüber zu reden. Bis dahin muss ich in den nicht-europäischen Hauptstädten herumfahren und sie alle fragen, was sie sich vorstellen, was man machen solle. Die unterstellen dann, ich hätte die Amerikaner schon gefragt. Die aber – das weiß ich auch schon – denken nur an sich und sind mit allem einverstanden, wenn es nach ihrer Pfeife tanzt.

G8. Ich fände es in Ordnung, wenn die dasselbe besprochen und beschlossen hätten, sagen wir bei einem Arbeitstreffen auf Helgoland oder sonst einer einsamen Insel bei Wasser und Brot. Aber Heiligendamm dafür zu entweihen, aufzumotzen, einzuzäunen und fertigzumachen, das ist zuviel. Ich bin mit Enzensberger einverstanden, der im *SPIEGEL* alles schon gesagt hat, bevor sie zusammenkamen. Was allerdings zu Afghanistan rausgekommen ist, weiß ich immer noch nicht, obwohl ich mit Spanta gesprochen habe. Er ist aber nur mit seinem Misstrauensvotum beschäftigt. Der Präsident hat ihn jetzt bestätigt und erstmal bleibt er uns erhalten. Wenigstens das.

Ich bin auf dem Weg nach China. Heute Nacht konnte ich nicht schlafen, weil es meiner Mission nicht gut geht und ich zu oft weg bin, um etwas dagegen zu tun. Heute über Tag hänge ich in Dubai rum, um 3 Uhr 20 geht mein Flieger neun Stunden nach Osten. Schon mit der Wahl des Hotels bin ich gescheitert. Jetzt hat mich die chinesische Regierung im Interconti untergebracht, aber sie zahlen nicht, sondern ich. Hol sie der große kapitalistische Teufel. Aber das wird er sowieso machen, glaube ich, in nicht allzu langer Zeit, wenn wir uns bis dahin nicht totgeschwitzt haben dank Erderwärmung – in Dubai ist es gerade 42 Grad und 200 Prozent Luftfeuchtigkeit.

19. Juli 2007

»Ein Tag im Leben der Dorothea Wutz« heißt ein Kinderbuch, das den Tagesablauf eines stark vermenschlichten Schweins, (erwachsenen Übererdferkels) ins Bild bringt. Seite für Seite dringt man weiter in die Zimmerflucht des geräumigen Hauses der Wutzens ein, von jedem Blatt kann man durch perforierte Türen oder Fenster in die nächsten Räume schauen: Andrea ist tätig, von der wutzigen Schar begleitet, belagert, umgeben und umgrunzt ...

Heute Morgen um 7 Uhr 30 Uhr der General, Oberkommandierender der ISAF-Streitkräfte, also der NATO plus der 11 für Afghanistan angeschlossenen Staaten (insgesamt 37), auch wenn das nur die halbe Wahrheit ist, denn es gibt noch die »Unternehmung Ewiger Frieden« (Operation Enduring Freedom – OEF), die einem anderen amerikanischen General untersteht und nochmal fast halb so groß ist wie ISAF. Die Koordination zwischen den beiden ist zwar sicher besser als zu der Zeit, als ISAF unter einem britischen General stand, aber integriert sind die Operationen nicht, und nicht selten wird einer der Kommandeure und noch viel mehr einer der örtlichen Befehlshaber der einen Streitmacht von den Aktionen der anderen überrascht: Die OEF haben die Special

Forces, die Überraschungsangriffe im ganzen Land machen, um dem »War on Terror« Raum zu geben, vermeintliche Terroristen zu ergreifen, zu töten oder sonstige strategische Gewinne einzufahren. Die Special Forces haben eine komplizierte Kommandostruktur, die ich auch nicht ganz durchschaue noch durchschauen soll, dann gibt es noch die CIA mit eigenen Operationen – kurz, es ist was los in Afghanistan.

Den ISAF-Kommandeur David Richards treffe ich jeden Donnerstag um halb acht, das ist eine Viertelstunde bevor ich sonst aus dem Haus muss, also muss ich den Wecker früher stellen. Dennoch habe ich schon zweimal verschlafen: einmal habe ich zwei Minuten gebraucht, um mich in Hemd, Hose und Jackett zu werfen, Schuhe ohne Strümpfe, Zähne ungeputzt usw., denn der General stand schon im Parterre, als mich Koko-Sher, der Butler, weckte. Nachher war ich sehr stolz, dass der General nichts gemerkt hatte, aber vielleicht hat er doch was gerochen. Und das zweite Mal bin ich genau um halb acht aufgewacht, habe mich genauso schnell und genauso rudimentär angezogen, hatte dann aber – der General kam mit seinen zwei gewaltigen dunkel verhangenen und dick gepanzerten Autos erst fünf Minuten später – Zeit, mich schrittweise an die Zivilisation anzupassen, das heißt zu rasieren, einen Schlips aufzuhängen und sogar ein bisschen Wasser in die Äuglein zu werfen, damit ich nicht gar so verschlafen dreinschaue. Davon aber nichts heute, ich habe schlecht geschlafen, es ist nachts dreißig Grad im Zimmer und draußen, und ich wollte nicht schon wieder den Wecker überhören, weil die Klimaanlage brummt.

Ich mache mir immer eine Tagesordnung für den General, schreibe auf, was in der Woche so anläuft, was der Besprechung wert wäre, der Erhaltung der Freundschaft, der Kommunikation, aber auch der Koordinierung, der Planung und der Umsetzung.

»Civilian casualties« ist das Thema seit vorigen Dezember, als ein Militärkonvoi nach einem Selbstmordanschlag auf eines der Fahrzeuge in Jalalabad wild um sich schießend durch die Stadt gestürmt ist und 12 Zivilisten getötet und 35 verletzt hat. Wir haben damals und danach möglichst bei allen Fällen von zivilen Opfern von Kriegshandlungen versucht, ein genaues Bild von dem, was abgelaufen ist, aufzunehmen und darzustellen, damit künftige Militäroperationen besser auf die Zivilbevölkerung achten. Wir haben ein ganz konkretes Mandat vom Sicherheitsrat, für den Schutz der Zivilbevölkerung Sorge zu tragen. Um dieses Mandat hatte ich mich im März im Sicherheitsrat gekümmert. In Jalalabad hat es uns drei Wochen gekostet, auch nur herauszufinden, wer eigentlich die Truppen kommandiert hat. Am Ende waren es Marines, die den ersten Tag in Afghanistan waren und gleich wieder abgezogen wurden – wegen Fehlverhaltens, für das sich dann ein Oberst schließlich entschuldigt hat. Ein Teil der Betroffenen wurde entschädigt – wenn man davon überhaupt reden kann –, der Oberst wurde in den USA öffentlich kritisiert und wir haben unseren Bericht den verschiedenen Kommandeuren vorgelegt, später auch veröffentlicht.

Damit macht man sich natürlich beim Militär keine Freunde. Oft auch nicht bei den Afghanen, die die Dinge noch viel dramatischer dargestellt sehen wollen, als sie sind.

»Civilian casualties« habe ich auch vor vier Monaten im Sicherheitsrat als Thema aufgebracht. Inzwischen ist es in aller Munde. Ohne uns wäre es sicher viel länger ein Unthema geblieben, auch wenn es politisch noch so explosiv ist. Nichts verscherzt die Sympathie der Afghanen schneller als Aktionen, die die Nicht-Taliban-Bevölkerung als Taliban beleidigt, behandelt, beschießt oder umbringt. Von der Verletzung internationalen Kriegsrechts ganz zu schweigen. Inzwischen ist es nicht nur Thema bei der afghanischen Regierung, sondern auch bei der NATO in Brüssel, bei allen ISAF-Truppenstellern und vor allem bei den Generalsekretären der NATO und der UN. Einiges immerhin, leider noch nicht genug, hat sich geändert: in der Vorgehensweise der Militärs, in der Offenheit der Diskussion solcher Vorfälle, in der Ausbildung der Soldaten, in der Reaktion der Regierungen ... Jedenfalls meinen wir das, ein bisschen Wunschdenken ist dabei, aber wenn wir nicht daran arbeiten ...

Also habe ich heute als Erstes dem General unseren letzten Bericht über einen solchen Vorfall mit zivilen Opfern in Uruzgan vorgelegt mit einer Reihe von Anregungen, wie so etwas künftig zu vermeiden wäre. Der General hat mir eine Liste von Befehlen gezeigt, von denen er sich verspricht, mit dem Thema besser umzugehen (streng vertraulich natürlich, NATO CONFIDENTIAL). In diesem Fall haben die Militärs, vor allem die Holländer, eng mit uns zusammengearbeitet, wir wiederum haben mit der afghanischen Menschenrechtskommission kooperiert. Der Bericht ist – obwohl wir in Uruzgan kein Büro haben – recht gut geworden: Wir haben viele Zeugen gefunden, die Verletzte behandelt oder Tote begraben haben, Familienmitglieder, Älteste oder Politiker der Region und des Dorfes. Eine Taliban-Gruppe hatte sich in Privathäusern verborgen, hatte eine ISAF-Patrouille aus diesen Häusern angegriffen, die hatten sich nur mühsam verteidigen können und baten dann – um das Dorf ohne Verluste verlassen zu können – um Artillerieunterstützung. Die Artillerie hat dann Teile des Dorfes in Schutt und Asche gelegt – aus 37 Kilometern Entfernung. Wie viele der Opfer Zivilisten und wie viele Kämpfer waren, ließ sich nicht genau ausmachen, aber sicher waren dreißig, vielleicht sogar achtzig Zivilisten unter den Opfern.

Der General hätte sich unseren Bericht sicher nicht angesehen und schon gar nicht über unsere Empfehlungen nachgedacht, wenn wir nicht ebensolche Berichte über von den Taliban verursachte zivile Opfer machen würden und mit ihnen nicht ebenso hart ins Gericht gegangen wären. So war es gerade vor einer Woche, wo niemand sonst die Stimme erhoben hat, zu einem Selbstmordattentat mit 17 Toten und zig Verwundeten gekommen, viele davon Kinder, die dann im Feldlazarett der US-Special Forces behandelt wurden. Wir versuchen, unsere Berichte abzuwägen, allen Schwierigkeiten und allem guten und bösen Willen gerecht zu werden, auch wenn wir von den Taliban nicht viel erwarten. Aber immerhin haben auch die Taliban mit öffentlichen Erklärungen reagiert und versucht, sich zu rechtfertigen. Auch bei denen gibt es also eine Debatte um die »civilian casualties«.

Frühstück mit dem General: im Garten, bei dreißig Grad, auch wenn die Sonne noch nicht hoch steht. Es gab noch eine Menge Dinge auszutauschen, auch wenn die Treffen unter einem Dilemma leiden: Wenn wir das Verhalten der Militärs beeinflussen wollen, dann müssen wir nah an sie herankommen, wenn wir unsere Neutralität wahren und unsere Verhandlungs- und Mediatoren-Position erhalten wollen, müssen wir Distanz halten. Zu beiden, ISAF und Taliban. Zu ersteren ist die Distanz schwierig, zu letzteren die Nähe, aber wir sind ja in einer bewegten Landschaft. Wir müssen die Tür offenhalten, auch wenn das den Amerikanern nicht passt. Ich habe mich bereits unbeliebt gemacht.

Koko-Sher serviert Rührei, das Äußerste, wozu er morgens in der Lage ist. Sonst Obstsalat und frisches Brot. Der Gast blickt auf den Garten, ich aufs Haus. Der General ist Vogelbeobachter. Es gibt viele und bunte Vögel im Garten, Wiedehopfe, Fliegenschnäpper, Türkentauben und grasgrüne große Papageien oder Sittiche, die die Sonnenblumenkerne fressen. Vor einem Jahr hat Catalin, der findigste meiner Leibwächter, ein paar von ihnen gefangen.

Nachdem der General mit seinen großen Fahrzeugen verschwunden ist, mache ich mich zum Büro auf, wo die morgendliche Lagebesprechung auf mich wartet: Jeden Tag um 8 Uhr und am Donnerstag um neun versammle ich meine Abteilungsleiter zu einem einstündigen Koordinierungstreffen, Gedanken- und Nachrichtenaustausch,

Kommunikation, Arbeitsplan – es fängt immer mit der Sicherheitslage an, dann Presse, dann geht's einmal um den Tisch, damit jeder der zehn die Möglichkeit hat, sein Thema anzusprechen und vor allem natürlich, damit ich mich äußern kann, denn: Das Reden tut dem Menschen gut/Wenn er es nämlich selber tut.

Herausragend heute der Fall der Entführung eines Deutschen in der Wardak-Provinz am vergangenen Abend. Ich bitte, alle mögliche Unterstützung der Botschaft anzubieten. Wär nicht nötig gewesen, denn das hatten meine Leute schon über Nacht gemacht. Die Situation ist nicht so unübersichtlich, wie ich dachte: Einer der mitentführten Übersetzer ist Bruder eines relativ wichtigen Ex-Warlords, der jetzt im Parlament sitzt. Wir kennen ihn gut. Vielleicht kann er was machen. Er kommt aus derselben Provinz, vielleicht aus demselben Stamm wie die Entführer. Die begleitenden Polizisten haben sich schnell entwaffnen lassen und sind heimgeschickt worden – auch ein Zeichen, dass es vielleicht eine friedliche Lösung gibt. Auf jeden Fall sieht es nicht so schlecht aus, wie es am Anfang geklungen hat. Ich bin gespannt.

Dann gehe ich zu einer Pressekonferenz, die ein Filmteam mit unserer und UNICEFs Hilfe einberufen hat. »PEACE ONE DAY« heißt die Initiative, die es fertiggebracht hat, den 21. September – den UN-Tag – zum »International Peace Day« umzuwidmen, eigentlich ist es Jeremy Gilley, ein einzelner englischer Aktivist, der versucht, mit dem Mittel des Films an diesem Tag möglichst viel zu veranstalten, was dem Frieden dient, vielleicht sogar einen Waffenstillstand irgendwo zu erreichen – warum nicht in Afghanistan. Mich hatte er gestern auch vor die Kamera gebracht. Heute war die halbe Welt und die ganze afghanische Hollywood/Bollywood/Afghanwood-Prominenz bei uns, denn der Friedensbotschafter war Jude Law, ein oscar-vorgeschlagener Schauspieler, den alle kennen, außer mir. Jetzt kenne ich ihn auch.

Die Aktion ist mir ein bisschen zu gefühlig, aber man kann nicht dagegen sein, und es beeindruckt mich ganz schön, was ein einzelner Mensch so auf die Beine stellen kann, mit der UN und mit der Kamera, mit den Leuten und den Promis. Sein erster Film »PEACE ONE DAY« beschreibt den Weg bis zum Beschluss der UN-Generalversammlung. Der neue Film soll beschreiben, wie man weiterkommt, auf dem Weg zum Frieden. Dieses Jahr ist es Afghanistan. Was am 21. September 2007 in Afghanistan passiert, wird live in einer Großveranstaltung in der Royal Albert Hall übertragen.

Ich bin nur eine Randfigur der Pressekonferenz, wollte nur meine Unterstützung demonstrieren, eigentlich aber war es Jeremy Gilleys und Jude Laws Show. PEACE wollen wir ja alle ONE DAY.

Zum Im-Büro-Sitzen-und-Akten-Lesen, der Hauptbeschäftigung an den meisten Tagen im Leben kommt Dorothea Wutz heute nicht so recht. Das habe ich glücklicherweise gestern Abend spät noch gemacht, sonst wäre ich nicht vorbereitet gewesen auf das Mittagessen mit dem amerikanischen Botschafter, Bill Wood, der sich bei seinem vorigen Job als Botschafter in Kolumbien durch besonders aktiven Einsatz von Sprühmitteln zum Vernichten von Coca-Pflanzungen hervorgetan hat. Das hat ihm den Spitznamen »Chemical Bill« eingebracht. Hier hat er sich mit dieser Vorstellung noch nicht durchsetzen können – ich habe den Präsidenten und den (grünen) Außenminister auf meiner Seite. Auch die Briten bisher noch und natürlich die Deutschen.

Das Mittagessen ist wieder in meinem Palace 7, der Gast mit dem Blick auf den Garten. 35 Grad. Die Vöglein schweigen im Walde, es ist ihnen zu heiß. Aber drinnen ist es mit der Klimaanlage noch ungemütlicher. Wir reden über das völlige Scheitern der Drogenpolitik bisher. Die Amerikaner und die Briten haben je eine Milliarde Dollar in die Verhinderung des Drogenanbaus gesteckt, teils in Zerstörung der Felder, teils in den Anbau von alternativen Ackerpflanzen.

Dennoch hat sich der Drogenanbau jedes Jahr vermehrt, in diesem Jahr sogar erheblich. Eine einzige Provinz in Afghanistan, Helmand, ist für 50 Prozent des Welt-Opiumanbaus verantwortlich, Afghanistan als Ganzes für 90 Prozent. Noch vor ein paar Wochen haben die Experten Stein und Bein geschworen, sie hätten die richtige Strategie, sie würde nur nicht angewendet. Das hat mich immer zum Lachen gereizt, denn was ist eine Strategie wert, die nicht angewendet wird? Was habe ich von einem Auto, wenn ich nicht fahren kann, was nutzt ein Plan, der nicht umsetzbar ist? Offensichtlich beginnt in Washington und London ein Umdenken. Ich weiß schon: Ich glaube auch nicht an die neue Strategie, aber bin schon mal froh, dass man nicht so weitermachen will, wie bisher. »Ich weiß, dass ich nichts weiß« – so weit sind wir mal wieder. Der UN kann man keine Schuld geben, denn sie ist nur dafür zuständig, die Anbau- und Erntezahlen zu ermitteln, und das machen wir gut. Wir finden raus: Es wird immer mehr und immer schlimmer.

Irgendwann im Laufe des Jahres werden die USA mit einer neuen Strategie rauskommen, die Briten werden dann eine andere haben, dann wird diskutiert, und schließlich wird Geld ausgegeben, vermutlich wieder mit wenig Erfolg. Das Ergebnis ist verheerend, denn die Korruption im Lande und der Terror und der Aufstand, die Taliban und Al Qaida, alle leben von dem Drogengeld, auch noch ein paar Bauern. Natürlich haben die weiter entwickelten Länder alle einen starken Anteil an dem Problem. Es ist system- und religionsübergreifend: die Zahlen der Drogenwirtschaft, die Zahl der Abhängigen (und im Gefolge der AIDS-Infizierten) und das Ausmaß der drogenbezogenen Kriminalität steigt in Iran wie in Pakistan, in Russland wie in Usbekistan, in Afrika wie in Amerika. Meine Generation wird es wohl nicht mehr erleben, dass sich die einfache Erkenntnis durchsetzt: Man muss diese Drogen legalisieren, um bei den Konsumenten ansetzen zu können, sie zu behandeln, aus der Kriminalität rauszubringen usw. Der ganze Rest bricht von selbst zusammen, denn Opium wird dann spottbillig, Heroin auch, Haschisch usw. Und die Kriege, die davon finanziert werden, die ganze Kriminalität drum herum, das organisierte Verbrechen – die müssen sich etwas anderes aussuchen. Das geht dann wie bei der Legalisierung des Alkohols in Amerika. Mit Chemical Bill habe ich das nicht besprochen, sondern nur vorsichtig die Ausweglosigkeit angedeutet, vor der wir weltweit stehen.

Bill würde mich auch nicht verstehen, denn wie so viele der republikanischen Administration, wie Bush und Rice, wie die vielen Botschafter und Sonderbotschafter ist er ein Prediger, einer, der einem gerne die Vorzüge von Demokratie vor Augen führt, der einen überzeugen will, dass Drogen ein Problem sind, dass Vernichtung des Anbaus das Richtige ist ... Ich muss aufpassen, denn Bill ist eigentlich ein netter Mensch und ich komme auch gut mit ihm aus, aber das Predigen, das kann ich nicht ausstehen, das Gute zu preisen, weil es gut ist, das ertrage ich nicht lange, dann finde ich gleich das Böse interessant oder das Provokative. Der eifernde Versuch, mich von etwas überzeugen zu wollen, von dem ich eigentlich längst überzeugt bin, macht mich böse ... Es gibt hervorragendes Hammelfleisch, vier verschiedene Gemüse – der Koch hat sich große Mühe gegeben, denn der amerikanische Botschafter ist nicht irgendwer hier in Afghanistan, er ist der Größte, fast so groß wie der Präsident – aber der war noch nie in meinem Palace 7, seit ich ihn mit meinen zwölf Rumänen, meinen zwei Köchen und dem Butler, von den drei Reinemachfrauen mal ganz abgesehen, bewohne – und natürlich mit Alberto, aber der ist nicht zum Mittagessen da, denn es sollte ein one-to-one sein, eine Möglichkeit, mich mit dem amerikanischen Botschafter auszusprechen.

Das mache ich dann auch: über die Polizeireform, die nicht richtig vorangeht, trotz der angekündigten fünf Milliarden Dollar, die die USA da reinstecken wollen, und trotz der 160 europäischen Polizeiausbilder, von denen wir aber mindestens 2.000 brauchen, und über meine Reisen nach Deutschland und England, über den Versuch, meinem Generalsekretär aufzuschwatzen, man brauche noch einen zweiten Sondergesandten für die diplomatische Koordinierung der internationalen Gemeinschaft auf Hauptstadtebene (ein viel ventilierter Gedanke, den ich ablehne, weil er erfolglos sein wird – aber das ist ein weites Feld) und über das Büro des Präsidenten, das nicht funktioniert, politisch nicht, weil der Präsident schlecht präpariert und beraten wird, und technisch nicht, weil die Termine des Präsidenten schlecht gemanagt werden.

Heute hatte ich endlich einen Termin beim Präsidenten bekommen. Nach achtmaligem Anrufen bei seinem Büroleiter, acht Tage lang. Der Präsident war dann nur auf den Tagesordnungspunkt vorbereitet, den ER besprechen wollte, nicht auf die, die ich vor acht Tagen angekündigt hatte – auf seine Nachfrage hin. Und die richtigen Leute waren auch nicht dabei. Weder von meiner Seite (der Präsident hatte auch um ein One-to-one-Gespräch gebeten), noch von seiner. Der Büroleiter ist ein Schnarcher. Rangeen Spanta meint, er sei ein pakistanischer Spion. Ich glaube nicht an Verschwörung und Spionage, sondern an Doofheit. Er sitzt überall dabei mit verschlafener Miene, ist auf jedem Foto des Präsidenten drauf, mit schiefem Mund und krummem Buckel, wie Guillaume bei Willy Brandt. Aber der hat wenigstens gut gearbeitet, dieser hier ist nutzlos. Da bin ich mir mit Bill Wood einig.

Trotz Essens kommen wir zu einigen Ergebnissen: Was er möchte, dass ich der deutschen und englischen Regierung erzähle, die ich in der nächsten Woche besuche, Angela [Merkel] in Berlin und Weißnicht in London, und was wir auf der Sitzung machen wollen, die sich um 14 Uhr gleich anschließt. In der Tea-Club-Sitzung rufe ich alle 14 Tage die wichtigsten, da reichsten Botschafter in Afghanistan zusammen, um über das eine oder andere Problem zu sprechen, das in den formellen Sitzungen der Arbeitsgruppen des JCMB nicht gelöst wird. JCMB (Joint Coordination and Monitoring Board) ist das Koordinationsgremium zwischen der internationalen Gemeinschaft und der afghanischen Regierung, das alle drei Monate tagt und die Geschicke zwischen Ministerien und helfenden Ländern lenken soll. Aber heute war nur das informelle Gremium des Tea Club, das ich so genannt habe, weil es einen bekannten Coffee Club in New York gab, der es vor einem Jahr fertiggebracht hat, die Deutschen und die Japaner, die Inder und die Ägypter von einem ständigen Sitz im Sicherheitsrat fernzuhalten – eine für einige des Clubs also unerfreuliche Erinnerung (außer für Italien, das den Club erfunden hatte). Aber ein bisschen Ironie wird goutiert. Ein informelles Gremium also, das verabredet, wie mit den schwierigen Dingen umgegangen wird.

Heute mit der nächsten Wahl 2009. Die muss langfristig vorbereitet werden. Dann bin ich sicher nicht mehr in Afghanistan. Trotzdem will ich meinem Nachfolger nicht eine Lage hinterlassen, die eine geordnete Wahl ausschließt. Und da muss man früh anfangen, zu einer Zeit, in der eigentlich noch niemand an sie denkt. Das Parlament muss ein Wahlgesetz beschließen, der Präsident muss dazu einladen, die Wahlregister müssen geschaffen oder aktualisiert werden, die Wahlkommission muss sich aufs ganze Land ausbreiten – ich weiß da vom Kosovo noch ein Liedchen von zu singen: Albträume stehen bevor.

Es ist nicht so leicht, Leute von der Dringlichkeit einer Sache zu überzeugen, die scheinbar noch zwei Jahre Zeit hat. Glücklicherweise sind einige der Botschafter entweder bei der letzten Wahl dabei gewesen oder haben so was schon mal mitorganisiert.

Am Schluss werden Leute von UNAMA die Wahl zusammen mit der Regierung wesentlich vorbereiten. Sicher wird das viel Geld und Arbeit verschlingen. Und das fängt jetzt schon an mit der Wahlmethode und dem -register, das noch sehr in den Anfängen steckt. Wir versuchen, die Probleme zu erläutern und finden Unterstützung, auch bei unserem Vorschlag, früh mit dem Drücken und Mahnen der Afghanen zu beginnen.

Dazu habe ich beim anschließenden Termin mit dem Präsidenten dann Gelegenheit, obwohl der Präsident eigentlich über die Zukunft seines Außenministers mit mir sprechen will, der dabeisitzt. Mit ihm hatte ich mich gestern getroffen, und wir hatten eine Gesprächslinie abgestimmt.

Rangeen Spanta ist vor acht Wochen, bevor das Parlament in Urlaub ging, einem Misstrauensvotum erlegen. Es war eine chaotische Sitzung, die dann mit einem Beschluss endete, ihm das Vertrauen zu entziehen. Ob – was es in keiner anderen Verfassung gibt – das Parlament einen einzelnen Minister abschießen oder ob es ihn nur rügen kann, klärt die Verfassung nicht explizit. Ich hatte mich damals öffentlich für die Stabilität der Regierung eingesetzt, was mir Leute im Parlament übelgenommen haben, weil sie lieber das Recht hätten, einzelne Minister oder einen nach dem anderen, wenn's beliebt, abzuwählen und damit schließlich den Präsidenten so einzumauern, dass er nach ihrer Pfeife tanzen muss. Das aber sieht die Verfassung so nicht vor. Meine Meinung hat das Oberste Gericht dann bestätigt. Aber laut Opposition, die im Parlament oft eine Mehrheit hat, hätte das Oberste Gericht nicht angerufen werden dürfen ...

Mein Freund Spanta, der zweite grüne Außenminister unserer Zeit, ist also in einer schwachen Position. Wie die Dinge hier aber gehen, ist er es – glaube ich – nur dann, wenn ihn der Präsident nicht unterstützt, wenn der Präsident nicht für ihn kämpft, nicht für ihn lobbyiert bei den Parlamentariern – die bei solchen Gelegenheiten hier immer heimlich die Hand aufhalten – und in der Öffentlichkeit.

Ich weiß nicht genau, wo der Konflikt hinläuft, wie stark die Truppen des Präsidenten sind und ob er sich wirklich hinter Spanta stellt. Der ist der Einzige, der dem Präsidenten NEIN zu sagen bereit ist, wenn NEIN angesagt ist. Deshalb ist er als Berater und Minister wichtig. Bei den ausländischen Botschaftern ist er nicht unbeliebt, aber auch nicht richtig populär, weil er nicht ins diplomatische Bild passt. Er hat bei der Ernennung von professionellen Botschaftern in den für Afghanistan wichtigsten Ländern dem Druck der Nepotisten getrotzt, und das hat ihn natürlich Sympathien gekostet. Es ist erstaunlich, bis zu welchem Grade Ministerien als Feudalgüter angesehen werden. Außerdem ist Rangeen ein Aktivist der Menschenrechte, der einzige in der Regierung.

Die Besprechung mit dem Präsidenten war nicht so angespannt wie sonst manchmal. Der Präsident ist druckempfindlich, und Druck kriegt er von allen Seiten.

Der Tag war lang, aber noch nicht vorüber, denn – in Vorbereitung der Angela-Besprechung am Dienstag in Berlin – hat noch der deutsche Außenminister Steinmeier (Frank-Walter und DU muss ich mich immer wieder erinnern) angerufen, ohne eigentlich wirklich etwas zu sagen zu haben, außer dem DU, aber das ist ja auch recht.

Schließlich hat noch die Obrigkeit aus New York angerufen, bei denen ist dann immer erst Mittag, wenn ich schon richtig fertig bin. Jean-Marie Guéhenno wollte mir berichten, was die versammelten wichtigen Botschafter dort, die, die mit Afghanistan zu tun haben, bei einem Frühstück mit Ban Ki-moon gesagt hatten. Eingeladen hatte England, Kanada und Holland, die alle drei wollen, dass die UN-Präsenz im Süden des Landes verstärkt wird, da, wo sie arbeiten und Krieg führen. Sie haben sich zu einer richtigen Démarche beim Generalsekretär zusammengerottet. Nun klingt Démarche immer etwas vorwurfsvoll und offiziell. Es ist aber im diplomatischen Gebrauch die übliche Form des Vorstelligwerdens (quel mot barbar). Neun oder zehn Länder hatten schließlich demarchiert. Ich bin leicht verärgert. Undank ist der Welten Lohn.

Ich habe die Anzahl der Büros von UNAMA mit erheblichem Aufwand und großen Anstrengungen im Laufe meiner

17 Monate hier in Afghanistan verdoppelt, im Süden sogar von zwei auf sechs verdreifacht. Noch zwei weitere Büros im Süden aufzumachen, bin ich nur von New York gehindert worden. Und dann beschweren die sich. Ich hatte nach New York in Vorbereitung des Termins geschrieben, wir würden an weitere Büros erst denken, wenn diese Staaten ihre Truppen verdoppeln und verdreifachen, vor allem im Süden. Aber ich glaube, der Generalsekretär war diplomatischer. Immerhin hat er – und das hat mich gefreut – die Zahlen deutlich gemacht. Da ich die Démarche kommen sah, habe ich heute im Tea Club eine Landkarte verteilt, auf der die Anzahl der UNAMA-Büros drauf ist (18), dann die Büros, die andere UN-Organisationen im Lande unterhalten (vielleicht 60) und dann die Projekte (120) der UN. Das ist eine schön bunte Karte geworden, und die haben sie alle auch per E-Mail bekommen, damit sie sie nach Hause in ihre Hauptstädte schicken und denen, die über UNAMA meckern, sagen können: »Was wollt ihr eigentlich?«

Was will Dorothea Wutz eigentlich, das leicht verfettete Erdferkel, was will ich eigentlich nach so einem Tag noch? Ins Bett!

15. September 2007

»Logros«, Erfolge, hat mein Freund Alberto den Bericht überschrieben, an dem er seit zwei Wochen arbeitet. Ich bin immer wieder erstaunt, was für ein scharfes Gespür er dafür hat, was angesagt ist, verbunden mit einem hintergründigen Humor. Logros: was wir zusammen, zusammen auch mit den Kollegen von UNAMA in den letzten beiden Jahren auf die Beine gestellt haben. Wenn ich die Liste sehe, bin ich beeindruckt. Es ist doch eine ganze Menge, womit wir uns herumgeschlagen, was wir angepackt haben oder einfach anpacken mussten. Aber auch, wie stark einzelne Akzente, die wir setzten, durchgeschlagen haben – nicht immer gleich in der Wirklichkeit der Afghanen, aber doch wie ein Blitz oder ein Windstoß in der dünnen Luft der diplomatischen Erklärungen, des Sicherheitsrates, der Berichte und Diskussionen. Natürlich sehe ich auch, wie schmerzlich langsam alles geht und gegangen ist, was noch aussteht. Die neun Themenbereiche, die Alberto aufzählt, bestehen jeweils aus einer Zusammenfassung, dann einer Sektion »Achievements«, Erreichtes, gefolgt von »Challenges« – dem, was noch aussteht, was nicht geschafft worden ist, was noch Programm ist.

Die Nachrichten und die Befindlichkeit veranlassen mich leicht, in einem Alles-Scheiße-Gefühl auch das kleinzureden, was gelungen ist, gerade wenn es nicht so viel war, wie wir uns vorgenommen hatten. Aber was hatten wir uns vorgenommen? Ich bin nicht mit einem Programm nach Afghanistan gekommen und habe auch keines vorgefunden.

Mein Amtsvorgänger Jean Arnault, der in Guatemala schon mein Amtsvorgänger war oder genauer mein Amtsvorvorgänger, hat mir nichts hinterlassen. Ich habe ihn nur kurz in London auf der großen Afghanistan-Konferenz am 31. Januar 2006 kennengelernt. Er hat mich in Eile so vielen Leuten vorgestellt, dass mir ganz wirr im Kopf war und ich alle – bis auf David Richards, der später der ISAF-Kommandant wurde – vergessen habe. Vier Wochen später in New York habe ich Jean Arnault wiedergetroffen, er saß in einem Büro, angeblich damit beschäftigt, seine Handover Notes oder den Abschlussbericht zu schreiben. Ich habe ihn nie bekommen.

Auch mit Anweisungen, was ich in Afghanistan zuvorderst machen sollte, hielt man sich zurück – im Headquarter in New York und in London bei der Konferenz. Das einzige, was alle gesagt haben, war, dass dies eine der schwierigsten Missionen der UN sei und zurzeit die wichtigste. Auch Kofi Annan. In London haben einige der schnellen Bekannten noch gemeint, jetzt, Januar 2006, sei der beste Moment für Arnault, sich zu verabschieden: Sechzig Länder hatten

197

ihr Engagement für Afghanistan für die nächsten fünf Jahre bekräftigt, hatten den Afghanistan Compact unterzeichnet, einen vagen Fahrplan für den Wiederaufbau, den die UN und ein paar Afghanen in den letzten Monaten aufgeschrieben hatten. Er bestand vor allem aus ökonomischen Vorgaben und Projekten. Das – so hieß es vertraulich – sei auch der Höhepunkt der Aufmerksamkeit für Afghanistan, ab jetzt ginge es immer nur bergab, jetzt würde der schwere Kampf beginnen, die Geberländer auch zur Einlösung ihrer Versprechungen zu drängen, ab jetzt würde Afghanistan nur noch in den Randnotizen der Zeitungen auftauchen, eher ein lästiger Mahner, ein Petent, dem jeder alles Gute wünsche und niemand mehr als ein Almosen geben möchte. Und ich, als neuer SRSG, dann der UN-bestellte Bettelstabträger. Die Konferenz dauerte zwei Tage und wurde von Tony Blair, Hamid Karzai und Kofi Annan geleitet. Sie fand in einem winzigen historischen Saal statt, Format 1 + 1 auf Ministerebene, das heißt für die UN der Generalsekretär und hinter ihm einer noch, mehr passten nicht in den Saal. Glücklicherweise hatte UNAMA auch einen Sitz (Arnault), und ich saß hinter ihm.

Lustig war, dass ich ja eigentlich noch in Diensten des Außenministeriums stand. Steinmeier hatte mir erlaubt, auf UN-Seite teilzunehmen. Strittig war in Berlin gewesen, ob nun Steinmeier (Außen) oder Heidi Wieczorek-Zeul (Entwicklung) für Deutschland sprechen sollte. Man hat sich schließlich für einen Kompromiss entschieden – 31.1. Frank-Walter, 1.2. Heidi. So durften beide.

Kofi Annan zog sich natürlich gleich nach seiner Eingangsrede zu bilateralen Gesprächen zurück, Jean-Marie Guéhenno rückte für ihn nach, Arnault ging mit Kofi und schon saß ich in der ersten Reihe für UNAMA, zu der ich aber eigentlich erst 14 Tage später gehören sollte, und hörte meinem Minister (Steinmeier) auf der Gegenseite zu. Das sonst so hochnotpeinliche diplomatische Protokoll war offenbar dehnbarer als der Saal.

Im London Compact oder besser Afghanistan Compact war noch keine Rede von Aufstand oder Krieg, es ging um Entwicklung an allen Fronten, Schulen und Polizei, um Gesundheit und ein ganz klein wenig auch um Menschenrechte. Das Wichtigste schienen die 43 »Benchmarks« zu sein, die Ziellinien, die für die einzelnen Bereiche gesetzt wurden, und die zu überwachen ein Joint Coordination and Monitoring Board (JCMB) zu schaffen sei. Das war eine der wenigen, scheinbar klar formulierten Aufgaben für den neuen SRSG, auch wenn nicht ausgeführt wurde, wer eigentlich dieses Gremium zusammenrufen sollte, und vor allem, wie es sich zusammensetzen könnte.

Dieses Gremium zu konstituieren, ist einer der ersten »Erfolge«, die Alberto darstellt. Es hatte so leicht ausgesehen: Dann setzt man sich eben zusammen und entscheidet über die Zusammensetzung derer, die entscheiden sollen, über die Aufgaben, die Spielregeln und los geht's. Ich war aber kaum in Kabul, da kamen schon die ersten Petenten. Alle sechzig Akteure, Länder, internationale Institutionen wie die Asian Development Bank, die NATO oder die EU fanden einhellig, dass dieses Gremium klein und handlungsfähig sein sollte – allerdings wollten alle in jedem Fall selbst dabei sein. Ich habe mich erstmal mit den größten Geldgebern und der afghanischen Regierung zusammengesetzt und versucht, was Vernünftiges zu konzipieren. Nicht so einfach. Die Afghanen wollten sieben Minister in das Gremium schicken, also fand ich, 14 sei die richtige Gesamtzahl. Aber weit gefehlt: Wie konnte ich Kanada nicht berücksichtigen? Der Botschafter machte eine sehr grobe und unhöfliche Vorstellung, bei der er mich darauf hinwies, dass Kanada schließlich viel Geld und Soldaten ... dass man das Engagement auch in Frage stellen könnte ... dass ich dann persönlich die Verantwortung tragen würde ... dass man in New York usw. Das hat die gegenseitige persönliche Hochachtung zwischen uns nachhaltig gestört. Die Italiener haben dasselbe gemacht, nur mit »bella figura«, wie Alberto das nennt: der Botschafter Ettore Sequi mit einer selbstentworfenen Seidenkrawatte, die ich immer noch gerne trage, als Antrittsgeschenk, die Höflichkeit in Person, sehr darauf bedacht, Persönliches nicht mit Dienstlichem zu verwechseln und charmant, charmant ... Er ist nach fast zwei Jahren der einzige dauerhafte Freund, den ich in Afghanistan unter den Diplomaten gewonnen habe.

Die Amerikaner haben mir fast den Rest gegeben: Sie wollten ultimativ ein sehr kleines Gremium, aber mit Italien dabei, genauso ultimativ – offenbar hatte Bush das Berlusconi versprochen. Und was ist mit der Region? Der afghanische Präsident wollte Saudi-Arabien und die Türkei vertreten haben. Indien ist der sechstgrößte Geldgeber, also Indien auch, wenn Indien, dann auch Pakistan, wenn Pakistan, dann auch Iran als Nachbarn, China sowieso – Vetomacht im Sicherheitsrat. Und Russland natürlich. Die wollten und haben inzwischen Afghanistan die Alt-Schulden erlassen, Schulden aus den sechziger und siebziger Jahren, zwölf Milliarden, kein kleiner Betrag. Wenn vier der Vetomächte, wieso dann nicht alle, also auch Frankreich. Frankreich ist nach Höhe der Truppenentsendung und Entwicklungshilfe einer der kleinsten Geber – wieso also nicht Holland als den größeren Geber? ... Bei meinem ersten Besuch in neuer Funktion in Washington, im State Department, bei der schönen stellvertretenden Sicherheitsberaterin des Weißen Hauses, bei der Entwicklungsorganisation USAID und im Pentagon konnte ich sehen, wie unterschiedlich diese Machtzentren Afghanistan sehen. Nur in einem waren sie sich einig: Der JCMB sollte klein und effizient sein, also nicht 24 Mitglieder, die ich inzwischen auf der Liste hatte. Das hat den Prozess zwei Monate blockiert. Gerettet hat's schließlich der Tea Club, wo in meinem Palast Entscheidungen des JCMB jetzt zwei- oder dreimal im Monat vorbesprochen werden und zu dem der sehr nette und mir inzwischen gewogene amerikanische

Botschafter Ronald Neumann (Ron Newman gesprochen) mir geraten hatte. Und ihm ist es auch gelungen, seine Regierung schließlich davon zu überzeugen, dass man so arbeiten kann.

Heute ist der JCMB allgemein als *das* Koordinationsgremium anerkannt. Gescholten zwar, weil zu groß und scheinbar nicht effektiv, gescholten vor allem von denen, die in den thematischen Arbeitsgruppen, von denen es drei Dutzend gibt und die dem JCMB zuarbeiten, nicht erscheinen wie Spanien oder die NATO (die sonst immer im Doppelpack auftritt, Sekretär und General). Selbst den Amerikanern ist offenbar bis heute keine bessere Konstellation eingefallen: Sie haben den Generalsekretär vor vier Wochen dazu gedrängt, am Rande der Generalversammlung der UN in New York eine Afghanistan-Sitzung auf Ministerebene einzuberufen. Dahin bin ich gerade auf dem Wege. Und – oh Wunder – sie haben vorgeschlagen, im JCMB-Format einzuladen – übrigens das einzige Gremium, in dem USA und Iran friedlich zusammensitzen: Logro.

Wir haben viel Arbeit in dieses Gremium und natürlich noch mehr in die Arbeitsgruppen gesteckt, haben diskutiert und Berichte geschrieben, die Koordination verbessert, alle möglichen Dokumente unter den Teilnehmern abgestimmt, viel zu viel Papier, aber insgesamt gesehen haben wir damit Erfolg gehabt, auf einer Ebene, auf der ich nicht zu Hause bin, der großen Diplomatie.

Human rights mainstreaming – ein schwer verdaulicher Begriff. Am ersten Tag nach meiner Ankunft habe ich eine Versammlung aller Mitarbeiter, afghanischer und internationaler, von UNAMA einberufen und als eines meiner wichtigsten Ziele formuliert, die Menschenrechte in den Mittelpunkt der Arbeit der Mission zu stellen. Als seit zwei Tagen Ex-Menschenrechtsbeauftragter der Bundesregierung war das nicht so fernliegend für mich und auch ein Gebiet, von dem ich wusste, dass ich mich auskenne. Ganz im Gegensatz zur Diplomatie und zu Sicherheitsfragen.

Ich hatte Glück: Der Leiter der Menschenrechtsabteilung, Richard Bennett, ist ein ganz besonders hochqualifizierter und sympathischer Mann, der die Chance für sich und die Menschenrechte sofort gesehen und ergriffen hat. In den letzten beiden Jahren hat er seine Abteilung systematisch verstärkt. Er hat einen guten Kontakt zur Hochkommissarin für Menschenrechte in Genf, Louise Arbour, die uns und mich persönlich seitdem tatkräftig unterstützt. So haben wir eine Menge zustande gebracht, im Kleinen wie im Großen.

Im Kleinen haben wir vor allem die Zusammenarbeit mit der afghanischen offiziellen Menschenrechtskommission (AIHRC) und ihrer eindrucksvollen Leiterin, Dr. Sima Samar, gepflegt. Die AIHRC hat noch mehr als wir Büros im ganzen Land und hat all unsere Initiativen gerne aufgegriffen, uns aber auch in vielen Bereichen inspiriert. Das Menschenrechtsteam ist nicht nur fast zu 50 Prozent weiblich, sondern auch in hohem Grade nationalisiert, das heißt viele der ExpertInnen sind Afghanen. Das ist für Afghanistan besonders wichtig, denn die Welt der Frauen ist hier für Männer nicht zugänglich. Die Menschenrechtssituation der Frauen ist aber ganz besonders prekär, nicht nur was häusliche Gewalt angeht, sondern eigentlich in jedem Lebensbereich. Eine Kampagne gegen illegale Verhaftungen haben wir beispielsweise mit der AIHRC gemeinsam geführt, die AIHRC hat eine Befragung zum Stand der wirtschaftlichen und sozialen Menschenrechte auf dem Land gemacht, und wir haben zusammen viele Menschenrechtsschulungen organisiert, sogar eine mit den Offizieren des Geheimdienstes. Meine Leitlinie war: Jeder, der bei oder mit der UN arbeitet, soll etwas über Menschenrechte wissen und jede Einheit soll sich um sie kümmern – respect, protect, promote.

Im Großen haben wir vor allem an zwei Themen gearbeitet: »civilian casualties« (Kollateralschäden) und »suicide attacks« (Selbstmordattentate).

Die Kenntnisse in der »Verifikation« (also die »Tatsachen-
feststellung bei Menschenrechtsverletzungen«), die Alberto
von MINUGUA, unserer Mission in Guatemala, mitgebracht
hatte, haben wir systematisch auf Menschenrechtsverletzungen durch Krieg angewendet. Seit Anfang des Jahres
gehen wir allen Fällen, in denen Zivilisten von den Kriegshandlungen betroffen werden, nach, zählen die Opfer und
differenzieren sie nach denen, die auf das Konto der Taliban,
und denen, die auf »unser«, ISAFs und OEFs, Konto gehen.
Bei den Fällen, wo die Taliban die Täter sind, ist das schon
schwer genug. Kontrovers wird's aber erst in den Fällen, wo
die Unseren schuld sind. Wir haben nachgeforscht, gefragt,
gecheckt und berichtet. Dann haben wir die Generäle mit
unseren Analysen konfrontiert. Wir haben Zahlen festgestellt, Verläufe. Alles höchst strittig. Die Militärs haben sich
erst ganz verweigert, dann abgestritten, dann gesagt, es sei-
en doch »nur« 15 und nicht 35 Zivilisten umgekommen. Das
Thema war auf allen Ebenen heiß. Auch mein guter Kontakt
zum neuen Kommandeur der ISAF, Dan McNeill, hat erstmal
darunter gelitten. Als er aber dann gemerkt hat, dass wir
nicht in erster Linie veröffentlichen und Schuld zuweisen,
sondern vor allem Abhilfe schaffen und Opfer vermeiden
wollen, hat er sich zur Zusammenarbeit entschlossen. Auch
in der Öffentlichkeit ist das natürlich eine riesige Diskussion: Von den Taliban erwartet man nichts anderes, aber von
der internationalen Gemeinschaft, von den Freunden Afghanistans doch. Wir kommen vom »moral high ground«, wie
das die Amerikaner nennen. Das Thema ist dann vollends
heiß geworden, als der Präsident immer mehr unter Druck
geraten ist und öffentlich die internationale Gemeinschaft
beschuldigt hat. Ich habe im Sicherheitsrat über Zahlen berichtet: dass es im ersten Quartal 2007 mehr zivile Tote vonseiten der ANA und NATO als vonseiten der Taliban gegeben
hat. Das war ein Skandal. Ich bin froh, dass mich mein Headquarter, vor allem Kofi Annan, aber auch Ban Ki-moon in

Menschenrechtsdingen immer unterstützt haben. Wir hatten – dank der Italiener, die für die Formulierung unseres Mandates im Sicherheitsrat die Federführung haben – vorsichtshalber gerade im März in unser UNAMA-Mandat schreiben lassen, dass der Schutz der Zivilbevölkerung und das Monitoring des Themas zu unseren Aufgaben gehört. Ein Erfolg der italian connection, die Alberto sorgfältig pflegt.

Mitte diesen Jahres war das Thema dann in aller Munde, auch bei der NATO, bei den Mitgliedsstaaten der ISAF, in den Parlamenten, und schließlich hat es der Generalsekretär in der Konferenz von Rom aufgegriffen.

Der Kommandeur der NATO hat dann einen sorgfältig formulierten gestrengen Befehl herausgegeben, der größere Vorsicht beim Bombardieren und mehr Engagement im Schonen der Zivilbevölkerung verfügt (auch wenn das mehr Risiko für die Truppe bedeutet). Die Einsatzregeln für alle Truppen, auch für die OEF, sind durch diesen Befehl verändert worden. Das ist ein riesiger Erfolg, den ich im Traum nicht erwartet hatte. Leider ist der Befehl geheim und ich kann diesen Erfolg nicht öffentlich preisen, weil – so die Militärs – dann die Taliban ihre Einsätze verändern und Zivilisten als menschliche Schilde einsetzten. Wenn dieser Befehl dazu führt, dass jetzt weniger zivile Bombenopfer sterben, wenn Hausdurchsuchungen jetzt mit mehr Rücksicht auf die afghanischen Bräuche durchgeführt werden – das steht da detailliert drin –, dann haben wir wirklich was erreicht, was den Schutz der Menschenrechte betrifft.

Alberto hat letzte Woche seine italienischen Kontakte zur Hochform auflaufen lassen. Im neuen Mandatsentwurf, der im Oktober durch den Sicherheitsrat gehen soll, wird nicht nur für UNAMA, sondern auch für die ISAF der Schutz der Zivilbevölkerung gleich dreimal und so prominent genannt, dass ich dachte, die Amerikaner springen aus dem Fenster. Haben sie aber bisher nicht getan. Ein Erfolg übrigens, den wir nicht unserem Headquarter schulden, das dabei zwar wohlwollend, aber doch eher passiv war, sondern ausschließlich den Kontakten mit den Italienern, Alberto, Ettore Sequi und dem Ständigen Repräsentanten in New York, Spatafora, den wir immer wieder in New York besucht und involviert haben. Wenn das so beschlossen wird, wie es im Entwurf steht, dann feiern wir mit Champagner. Alberto wird übrigens für seine Verdienste auf Anregung des Botschafters in Kabul eine Auszeichnung bekommen: Cavaliere di Solidarietà. Dann nenne ich ihn nicht mehr Consiliere, sondern nur noch Cavaliere. Er freut sich besonders darüber, weil das der Orden ist, auf den Berlusconi immer so stolz war, dabei ist der nur Cavaliere di irgendwas anderes [der niedrigste Orden: Cavaliere del Lavoro].

Auch in den Menschenrechtsbereich gehört unsere Studie zu den Selbstmordattentaten. Die habe ich alleine angeregt. Unterstützung hat sich erst langsam aufgebaut, von Ahmed Rashid in Lahore erst, dann von Christine Fair in unserem Menschenrechtsteam.

Unsere Sicherheitsleute hatten eine ausführliche Statistik über alle Fälle von Selbstmordattacken der letzten Jahre gemacht. Ich fand, als ich sie mit Interesse gelesen hatte, dass das Informationen sind, die gut vertieft und verarbeitet mehr hergeben, als ein paar Berichte nach New York. Ich habe vom afghanischen Geheimdienstchef die Erlaubnis bekommen, verhinderte Selbstmordattentäter im Gefängnis zu interviewen und dann in zwei Dutzend Gesprächen hochinteressante Erkenntnisse gewonnen. Und schließlich habe ich viel gelesen. Von Anfang an hatte ich den Eindruck, dass kaum ein Bereich des politischen Alltags in Afghanistan (und das sind Selbstmordattentate leider) mit so vielen Vor- und Fehlurteilen behaftet ist wie dieser. Auch weil er eine so tiefe Bedrohung all dessen darstellt, was man fühlt und kennt, und nicht zum Islam passt, wie alle Afghanen immer wieder sagen, überhaupt zu keiner Kultur, sondern uns alle terrorisiert.

Unsere Ergebnisse scheinen schlicht, sie sind aber doch markant, wenn man sich ansieht, was man vorher wusste: Die afghanischen Selbstmordattentäter sind männlich, arm, gläubig, kommen aus der Unterschicht, sind ungebildet, oft irregeleitet oder zur Tat gezwungen worden, viele haben eine meist kurze Zeit in einer pakistanischen Madrassa verbracht, überhaupt führen viele ihrer Spuren nach Pakistan, auch wenn die meisten wohl Afghanen sind. Alle haben sie den Eindruck, Afghanistan sei von einer fremden Macht Ungläubiger besetzt, ihre Tat sei ein Akt des Glaubens, zu dem sie sich verpflichtet fühlen. Kein Einziger will nur Terror (wie im Irak). Auch wenn achtzig Prozent der Opfer Zivilisten sind, war das Ziel immer ein Regierungsbeamter, Polizist, Soldat oder ein Angehöriger oder Mitarbeiter der internationalen Truppen. Kein einziger Fall von Sunniten-Schiiten-Sektarismus. Die Bewegung hat keine eigene Kultur entwickelt (wie in Pakistan), niemand wird verherrlicht oder verewigt, niemand hat einen letzten Willen veröffentlicht, aber doch soll die Tat ein öffentliches Bekenntnis sein, ein statement of faith.

Über den Text und die Empfehlungen, die ihm folgen, habe ich viel diskutiert. Leider hat mir mein Stellvertreter im letzten Moment und ohne mein Wissen noch einen dicken Fehler in den Text reingebaut, der sogar von der Presse aufgegriffen worden ist. Aber mit Schwund muss man rechnen.

Die Studie hat viele Reaktionen produziert. Ich habe sie – nachdem sie am Vortag erst fertig geworden war (natürlich sind alle Zeithorizonte dahingeschmolzen bei so viel Literatur und Material und Meinungen) – am sechsten Jahrestag des ersten Anschlags in Afghanistan überhaupt veröffentlicht, dem 9. September, dem Tag, an dem der Held des Pandjirtals, Ahmed Shah Massud, von einem marokkanischen Selbstmordattentäter ermordet worden ist.

In New York hat man sich aufgeregt, dass ich nicht um Genehmigung nachgesucht habe. Aber das hätte nochmal sechs Wochen gedauert. Da habe ich den Rüffel vom 38. Stock, der pünktlich kam, in Kauf genommen und bin mit dem Ergebnis – mit Ausnahme des Fehlers – zufrieden. Daran könnte man weiterarbeiten, finde ich. Und ich würde es auch machen, wenn ich nicht den Eindruck hätte, für die Wissenschaft nur mäßig tauglich zu sein. Gut, dass es all die gegeben hat, die ich im Vorwort preise.

Eine der Stärken von UNAMA ist, dass wir im ganzen Land vertreten sind. Und eine der Konsequenzen, die wir aus unserer Analyse des Aufstands in Afghanistan gezogen haben, war, dass wir die Regierung in den Provinzen unterstützen müssen, dass der Staatsaufbau vor Ort stattfindet und dass wir da präsent sein müssen. So habe ich also in den ersten beiden Monaten unsere acht Regionalbüros aufgesucht, habe mit allen Mitarbeitern gesprochen, und dann haben wir einen Plan gemacht, die Präsenz systematisch auszuweiten. Alle Menschenrechtsverletzungen sind lokal, alle Friedensverhandlungen fangen auch draußen im Feld an, also müssen wir da sein. Gerade da, wo es Konflikte gibt. Wir haben deshalb in den beiden vergangenen Jahren unsere Präsenz im Land verdoppelt. Jetzt haben wir 18 Büros in Afghanistan und drei im Ausland (Islamabad, Teheran und Dubai, wo ich gerade sitze und auf meinen Flieger nach New York warte). In diese Ausweitung ist unendlich viel Energie geflossen. Auf allen Ebenen, nicht zuletzt der Verwaltung.

»Logros«: Albertos Bericht beinhaltet das meiste von dem, was ich in den Abschlussbericht über meine Mission in Afghanistan schreiben werde, damit mein Nachfolger nicht so ahnungs- und berichtslos ins Amt kommt wie ich. Meine zahlreichen Lobbyreisen in die Hauptstädte dieser Welt, Washington, London, Brüssel, Den Haag, Paris, Berlin, Moskau, Peking, Tokio, Neu Delhi, Islamabad, Teheran und immer wieder New York, unsere systematischen Bemühungen, die Qualifikation vor allem des afghanischen Personals zu verbessern, die – nicht sonderlich erfolgreichen aber doch nötigen – Kontakte mit den Nachbarländern, die zumindest systematisch gepflegt worden sind und schließlich – kein Erfolg – die Bemühungen, mehr Leute an Bord zu bekommen, als von Bord gehen. Es dauert eine Ewigkeit, bis wir gute neue Leute bekommen, die UN-Prozeduren sind grauenhaft kompliziert, und viele wollen nicht in eine non-family mission, noch dazu in eine mit solchen Risiken. Die kann man ja nicht wegreden. Und wenn wir jetzt doppelt so viele Standorte haben, sind wir auch mehr exponiert.

Ich habe alles Mögliche versucht, die Vorgänge zu beschleunigen, die Motivation derer, die bei uns sind, zu erhöhen, Jobrotation, mehr Gefahrenzulage zu bekommen, bessere Unterkünfte zu bauen und vieles mehr.

Man hat mir die Bemühung gedankt. Hätten wir uns nicht bemüht, wäre der Leerstand jetzt sicher fünfzig Prozent, aber richtig voran sind wir nicht gekommen: Ein Drittel unserer internationalen Stellen ist nicht besetzt, ein Drittel der Leute ist immer krank oder in Urlaub und ein Drittel macht die Arbeit für den Rest. Das zermürbt.

Eigentlich – und wenn ich es hier so aufschreibe, dann sehe ich es nochmal genauer, eigentlich haben wir eine Menge erreicht, wir, das ist hier erstmal die Leitung der Mission. Von oben gesehen. Denn sonst müsste man von den Wirkungen in der afghanischen Bevölkerung sprechen, von den Schulen, den Gesundheitsstationen usw. Hier war die Frage, was ist anders geworden, weil wir es initiiert haben, was können wir hier oben uns auf die Fahne schreiben, was haben wir angestoßen.

Es ist Samstag, 15. September. Ich fahre zur Obrigkeit. Montag habe ich einen Termin bei Jean-Marie Guéhenno. Um 10 Uhr. Nur 15 Minuten »on a personal issue«. Ich will ihm und später auch dem Generalsekretär sagen, dass ich mit Jahresende aus dem Dienst der Vereinten Nationen ausscheiden möchte, dass ich in fast zwei Jahren in Afghanistan einiges erreicht habe, dass zumindest ich einigermaßen zufrieden damit bin, dass ich die UN mit dem Gefühl verlasse, getan zu haben, was ich konnte. Und natürlich gebe ich ihnen Albertos Papier. (Alberto hat sich für verschiedene Stellen in New York und Nepal beworben, beides family missions und er wird sicher von beiden ein Angebot bekommen. Logro.)

Afghanistan ist heute mehr denn je auf der Tagesordnung der Weltpolitik. Es hat sich also nicht eingestellt, was mir vor zwei Jahren vorausgesagt worden ist. Es sind mehr Truppen in Afghanistan, das versprochene Geld und noch viel mehr ist geflossen, die UN ist wichtiger und auch gefragter denn je und »unsere Hand ist am Pulsschlag der Zeit« – wie Qualtinger das formulieren würde. Es gibt gegenwärtig bei der NATO und in den Hauptstädten eine Diskussion, ob nicht sogar ein ganz Großer her muss, einer wie Tony Blair oder ein Ex-Präsident zum Beispiel aus Polen, der der Afghanistan-Mission, der internationalen Gemeinschaft, der NATO, der UN und den Mitgliedsstaaten noch mehr Schub geben könnte, die Probleme in und mit verschiedenen Hauptstädten (Italien, Deutschland, Holland) löst, die Nachbarn Afghanistans zusammenbringt, die NATO-Konzepte mit den Entwicklungskonzepten vernetzt. Ein Superman. Eine Diskussion, die ich immer auch ein bisschen gegen mich gerichtet verstehe, weil ich natürlich nicht der große Diplomat bin, der allen bekannte und alle überzeugende Politiker auf Weltniveau – mir liegt noch immer mehr die örtliche Liga, die vorörtliche Politik und nicht die Welt der Kongresse, Konferenzen und Empfänge. So werde ich auch bei der Sitzung in New York nächste Woche, die Präsident Karzai und Generalsekretär Ban Ki-moon leiten werden, schweigend und schreibend in der zweiten Reihe sitzen. Natürlich hätte ich jetzt nicht so viel Lust, mir jemanden vor die Nase setzen zu lassen, der mir sagt, wo's langgeht, der Einspruch erhebt, wenn ich zuviel über die zivilen Opfer rede. Aber wer weiß, ob es soweit kommt. Gestern hat mir Karzai gesagt, Afghanistan habe an so einem

»Special Envoy« – das ist der Terminus technicus – kein Interesse. Ich glaube, er hat das mehr aus Freundschaft als aus hochpolitischen Erwägungen heraus gesagt. Aber anscheinend wollen die Amerikaner dergleichen. Und so ist auch vom Kapitol aus gesehen der Zeitpunkt richtig: Wenn umfangreiche neue Konzepte gefragt sind, sind auch neue Leute dran. Schließlich hat mich Kofi Annan auch nicht als Weltstrategen geholt, sondern weil er wollte, dass die Mission mit der Situation fertig wird, die sich ihr nach der Londoner Konferenz, nach den Parlamentswahlen (und vor der insurgency) gestellt hat, und weil er jemanden gesucht hat, der das vor Ort zusammenbringt, was die großen Strategen vielleicht vergessen hätten.

Ich bin gespannt, was sie zu unseren »Logros« sagen werden, wenn sie überhaupt etwas dazu sagen.

Erstmal bin ich natürlich gespannt, wie die nächsten dreieinhalb Monate ablaufen. Hoffentlich spricht es sich nicht so bald rum, sonst bin ich ein Vierteljahr auf Abschiedsfeiern, lame duck. Noch gespannter bin ich, wie es mir geht, wenn ich im neuen Jahr dann wieder in Frankfurt bin, nach sieben Jahren, unterbrochen nur durch das »Sabbat-Jahr« in Berlin.

27. September 2007

Dem Generalsekretär habe ich wie geplant geschrieben, dass ich mich mit dem Jahresende von der UN verabschieden möchte. Das hat er wie erwartet zur Kenntnis genommen. Ob mit Bedauern, das weiß ich nicht. Er war nur über die eineinhalb Monate überrascht, die mein Vertrag ja noch gelaufen wäre, wenn ich ihn nicht mit meinem Brief fristgemäß gekündigt hätte.

Die Nachricht sickert über die Presse schon durch. Mein Pressesprecher hat mir empfohlen, sie sickern zu lassen und nur beiläufig zu bestätigen. Das passt mir auch besser, ein

Joschka'scher Abgang scheint mir zu dramatisch und außerdem repetitiv.

Um den Präsidenten nicht zu übergehen, habe ich ihm einen Brief geschrieben. Den wird er morgen oder übermorgen kriegen.

28. September 2007

Ein (erfreulicher) Besuch ist gekommen, einfach reingeschneit, gestern in mein Büro und heute um 11 Uhr in den Palast: Ahmad Taheri von der *FAZ* mit Sohn Benjamin und Fotografen. Er will ein langes Interview machen. Deshalb kommt er dann morgen nochmal. Ein angenehmer Gast zwischen den Welten von Afghanistan oder besser Persien und Frankfurt. Sein Sohn geht hier als Afghane durch, in Deutschland als Deutscher, spricht auch beides. So haben wir eine Weile im Garten gesessen und haben uns bestäuben lassen. Er musste heute etwas über die entführten Kollegen vom Roten Kreuz schreiben. Das ist vorgestern passiert, als sie die schon fast freie deutsche Geisel, die seit Wochen festsitzt, begleitet haben, dann aber anscheinend selber in eine Falle von anderen Gruppen gerieten. Ich mache mir um die beiden Ausländer und die beiden Afghanen nicht so viel Sorgen wie sonst, denn das Rote Kreuz ist eine allen Parteien wohlbekannte neutrale Institution, die ohne Ansehen der Person und der Verbrechen alle im Gefängnis betreut, allen Verwundeten aller Fronten mit Medikamenten hilft und bei allen Taliban seit Jahrzehnten ein hohes Ansehen genießt. Anscheinend sind sie aber auf irgendwelche Kriminelle getroffen, die sich mit der talibanischen Obrigkeit nicht abgestimmt hatten. So hoffe ich, dass die Taliban die Ordnung selbst wiederherstellen. Ob das allerdings auch zur Befreiung der deutschen Geisel führt, weiß ich nicht. Und schiefgehen kann natürlich auch alles.

Zu berichten gibt es nur Routine, die Pakistaner ärgern sich über meine Studie zu den Selbstmordattentaten und haben sich in New York bei Jean-Marie Guéhenno, der Obrigkeit also, beschwert, dass ich General Musharraf nicht hinreichend für seinen Kampf gegen den Terrorismus preise, das heißt den Bock nicht hinreichend vergärtnere.

Deutsche ParlamentarierInnen-Delegationen kommen und gehen in Eile (es ist mal wieder Erdferkelzeit). Sie wollen sich im letzten Moment vor der Bundestagsabstimmung noch kundig machen bzw. zeigen, dass sie sich kundig gemacht haben. Zu meinem Erstaunen ist die ärgerliche Entscheidung der Grünen, dem Mandat mehrheitlich nicht zuzustimmen, hier doch bekannter geworden, als ich das für die Entscheidung einer der vielen kleinen Oppositionsparteien in einem der vielen kleinen europäischen Ländern vermutet hätte. Alle sprechen mich (und den Außenminister) darauf an, und in der afghanischen Zeitung wurde auch darüber berichtet. Ich habe mich bisher der Kommentierung entzogen. Das wird mir beim *FAZ*-Interview wahrscheinlich nicht mehr gelingen.

Am kommenden Mittwoch ist die für mich letzte Sitzung des Joint Coordination and Monitoring Board mit 7 Ministern und 24 Botschaftern, denen ich gemeinsam mit dem afghanischen Wirtschaftsratsvorsitzenden vorzusitzen habe. Wie immer herrscht Hektik, sind viel zu viele Dokumente vorgelegt worden und sollen diskutiert werden. Die Zeit ist zu kurz für so viel Papier und so viele Leute, die sicher alle was sagen wollen. Und sicher gibt es wieder eine Menge Konflikte, die durch Formelkompromisse im letzten Moment beigelegt werden müssen. Ich habe – auch wie immer – Sorge, ob es mir gelingen wird, so viele Flöhe zusammenzuhalten bzw. zu veranlassen, erst aus dem Sack heraus zu hüpfen und etwas Bahnbrechendes mitzuteilen und dann wieder hinein, damit ich ihn zubinden kann. Nur eine Sorge habe ich diesmal nicht: die Zeit. Auch wenn alle viel zu lange reden – spätestens um 6 Uhr haben sie alle Hunger und dann dürfen sie (nach dem Gebet) ja wieder essen, also wird jede Sitzung der islamischen Welt spätestens um diese Uhrzeit enden. Dem Ramadan sei es gedankt.

Dafür gehen den Leuten aber wegen des Fastens die Launen und Temperamente leichter durch, sagen mir erfahrenere Kollegen. Ich werde sehen. Glücklicherweise sind keine Waffen im Saal. Voraussehen lässt sich schon jetzt, dass der einzige wirkliche Rüpel, der stellvertretende pakistanische Botschafter, Skandal machen wird. Er ist vom Geheimdienst und lässt bei keiner Sitzung einen provokativen Auftritt aus. Das letzte Mal ist es dem amerikanischen Botschafter gelungen, ihn zur Ordnung zu rufen.

Lampenfieber habe ich schon jetzt, auch wenn mir das niemand glauben wird. Aber ich würde das Kapitel JCMB doch gern mit einer halbwegs geordneten und erfolgreichen (was immer das heißen mag – aber mindestens »bella figura«) Sitzung beschließen. Die nächste wird am 6. Februar in Tokio stattfinden, da müssen andere Figuren bellen.

3. Oktober 2007

Gestern hat mich einer meiner Mitarbeiter noch zu einer Mauerwanderung geschleppt, zweieinhalb Stunden über die Hügel und Mauern der Stadt Kabul. Ich habe mich die Berge rauf und wieder herunter geschleppt, meine Kondition ist dahin, ich muss dringend etwas daran machen, aber – als wir schließlich oben waren – war es doch angenehm, und wenn der Schmerz nachlässt und man wieder im Auto sitzt, dann ist es sogar ganz schön. Und so habe ich endlich mal die Stadtmauer der Stadt Kabul und eine der Festungen gesehen und begangen.

Schön ist es ja in Kabul, wenn es nur sicher wäre. Vor 20 oder 30 Jahren, da muss es sogar sehr schön gewesen sein, da gab es auch noch Bäume und eine Altstadt. Sie ist jetzt weitgehend zerstört, auch die Stadtmauer über die Berge ist kleiner geworden, denn von da aus hat man heftig geschossen und gekämpft. Jahrelang hat die Stadt von drei verschiedenen Parteien unter Beschuss gelegen. Die sitzen jetzt alle im Parlament und genießen die neuen Häuser der Reichen.

11. Oktober 2007

Ramadan ist fast vorbei – morgen oder übermorgen. Die Dienerschaft ist entlassen für Eid, das Ende des Ramadan, das diesmal auf einen freien Tag fällt, ob Freitag oder Samstag, das müssen die Weisen im Morgenland noch feststellen. Und deshalb wird am Montag und Dienstag weitergefeiert. Also wird in der ganzen muslimischen Welt vier Tage nicht gearbeitet und viel gebetet. Ich habe mich inzwischen daran gewöhnt, dass der Imam uns eigentlich permanent, Tag und Nacht, mit Lautsprechergebeten beschallt. Um 11 Uhr abends zum letzten Mal und um 4 Uhr morgens zum ersten Mal, also mitten in der Nacht. Vom Tage ganz zu schweigen.

Ich fliege am Samstag ab, bin bis zum nächsten Morgen in Dubai: Hier ist es herbstlich kühl, in Dubai ist es sicher wieder 40 Grad, dann New York – ich muss noch bei Donnerwetter.de anfragen, wie kalt es in New York ist. Vor zwei Jahren war ich am 1. Dezember in leichter Kleidung da und es hat fußhoch Schnee gelegen. Aber in New York bin ich ja nur eine Nacht und eineinhalb Tage, dann fahre ich schon wieder nach Genf ab. Ich sammle Meilen. Was soll ich nur mit all den Meilen machen? Ich habe längst das Goldene Luftsportabzeichen.

Glücklicherweise haben meine klugen Mitarbeiter mir eine Rede geschrieben, denn ich weiß überhaupt nicht, was ich dem Sicherheitsrat bei meinem letzten Auftritt vor diesen hohen Herren sagen soll. Vielleicht Tschüss oder so was Schlichtes. Aber dafür 2.700 Dollar und das halbe Weltklima verfliegen? Was ist der Mehrwert eines solchen Auftritts? Hätte nicht eine E-Mail mit meiner, das heißt meiner Mitarbeiter Rede gereicht? Ein Mausklick für alle 15 Ratsmitglieder.

Dann habe ich noch vier Sitzungen, drei davon sind langweilig und Routine – mit Leuten, die ich nach dem Jahreswechsel ganz bestimmt nie wiedersehen werde. Aber man muss ja die Höflichkeit wahren. Vielleicht treffe ich dann noch den einen oder die andere im Lift, die zu sehen ich mich einen Moment lang freue, aber das war's dann auch schon. Am 20. November muss ich wahrscheinlich schon wieder hin, wieder ganz kurz, denn eigentlich will ich da in Lahore Ahmed Rashid besuchen, den Mann, der das entscheidende Buch über die Taliban geschrieben hat. Gleichzeitig ist die Hochkommissarin für Menschenrechte in Afghanistan und in Brüssel ist ein Seminar, zu dem ich eingeladen worden bin, mal wieder im Auftrag des Fürsten zu Liechtenstein. Ich könnte nur noch reisen die nächsten Monate, wenn ich wollte. Aber ich stelle mir natürlich immer mehr die Frage: Was will ich da, wo ich hinreise? Denn im Sinne der Kontaktpflege, der Diplomatie, der Förderung von UNAMA kann's ja nicht sein, denn kaum bin ich zurück, da bin ich ja auch schon wieder weg. Ende Dezember sollte ich dann wohl nochmal nach New York fahren und mich vom Generalsekretär verabschieden, wie man das höflicherweise macht, meinen Diplomatenpass abgeben …

Auch wenn ja der heilige Monat Ramadan ist, habe ich mich doch kräftig geärgert: über meinen illoyalen Stellvertreter, über den Assistenten des Präsidenten, der es fertiggebracht hat, mir eine Woche lang keinen Termin beim Präsidenten zu geben, und über den Präsidenten, der weitere Todesurteile vollstrecken will, über meine Rumänen, die finden, ich muss aus Sicherheitsgründen einen Riesenumweg fahren, um nach Hause zu kommen, über die Norweger, die zu einer Sitzung darüber, wie es weitergehen soll in Afghanistan, nicht mich eingeladen haben, sondern meinen illoyalen Stellvertreter, über das Wetter, das kühl wird, über meine Heizung, die nicht geht, über die Frage, ob ich zwei oder drei Koffer mitnehmen soll, über die Katzen, die anscheinend überall rumlaufen und mich zum Niesen bringen, über meinen Roman, der gestern zu Ende gegangen ist und den ich heute nicht gleich nochmal lesen kann, weil ich noch zu genau weiß, was drinsteht, darüber, dass ich zu viele Bücher habe, die ich alle in den Koffer reinpacken muss und erst nach Dubai, dann nach New York, dann nach Genf, dann in den Zug und dann endlich nach Frankfurt mitnehmen muss, darüber, dass ich keine Waage habe, um festzustellen, ob meine Bücher mehr als 24 Kilogramm wiegen, kurz, der Tag ist versaut.

26. Oktober 2007

Ich lese gerade ein Buch von Shah Muhammed Rais, dem »Buchhändler in Kabul«, über den und dessen Familie eine Norwegerin namens Åsne Seierstad einen Bestseller dieses Titels geschrieben hat. Die Einleitung zu seinem Buch (von einer anderen Norwegerin) beginnt: »There is only one country foreigners write more self-righteous, intellectually assured rubbish about than Afghanistan: ours.« Ich glaube, sie irrt. Leider ist das der munteren Einleitung folgende Buch des erzürnten Objekts des Bestsellers auch nicht gerade gut. Aber originell. Er hat es wohl auch geschrieben, weil seine Beschwerde ruchbar wurde, jemand habe sich an seinem Schicksal finanziell bereichert und er richtigstellen will, dass er sich und seine Familie, die die Autorin fünf Monate lang beherbergt hatte, beleidigt fühlt, nicht seine Kasse. Richtig ist aber auch, dass die Berühmtheit, die er und seine Buchhandlung international durch das in viele Sprachen übersetzte norwegische Buch erlangt haben, seine Geschäfte florieren lässt.

Sein Buch hat den Vorzug, dass es ein Afghane ist, der schreibt und sich mit uns auseinandersetzt und nicht nur einer von uns, der über Afghanistan versucht, mit sich selbst ins Reine zu kommen, sondern einer, der seine Sichtweise vorbringt – auch über uns, das heißt in diesem Fall über eine Journalistin und Schriftstellerin.

Ich wende mich aber doch von Shah Muhammed und seinem Buchladen mit den viel zu teuren Büchern ab und kehre nach Pakistan zurück, wo man alle Bücher für den halben Preis kriegt und auch noch viele andere – in schöngeistiger Literatur ist der Laden in Islamabad nicht so gut sortiert, aber dennoch: Die meisten internationalen Bestseller sind in indischen, das heißt billigen Paperbackauflagen vorrätig und dazu eben noch die unendlich bunten Bücher über Afghanistan. Sollte ich dem intellektuellen Müll jetzt auch noch was hinzufügen?

Meine einzige Studieninitiative aus der UNAMA heraus ist auch nicht gerade erfolgreich gewesen: die über die Selbstmordattentate, ein Thema, das mich immer noch bewegt und worüber ich gerne weiter lesen, nachdenken und vielleicht auch schreiben möchte. Nach vielem Schieben und Drängen ist sie endlich auf unserer Webseite erschienen, allerdings ohne Genehmigung aus New York. Proteste der pakistanischen Regierung über die unbequemen Wahrheiten auf höchster Ebene der UN haben dazu geführt, dass ich die Studie von der UNAMA-Webseite wieder herunternehmen musste. Jetzt ist sie nicht mehr zugänglich. Das Material und die Erkenntnisse werden von anderen ausgeschlachtet und veröffentlicht, der Lorbeer geht mal wieder an mir vorbei.

Gestern hatte ich ein Erfolgserlebnis, oder bürokratisch präziser: das Erlebnis des plötzlichen Emporschnellens der Hoffnung auf einen Erfolg in einer Sache, die ich schon fast verlorengegeben hatte: Seit dem ersten Tag hier macht mir die hohe Personalvakanz zu schaffen. Als ich kam, waren 30 Prozent der vorhandenen Stellen nicht besetzt, nur für kurze Zeit waren es mal unter 20, jetzt sind es wieder 29. Auch wenn wir uns noch so sehr anstrengen, die Verwaltungsabläufe zu straffen, es gehen immer mindestens so viele Leute weg, wie wir neue für Afghanistan gewinnen können. Die Fluktuation ist zu hoch, der Durchschnitt bleibt unter zwei Jahren (wozu ich nun auch beitragen werde). Ganz am Anfang lag's an der mangelnden Unterstützung von New York. Jetzt ist diese zwar verbessert worden, aber nun ist die Sicherheitslage so schlecht, dass die Leute deshalb absagen. Besonders ärgerlich ist, dass sie absagen, wenn alle bürokratischen Auswahl- und Einstellungsprozeduren zu Ende sind. Ich habe den Eindruck, dass die Leute ihrer Frau oder ihrem Mann erst sagen, dass sie sich für Afghanistan beworben haben, wenn das Angebot auf dem Tisch liegt. Dann rutscht natürlich der Haussegen in den Keller, und man schreibt uns »leider nein«. Und wir fangen die Prozedur von Neuem an: Stellenbeschreibung, Ausschreibung, Vorauswahl, Interviews, Shortlist, New York beteiligen (fünf verschiedene Stellen mindestens), Angebot schicken, und wenn wir Pech haben, springt schon wieder ein Ehepartner aus dem Fenster: »Ich hab Dir doch gesagt, wenn Du da hingehst, dann musst Du Dir einen anderen suchen.«

Wir haben alles versucht: Beschleunigung, spezielle Ausschreibungen nur für Afghanistan, Sonderkommission für schnelle Einstellungen (genannt Tiger-Team), »Wetten-dass wir-es-hinkriegen-die-Rate-auf-fünf-Prozent-zu-senken-Initiativen« – alles hat nichts geholfen.

Vor einem Jahr habe ich herausbekommen, dass die in Irak eine Sonderprämie kriegen und dadurch bessergestellt sind. Also habe ich mich mit allen Sorten von Leuten in New York getroffen, die mir zur Sonderprämie etwas sagen oder weiterhelfen könnten. Als ich die entscheidenden Schritte und Vorgehensweisen kannte, gab es Widerstände, Hürden, Bedenken – alle in freundliche Worte verpackt und voller Verständnis.

Schließlich habe ich den Generalsekretär selbst mit der Angelegenheit belämmert. Das war nicht so einfach, denn ich hatte jeweils nur fünfzehn Minuten für meine Treffen, aber ich habe die Sache angebracht, und der neue Generalsekretär (»I am a man of action, not an idealist«) war erstaunlich aufgeschlossen. Vor allem wohl, weil er gerade hier in Afghanistan gewesen war. Brav haben die Beamten mitgeschrieben, was er gesagt hat, aber bewegt hat sich erstmal nichts. Vor vier Wochen habe ich ihn dann zum zweiten Mal damit behelligt. Ich dachte, er würde mich sofort rausschmeißen, aber das wäre mir dann auch wieder egal gewesen, weil ich nicht einsehen konnte, dass alle sagen: »Ja, das ist richtig, das ist eine gute Idee, das sollte so sein«, und keiner was macht. Erstaunt hat Ban Ki-moon daraufhin in die größere anwesende Runde gefragt, wer denn dagegen sei und warum man den Vorschlag immer noch nicht aufgegriffen habe, und sogar hinzugefügt: »Wer dagegen ist, soll nach Afghanistan gehen.« Nur getan hat sich immer noch nichts.

Letzte Woche in Genf schließlich habe ich einige der üblichen Abwiegler und -lehner nochmal angesprochen und angedeutet, dass ich in vier Wochen, wenn ich den Generalsekretär das nächste Mal sehe, die Sache zum dritten Mal ansprechen würde, mit dem Vorschlag verbunden, seine Anregung ernst zu nehmen: Wir bräuchten in der Tat ein paar gute Verwaltungsleute in Afghanistan. Das hat offenbar gewirkt, und ich habe die entscheidende Verfügung gestern im Entwurf gesehen – noch nicht unterschrieben und auch noch nicht bezahlt, das sind die nächsten Hürden – aber immerhin schon: ein Brief des Generalsekretärs in dieser Sache an die UN-Finanzbehörden mit meinem Vorschlag einer Sonderprämie für das internationale Personal in Afghanistan. Monatlich 1.500 Dollar rückwirkend ab dem 1. Oktober 2007. Das sieht gut aus. Alberto, der mich auf all diesen unzähligen Behörden- und Bittgängen begleitet hat, und ich, wir haben gestern Abend Schnaps darauf getrunken und uns gefreut. Das ist das richtige Abschiedsgeschenk für die treuen Hinterbliebenen. Und rückwirkend ab dem 1. Oktober – genau die richtige

Zeit, um auch deutlich zu machen, wem die Lorbeeren gebühren, die ich mir natürlich höflich mit all denen teilen werde, die bis zum letzten Moment alles verhindert haben, die mich systematisch nicht unterstützt haben usw. Aber ich werde mich auch mit den Wenigen freuen können, die mir eben doch geholfen haben, die mir geraten haben, was ich machen sollte oder die mich einfach nur immer bestärkt und begleitet haben wie Alberto. Schlappe vier Millionen Dollar wird das die UN im Jahr kosten. Geld spielt natürlich keine Rolle, nein, und wir sind alle nur aus Idealismus hier, wie könnte man auch aus einem anderen Grund hier arbeiten – aber für die Sekretärinnen, die Sicherheitsleute, die niedrigen Chargen, für die, die nicht so viel verdienen wie ich, für die sind 1.500 im Monat schon was, und für uns reine Idealisten, die wir viel verdienen ... na ja ... eigentlich haben sie doch Recht, die dicken Rheinländerinnen, die auf den beliebten Kaffeefahrten auf dem Oberdeck der Rheindampfer sitzen und sich nach zwei Stücken von der guten Buttercremetorte noch ein drittes genehmigen und mit einem Hauch von Empörung in der Stimme sagen: »Man kann sich doch nicht alles versagen.«

Noch ist es natürlich nicht so weit. Noch muss ich Bittgänge zum Controller machen, das ist der, der in New York der Kämmerer ist, zum ACABQ, das ist der Ausschuss, dessen Namen man nur in Großbuchstaben kennt und der das Geld genehmigt, dann die Generalversammlung, die irgendwann Ende Dezember beschließt ... aber es bewegt sich was, Hoffnung kommt auf. Für mich, als einen, der die Absenzrate dann selbst bald vergrößert, wahrscheinlich weniger ein monetärer als ein Verwaltungstriumph, eine Genugtuung, eine Anerkennung meiner Leute und – wenn's denn gelingt – ein Erfolg auf genau dem Feld, wo ich finde, dass ich etwas besser kann als andere, auf dem Feld der Bürokratie. Ob das dann schließlich die Absenzrate runterbringt, stabilisiert oder nicht, das kann sich dann mein Nachfolger ansehen.

Es sind noch zwei Monate. Ich reise viel, die Termine sind dieselben, die Leute auch. Trotzdem ist es anders für mich. Alles hat den Hauch des Letztmaligen oder Vorletztlichen. Wenn ich – wie heute – Baburs Garten besuche, eine der wenigen Freizeitflächen, die selbst mir in der Stadt zur Verfügung stehen (mit zwei Leibwächtern), dann ist es ein Abschied. Wenn ich zum Teppichhändler Nomad fahre, dann denke ich an den letzten Teppich, wenn ich mich mit meinen Leuten berate, dann denke ich daran, was eigentlich unbedingt NOCH gemacht werden müsste und was eigentlich mein Nachfolger SCHON machen sollte, auch wenn es den noch gar nicht gibt. Ich ziehe Bilanz.

Leute fragen mich, ob sie mich nochmal sehen, bevor ich weggehe, natürlich lüge ich, um mich nicht gleich zeremoniös verabschieden zu müssen. Und das Lame-duck-Syndrom erfasst mich natürlich auch: Da laden mich die politischen Direktoren der wichtigsten Geberstaaten zu einem Treffen erst gar nicht mehr ein, sondern meinen Stellvertreter, was meine Obrigkeit so verärgert, dass ihr Zorn meinen Stellvertreter trifft, als habe der ein Komplott geschmiedet. Leider ist das wahrscheinlich nicht ganz falsch, aber wieso weiß das die Obrigkeit? Und wieso weiß mein Stellvertreter nicht, dass er ertappt wurde? Na ja, das ist mir nicht mehr so wichtig. Ich muss mich mit ihm nicht mehr lange auseinandersetzen. Zwei Monate noch. Lame duck, nicht Donald.

Plötzlich habe ich mal ganz wenige Termine. Werde ich umgangen? Bin ich schon abgemeldet oder melde ich mich ab? Beides ein bisschen. Ich habe viele Reisen geplant. Kleine Reisen. Die Nachbarländer will ich alle noch aufsuchen – mit Ausnahme von China. Mehr des Kennenlernens als des Dienstes wegen vielleicht. Aber zwei Jahre und nicht bei den nördlichen Nachbarn gewesen zu sein, das ist nicht gut. Mein Vorgänger hat auch eine Abschiedstour gemacht. Und warum nicht. Vielleicht hat ja Turkmenistan seine Reize, Tadschikistan, da werde ich sicher nie mehr hinkommen. Und in

Lahore war ich immer noch nicht. Und nach New York muss ich auch nochmal. Zum sogenannten »policy committee« und zum Verabschieden. Ende November/Anfang Dezember wird das sein. Ich habe eine Liste gemacht, 22 Leute muss ich dort sehen. Da geht schon eine Woche für drauf. Und die Büros hier im Land muss ich auch nochmal besuchen, um mich von meinen Mitarbeitern zu verabschieden. Mindestens die acht wichtigsten.

Es wird entschieden Herbst. Das heißt noch nicht, dass es regnet. Nur Frühnebel und damit verbunden Flugschwierigkeiten, Kühle bei Nacht, noch nicht Kälte, und Staub bei Tag. Regnen wird es wohl erst im Dezember. Es ist die Zeit der Heizaggregate und Wasserboiler. Gestern Abend ist unserer in der Küche beinahe geplatzt. Der überhitzte Dampf hat sich schließlich durch eine Fuge Luft gemacht und eine Stunde lang gezischt, obwohl wir nach langem Suchen die Ursache gefunden und den Strom abgestellt hatten.

In Afghanistan das Opfer eines explodierenden Warmwasserboilers zu werden, das wäre der lächerliche Tod. Das wollen wir doch nicht. Ich habe gestern, als es zu zischen anfing, gleich gedacht: Das ist der Tod, den ich meinen ärgsten Feinden so herzlich wünsche, wie die ihn mir.

Und mit solcherlei Sottisen befasse ich mich, wenn in aller Welt die Frage gestellt wird, wie geht's in Afghanistan weiter, was muss gemacht werden, um die Taliban aufzuhalten, wie kann die Situation verbessert werden, was ist falsch gelaufen, wird es besser laufen 2008? Ja, ich finde, ich habe getan, was ich konnte. Und mehr müssen andere machen. Die Verfügungen letzter Hand sind oft nicht so wirkungsvoll. Also halte ich mich mit Aktivismus ein bisschen zurück.

Es wird in diplomatischen Kreisen gesprochen, dass jetzt alles ganz anders werden muss, nur keiner weiß wie, eine neue Initiative muss in Gang kommen, nur keiner weiß, wer sie eigentlich tragen soll. Ich finde, anders als manche der Akteure haben die UN angesichts der gegebenen Umstände, ihrer Verfasstheit und der politischen Konstellation unter den UN-Mitgliedsstaaten viel geleistet. Jetzt mehr Verantwortung zu übernehmen, für das, was falsch gemacht worden ist, oder für das, was anders gemacht werden müsste, ist seinerseits falsch.

Mehr müsste in den Aufbau der Polizei investiert werden, von den Afghanen, von den Ländern, die in Afghanistan engagiert sind. Die Verwaltung sollte mehr unterstützt werden, aber nicht von den UN, sondern von den Amerikanern, von Europa, mehr müsste getan werden, um die Situation in Pakistan zu stabilisieren, aber da kann die UN offenbar noch nicht mal die Wahrheit laut sagen. Das müssen die Mitglieder des Sicherheitsrates übernehmen. Ich möchte nicht, dass die UN in eine Rolle gedrängt wird, die zu spielen sie von genau den Mitgliedsstaaten gehindert wird, die sie da hinbringen wollen. Im militärischen Bereich kann die UN in Afghanistan nichts tun und sollte auch nicht in eine Koordinierungsfunktion geschubst werden. Ein bisschen kommt es mir so vor, wie die UN in Irak. Jetzt hat der Sicherheitsrat beschlossen, die UN-Mission in Irak zu verstärken. Wie ich aber von den Beteiligten weiß, kann die UN mit den Leuten, die sie in Irak hat, so gut wie nichts machen, sie kommen aus der Grünen Zone nicht raus. Wozu dann noch mehr Verantwortung und Risiko übernehmen? Verantwortung braucht auch Handlungsspielraum, und den hat die UN in Irak null. In Afghanistan ist das anders. Aber wir haben den Raum, der uns zur Verfügung steht, finde ich, weitgehend ausgeschöpft.

Wenn sich die USA und die Engländer streiten, wie dem Drogenproblem zu Leibe gegangen werden soll, dann kann die UN den Streit nicht schlichten. Wenn sich Ochs und Esel streiten, kann der kleine Max nicht dazwischengehen. Genauso ist es mit der Polizei. Da streiten sich die USA mit Deutschland und Europa. Beide Parteien sind aber so starke Mitglieder der UN, dass die UN nicht intervenieren kann, ohne zu riskieren, im Sicherheitsrat von ihnen dafür abgestraft zu werden. Wenn Ochs und Esel nicht wollen, dann kann auch der kleine Max nicht. Aber dem Max die Verantwortung dafür zu geben, das der Karren nicht vorankommt, ist ein willkommener Ausweg für beide, den Ochsen und den Esel.

Ich habe bei unserer SRSG-Tagung in Genf in der vorigen Woche gelernt, dass Darfur und Sudan zurzeit in derselben Lage sind. Der Sicherheitsrat hat den UN dort ein großes Mandat übertragen, gibt ihnen aber jetzt nicht die Mittel und vor allem nicht die Soldaten, um das Mandat umzusetzen. Das kann nur scheitern, wie in Srebrenica – wo am Schluss auch die UN verantwortlich gemacht worden ist und niemand sich überlegt hat, warum die Truppen nicht das richtige Mandat und nicht die richtigen Kräfte für die allen bekannte Situation hatten.

Meine Hoffnung für Afghanistan liegt immer mehr bei den USA unter demokratischer Führung, dass man dann einfach besser wird, aus Irak abzieht, den Einsatz in Afghanistan erhöht und sich systematisch um den Sicherheitssektor kümmert. Auf die Europäer kann man – glaube ich – kaum setzen. Und die Amerikaner sind in ihrem Einsatz hier so vielschichtig, machen so viele Sachen schlecht und so viele gut – die schlechtesten und die besten PRT-Kommandanten sind Amerikaner, die besten und die schlechtesten Projekte werden von den USA betrieben und selbst in den Menschenrechten gibt's bei den Amerikanern die besten und die schlechtesten Leute, dass sie sich insgesamt doch verbessern können müssten. Die Hoffnung der Afghanen ruht sowieso auf den Amerikanern, vor denen haben auch die Taliban Respekt. Sie sind die lead nation, der Hauptaktionär.

29. November 2007

Fast alle Termine in New York sind vorbei. Morgen Mittag hat mich der Generalsekretär eingeladen, mit ihm zu speisen, was ich natürlich gern mache, auch wenn ich nicht weiß, ob er gut kocht.

Und morgen Nachmittag habe ich frei, mich den Buchhandlungen zu widmen.

Mein Palast wäre beinahe verwüstet worden: Ein Selbstmordattentäter hat sich und seinen Toyota in der Nachbarschaft in die Luft und in einen beachtlichen Krater gesprengt. Das Ziel – einen Konvoi von US-VIPs – hat er nur gestreift, dafür aber zwei herumstehende afghanische Sicherheitsbeamte mit ins Paradies genommen. Nach muslimisch-fundamentalistischer Lehre werden sie dort von je siebzig Jungfrauen erwartet. Gut, dass ich nicht da war, vor allem gut, dass Alberto nicht da war, denn in seinem Bad sind erhebliche Schäden durch Glasbruch angerichtet worden. Im ersten Stock unseres Palace 7 sind die meisten Scheiben zu Bruch gegangen. Dagegen haben wir eigentlich einen Plastikfilm vor den Fenstern, der verhindern soll, dass sofort 100.000 Splitter durch die Bude fliegen, wenn es kracht. Nur im Badezimmer von Alberto hatte man offenbar am Material gespart.

Das Geschehen hat natürlich die Zeitungen beschäftigt, auch die *New York Times*, so dass ich mich hier mal wieder als am Pulsschlag der Zeit befindlich stylen konnte. Das hat der professionellen Glaubwürdigkeit geholfen.

15. Dezember 2007

Ich habe doch noch sehr viel zu tun und es will und will nicht abnehmen.

Alberto fährt schon vorher ab, am 20. Dezember. Die restlichen Tage bin ich allein. Es ist trotzdem gut, dass ich so geplant habe, denn der Außenminister und der Präsident haben noch einen Empfang für mich vor, man muss sich doch mit Anstand verabschieden, also ist es gut, dass ich noch einen Anzug hier habe.

Es ist eisig. Ich muss noch nach Bamyan, da ist es minus 30. Hoffentlich zieht sich nicht der Himmel zu, wenn ich da bin, denn dann bleibe ich stecken. Es kann mir auch noch passieren, dass alle Abschiedsständchen gesungen sind und ich warte drei Tage in der VIP-Lounge, dass der Flieger abgeht.

Im Kalten ist Palace 7 schon eine Zumutung. Ich weiß gar nicht, wie ich das im vorigen Jahr ausgehalten habe.

Auf jeden Fall habe ich es satt. Vor allem das Arbeiten. Einfach mal nicht arbeiten – aber ob ich das kann?

Noch viel Presse, Leute, die wissen wollen, was ich finde, richtig gemacht zu haben die letzten zwei Jahre, und was falsch, was sich gebessert hat, ob es sich gelohnt hat und wie weiter, alles Fragen, auf die ich keine Antwort weiß, wenn ich ganz ehrlich bin.

Freunde in New York haben mich angerufen, ob ich nicht den freien Posten als Leiter der Menschenrechtskommission in Kolumbien annehmen wolle. Ich habe abgesagt, obwohl es heiß ist in Kolumbien. Zu heiß. Zu weit. Zu viel. Zu alleine. Nicht schon wieder.

Ich kann gar nicht so viele Bücher schreiben, wie ich gefragt werde zu schreiben. Ob ich überhaupt ein Buch schreiben will, weiß ich nicht so genau. Jedenfalls nicht über die Vergangenheit. Daxner wurde eingeladen zur 25-Jahrfeier der Grünen oder der Böll-Stiftung oder so was, um über die letzten 25 Jahre zu diskutieren. Er hat abgesagt und gesagt, er würde kommen, wenn sie über die nächsten 25 Jahre diskutieren wollten. Das finde ich eine gute Position.

19. Dezember 2007

Die Abschiedsfeierlichkeiten nehmen kein Ende. Gestern die für und mit Alberto hier bei uns. Er hat gekocht, Pasta natürlich, viele Leute waren da, die ganze italienische Mafia. Alles sehr bewegend.

Nun geht also meine zweite Wohngemeinschaft in der Fremde zu Ende. Morgen früh ist tränenreicher Abschied. Dann sitze nur noch ich in meinem leeren Palace und zähle die Tage. Dann sind es noch zehn. Die meisten davon Feiertage, was die Lage erschwert, denn dann ist nichts zu tun außer die Reste vom Schnaps zu trinken, die Koffer zu perfektionieren. Aber beides hat seine Haken. Die verbleibenden Spirituosen sind nicht so attraktiv. Vor allem der rumänische Fusel, der mit mehr Gefühl als Geschmack geschenkt wurde. Die Koffer dagegen sind ein moving target, denn immer neue Geschenke müssen akkommodiert werden, egal ob schön oder nicht so. Ich sollte damit wirklich einen Import-Export-Handel aufmachen. Die schwersten sind auch gleich die am wenigsten brauchbaren.

Am 30. habe ich unmittelbar vor der Abfahrt eine Personalversammlung. Ich bin sicher, sie werden mir einen weiteren Teppich gewaltiger Größe und gewaltigen Gewichts schenken. Und der muss mit. Also werde ich mich in ihn einwickeln, ihn gleich anbeißen oder dergleichen. Natürlich zählt auch nicht die Gewichtsbeschränkung, denn ich fliege mit unserem eigenen Flieger los.

Leider gibt es keinen Termin mehr, auf den ich mich richtig freue oder den ich wirklich gern mache. Abschied ist nichts Schönes, finde ich. Ich sollte ihn meiden. Weiß nur nicht wie.

Die Nachfolgediskussion spitzt sich auf Lord Ashdown aus England zu, einen Menschen, den ich nicht mag, obwohl ich ihn noch nie gesehen habe. Dafür hat er aber schon über mich gelästert. Ich glaube, die ersten Monate müssen meine Stellvertreter ohne Chef auskommen. Ich hoffe, sie geraten sich nicht in die Haare, was leider schon abzusehen ist.

Gestern war ich in Jalalabad, um mich von meinen dortigen Mitarbeitern zu verabschieden. (Zwei Leuchtor aus dem Sudan, ein selbstgemaltes Bild mit Tom drauf, ein Teppich, den ich dezent hier im Palace 7 liegenlassen werde). Ich bin mit dem Auto gefahren, weil ich die beeindruckende

Landschaft sehen wollte. Der Weg führt über zig Kilometer durch eine enge Schlucht, durch die sich auch der Kabul-Fluss zwängt. Aller Lastwagenverkehr nach Kabul muss da durch, und die Felsen sind abenteuerlich. Die neu gebaute Straße wird von Schafen und Kamelen mitgenutzt. Auch wenn ich meist meinen Sicherheitsleuten nachgegeben habe, die mir immer zum Flugzeug raten, diesmal hatte ich einen Grund – es ist Winter- und Nebelzeit und ich wollte auf jeden Fall am Abend zu Albertos Abschiedsparty zurück sein. Der Flugverkehr ist wirklich in den Nachmittagsstunden zusammengebrochen. Allerdings erreichte mich gleich nach der Rückkehr auch eine Drohung, die, von den Geheimdiensten aufgeschnappt, sich – das ist selten – direkt gegen die UN richtete: gegen einen Konvoi der UN zwischen Jalalabad und Kabul, also genau die Strecke, die wir gerade zweimal gefahren waren. Gar nicht schön, alle Welt wurde nervös. Ich fürchte, irgendjemand gibt meinen Terminplan den falschen Leuten, dem muss nachgegangen werden. Ich werde nicht mehr mit dem Auto fahren, wenn es auch mit dem Flieger geht – hab auch nicht mehr viel Zeit dazu, und meine Sicherheitsleute werden langsam das Kommando hier ganz übernehmen – das ist was für meinen Nachfolger. Nun ist eine Drohung noch kein Anschlag, aber irgendwie fühlt man sich doch mal wieder wie der Reiter übern Bodensee, wie eine ganze Reiterstaffel.

Noch elf Tage reiten.

23. Dezember 2007

Morgen haben mich die Rumänen zur rumänischen Weihnachtsfeier eingeladen, weil sie finden, ich bin ja sooo alleine. Das wird sicher in viel Schnaps ausarten. Aber was soll ich machen und vor allem: Was soll ich ihnen denn schenken? Alles mal zwölf. Was hat Jesus denn seinen Jüngern geschenkt?

Nichts als Ärger, glaube ich. Halstücher, Mützen, Kleinigkeiten aller Art, die sind doch alle schon längst geschenkt.

Glücklicherweise haben mich alle anderen Christen verlassen. Die Muslime schenken zu Weihnachten nichts und kriegen nichts. Allah sei Dank. Dafür überreichen sie mir zum Abschied dann tief gefühlte Teller und großformatige Zerbrechlichkeiten von gewaltigem Gewicht, dabei habe ich schon Übergewicht! Vor allem um den Bauch herum. Und Scheußlichkeiten habe ich auch genug. Aus allen Kontinenten.

Der Präsident gedenkt mich mit einer Medaille zu ehren. Sicher ist sie nach irgendeinem historischen Schlagetot benannt und gestiftet. Wenn er wenigstens gegen die Engländer gefochten hat, dann hat's noch einen kleinen Witz, da mein ungeliebter Nachfolger wahrscheinlich ein Engländer sein wird. Also bitte ...

Aber als der Präsident mich davon in Kenntnis setzte, hat er genuschelt, und ich konnte den Namen des Stifters nicht verstehen. Jetzt versucht mein ganzes Sekretariat herauszukriegen, um was und wen es sich denn handelt. Und wer der entsprechende Turbanträger ist, mit was der Orden verbunden ist – hoffentlich nicht mit dem Recht, vier Frauen zu haben. Das halte ich nicht mehr durch. Das Alter.

Es wimmelt von Feiertagen. Und ich habe noch zwei Reisen in die Provinz vor. Heute ist schon eine in den Schnee gefallen. Dafür habe ich dann den amerikanischen Botschafter getroffen. Nur war das Treffen nicht nachhaltig. Er hat ein weiteres angeregt. Also am 29. zum Mittag. Carajo!

Einen Treffer hat es gegeben: Der koreanische Botschafter hat mich zu einem Abendessen eingeladen. Es war wie erwartet langweilig. Das Essen ist ein Abklatsch des japanischen und das ist ein Abklatsch des chinesischen Essons. Also Wasser? Nein, das Abschiedsgeschenk: »Sie werden es brauchen«, meinte er. Und es trägt nicht auf, meinte ich angesichts des sehr kleinen Pakets.

Ein Samsung Handy neuesten Modells. Wirklich alles dran. Mit arabischen Schriftzeichen. Es macht Musik, schreibt E-Mails für mich, vielleicht ja auch ein Buch, es treibt die Rechnungen ein, ordnet meine Termine, weckt mich morgens, bringt mich abends ins Bett. Tamagotchi-Qualitäten.

»... und draußen – oh wie schön – es schneit und schneit.« (Börries von Münchhausen).

Natürlich ist es schön, wenn es schneit und man nicht raus muss, und es ist auch nicht schlimm, dass ich mich nicht von meinen Mannen in Gardez verabschieden kann, auch sonstige Verabschiedungszeremonien sind eigentlich überflüssig, vor allem, wenn sie wie gestern in Bamyan in voluminösen und schweren Geschenken kulminieren, von denen ich nicht weiß, wie ich sie mitnehmen soll. Vielleicht kann ich sie einfach hier im Schnee vergraben?

Heute sieht es so aus, als wolle es drei Wochen schneien. Gut, nur am 30. Dezember soll es bitte kurz aufhören. Ich will nach Hause.

Was ist, wenn mein Stellvertreter wegen des schneeigen Wetters nicht reinkommt und ich nicht raus? Wer ist dann zuständig – ich bin hier abständig, nicht zuständig. Was mache ich? Ziehe ich ins Serena um und lausche den Serenaden? Wer wird sie mir singen? Serenaden im Schnee? Serenaden und Schnee ja bitte, aber nicht zu schwer und nicht zu lange.

11. März 2011

Palace 7

Hinter der weißen Eisentür, einmal im Hof drin, ist alles wie damals. Von Stefan, einem der Rumänen aus meinem Leibwächterteam, der jetzt schon zum dritten Mal in Afghanistan Dienst tut, werde ich stürmisch und wohlgelaunt auf der Eingangstreppe begrüßt, der Koch und der Hilfskoch warten gespannt, auch Umarmungen, Rückenklopfen, freudiges Strahlen, noch bevor der Hausherr kommt. Nur Koko-Sher, der alte Butler, ist nicht mehr dabei. Er ist vor einem Jahr mit dem Fahrrad auf dem Weg zur Arbeit überfahren worden. Ich hatte ein paar Bilder für seine Familie mit, auf denen zu sehen ist, wie er Alberto und mir den Tee serviert, während wir über irgendwelchen Akten sitzen. Die Szene ist zwar fürs Foto gestellt, bildet den alten Mann aber in seiner leicht ironischen und immer freundlichen Dienstbarkeit gut ab. Ich kondoliere seinem Sohn, der inzwischen als Wachmann für die UN Dienst tut und seinem Vater nicht ähnlicher hätte sein können: wieder herzliche Umarmungen, diesmal der Trauer.

Es ist ein bisschen wie nach Hause kommen, nach mehr als drei Jahren: die düstere Baulichkeit sozialistischen Stils aus den sechziger Jahren, der betonierte Hof mit dem Wachhäuschen und den dürren Bäumen ringsum. Auch drinnen ist fast alles gleich geblieben. Der Hausherr, Staffan de Mistura, mein Nach-Nachfolger im Amt des SRSG, schreitet die Treppe herunter, immer bestens gekleidet, mit Nastüchlein und allem. Wir haben vor zehn Jahren im Kosovo ein paar Monate zusammen gearbeitet. Er ist der einzige Mensch, den ich kenne, der am selben Tag wie ich Geburtstag hat, nur drei Jahre später. Seit 41 Jahren ist er bei den UN.

Beim Abendessen, wie stets braune Allerleisuppe, verkochtes Gemüse, Hammel, bunter Reis und Salat ohne Dressing, fragen wir uns: Was hat sich in den letzten drei Jahren verändert?

Das Auffälligste zuerst: die Vielzahl der Barrikaden, Betonmauern, Absperrungen, Schlagbäume, der ubiquitäre Stacheldraht, die Gewehre, Soldaten, Polizisten, Wachmänner ohne Zahl und überall, jede Mauer über vier Meter hoch, Durchfahrtsstraßen, die gesperrt worden sind, alle Zufahrtsstraßen zu den Botschaften und anderen wichtigen Baulichkeiten mit Slalom-Schikanen verbaut, allein vier Schlagbäume bevor man am Tor des Palace 7 ist, die nachbarliche deutsche Botschaft ist zur Festung geworden. Alle beamteten Deutschen wohnen da hinter Blenden und Gittern, und es wird immer noch weiter aufgerüstet bis 2014. Die britische Botschaft sieht wie ein Hochsicherheitsgefängnis aus, erweitert und noch mehr verschanzt, die kanadische Botschaft ist hinter den Barrikaden vollkommen verschwunden. Das ganze Viertel ist so, aber auch viele andere Orte und Straßenzüge der Stadt, graue Betonwände und Hindernisse überall, wo Regierungs-, Polizei-, Militär- oder sonstige wichtige Gebäude sind. Wir kommen trotzdem ohne langen Halt durch mit unseren drei gepanzerten Mercedes-Geländewagen nebst acht Leibüberwächtern, die mir das liebe Bundeskriminalamt für diese Reise verordnet hat. Solche gepanzerten Wagenkolonnen sieht man allenthalben, ohne Nummer und mit abgedunkelten Scheiben, von Polizei oder sonstigen Sicherheitskräften begleitet, alle viel zu schnell unterwegs. Die kleinen Straßenpolizisten zu Fuß haben ihnen gegenüber längst aufgegeben, sie winken uns schleunigst durch und weg und aus den Augen, damit wir den dichten Verkehr von alten Toyota Corollas und anderen Schrottwagen, Taxis, Mofas, Fahrrädern, Esel- und Handkarren nicht noch mehr stören – dazwischen auch immer noch Leute zu Fuß: ein dichtes Getümmel auf miserablen,

staubig-dreckigen Wegen und Straßen in furchtbarem Zustand. Und über all dem schwebt am sauberen, hellblauen
Himmel ein metallisch glitzernder Zeppelin. Er ist an einem
Seil so hoch gelassen worden, dass ihn die aufständischen
Gewehrkugeln nicht erreichen. Seine Kameras überwachen
die Stadt. Es soll im ganzen Land fast hundert wie ihn geben.
Identifizieren die Sensoren einen Schuss, dann – so erklären
die Generäle – richten sich die Linsen auf den Täter und informieren ISAF, CIA, Special Ops, ANA.

Der Verkehr ist eindeutig mehr geworden, viel mehr als
vor drei Jahren. Die Stadt ist jetzt noch geschäftiger, schmut-
ziger und eiliger, Läden und Kioske haben sich vermehrt,
Markt an jedem Straßenrand, das volle ärmliche Leben – und
Strom: Es gibt Strom, täglich Strom in Kabul, Energie, Licht
bei Nacht, endlich ist die große Stromleitung aus dem Norden fertig und in Betrieb, die Wasserkraftwerke in den Nach-
barprovinzen, manche davon von Deutschen gebaut, in den
sechziger Jahren schon einmal und jetzt wieder neu. Nur ein
oder zwei Stromausfälle pro Tag – oder vier –, nicht mehr der
ewige Lärm und Gestank der Generatoren: selbstverständ-
licher Strom, das ist eine Errungenschaft, die man vergisst,
sobald sie Gewohnheit ist. Das Licht reicht noch nicht den
ganzen Berg hinauf bis in die ärmsten Siedlungen, ist aber
doch allgegenwärtig und damit auch das Fernsehen.

Es gibt viel Bautätigkeit, nicht nur für die Häuser der Reichen, sondern auch Industriebau und sogar Geschosswoh-
nungsbau auf matschigen Feldern und städtischen Freiflä-
chen. Im Stadtzentrum ist die Moschee endlich fertig, mit
braunen Kacheln – mir hätten blaue besser gefallen – und
das Institut Français mit Knaben- und Mädchenlyzeum ist
vergrößert und frisch renoviert. Nur das Goethe-Institut
daneben ist immer noch in demselben beklagenswerten Zustand wie vorher. Aber auch in der Innenstadt haben sich
Barrikaden und Verhaue verdreifacht. Der Park um den
Präsidentenpalast ist glücklicherweise so groß, dass da die

Absperrung weiträumig ist und damit weniger martialisch scheint, aber die US-Botschaft und der CIA versuchen nicht einmal mehr den Anschein zu erwecken, als seien wir nicht die Besatzer, die über dem Gemeinderecht stehen, die Mächtigen, Reichen, Privilegierten, geschmack- und anstandslos, als wollten wir ewig hier bleiben.

Wollen wir aber nicht. In der politischen Diskussion ist 2014 gesetzt und in aller Munde. Ich suche diese Gespräche. Was wird sein, wenn all die ausländischen Soldaten und mit ihnen die Hilfskräfte, die Heere von Übersetzern und Helfern, Fahrern und Facilitatoren abziehen oder arbeitslos werden? Zunächst einmal: werden sie?

Ich frage General Petraeus, den Oberkommandierenden aller US- und ISAF-Soldaten. Er empfängt in seinem kleinen Büro, demselben von militaristischen Kitschigkeiten vollen Raum, in dem schon seine Vorgänger gearbeitet haben. Im Herzen des Headquarter der ISAF hat sich anscheinend wenig verändert. Der General spricht zunächst zur allgemeinen Lage, die wie immer positiv ist, große Fortschritte seien 2010 gemacht worden, die aber noch nicht unumkehrbar seien, 2011 werde wieder ein hartes Jahr werden, man müsse leider auch wieder mit Verlusten rechnen, aber insgesamt habe sich der Einsatz der zusätzlichen Truppen gelohnt. Die deutschen Truppen hätten Großes geleistet.

2011/2014: Ja, man werde hier und da schon Mitte des Jahres ein paar Soldaten heimschicken und Abzug 2014 sei möglich, unter bestimmten Bedingungen – wenn der Aufwuchs der Afghan National Army (ANA) sich weiter zügig fortsetze, wenn es weiterhin gelinge, den Taliban auch in Pakistan das Rückzugsgebiet streitig zu machen. Es werde auch nicht so sein, dass man die Afghanen ganz allein ließe: »We have to have a strong partnership in spite of difficulties. We have to recall, why we are here: Afghanistan does not go to be a sanctuary to terrorists. ANA is now much stronger. But we will keep some presence some way. Intelligence will stay, logistics, aviation, high flying gun-ships, enablers, our predator-drones etc. We have the best intelligence, the best cell-phone experts, we can hear, what they say, their communication, we have the best interrogators, jammers. Some countries may have a certain presence but the character may be different ...« Die besten Verhörspezialisten? Ach ja ...

Dann wird die neue counter-insurgency-(COIN)-Strategie erläutert und gepriesen (der Begriff lässt mir in Erinnerung an Chile immer noch eine Gänsehaut über den Rücken laufen) – es ist alles dabei, von der gezielten Capture-or-kill-Aktion bis zur humanitären Hilfe aus Soldatenhand. Er hat sie und das entsprechende Manual (600 Seiten) vor fünf Jahren in Washington selbst mitentwickelt. Petraeus ist Politiker und Krieger, sicher einer der klügsten, den die USA haben. Man möchte nicht sein Feind sein. Er erinnert mich an Wesley Clark, der damals 1999 in Pristina die Russen notfalls mit Gewalt vom Flugfeld vertreiben wollte. »Kick them out«, hatte er befohlen und von Mike Jackson, dem englischen KFOR-Kommandeur, die legendäre Antwort bekommen: »I won't start World War III.«

Ich vertiefe nicht die Debatte, wer nun die besten Verhörspezialisten der Welt hat, sondern frage danach, ob nach dem Neubau des Gefängnisses in Bagram, die alte Haftanstalt, die Jahre zuvor traurige Berühmtheit erlangt hatte, ganz geschlossen sei, und bekomme zur Antwort, dass er die Fehler, die im Irak gemacht worden seien, aufgearbeitet habe, dass in seinem Team die besten Menschenrechtler der USA seien und dass er aufs peinlichste darauf achte, dass alle internationalen Rechtsstandards eingehalten werden. Alle Häftlinge könnten vom Roten Kreuz, von mir, wenn ich wolle, und der afghanischen Menschenrechtskommission besucht werden. Letzteres hat mir Dr. Sima Samar, die bewundernswerte Leiterin dieser unabhängigen Kommission, bestätigt.

Die Intensität der Arbeit der Spezialkräfte sei, so der General, in den letzten 90 Tagen höher als je zuvor gewesen: Bei 1.665 Operationen seien 354 mittlere Führungskräfte des Gegners getötet oder gefangen, 513 sonstige Aufständische getötet und 1.841 gefangengenommen worden. Insgesamt seien 1.600 in amerikanischem und acht- bis zehntausend in afghanischem Gewahrsam. Auch die Deutschen hätten jetzt die ersten COIN-Operationen nach dem Zweiten Weltkrieg erfolgreich unternommen, wozu er uns gratuliere. Ich bin weniger begeistert, denn die völker- und menschenrechtliche Grundlage dieser Form der Kriegsführung, die anscheinend zum Schwerpunkt der militärischen Aktion in Afghanistan und Nord-Pakistan geworden ist, bleibt fragwürdig. Anscheinend soll sie also auch nach 2014 von den USA fortgesetzt werden. Auf einem Empfang mit Botschaftern verschiedener NATO-Länder erfuhr ich, dass es in England kaum Bereitschaft gibt, sich nach 2014 noch an Kampfhandlungen zu beteiligen, geschweige denn bei den kleineren Partnern.

Den Optimismus bezüglich der Fähigkeiten der afghanischen Sicherheitskräfte teilt übrigens Rangeen Spanta, den ich vor einem Jahr noch in Berlin als Außenminister gesehen hatte. Jetzt ist er Sicherheitskoordinator und wieder Berater des Präsidenten. Das ist gut, denn er ist der Einzige, der beim Präsidenten für Menschenrechte eintritt und auf den dieser auch (manchmal) hört. Ich treffe ihn im Präsidentenpalast, um den herum es, wenn man all die immer opulenteren Sicherheitsbarrieren hinter sich gelassen hat, noch genauso aussieht wie immer: ein kleiner ansprechender Park mit alten Bäumen und schlichten Baulichkeiten. Sein Büro ist in einem Seitenflügel, das Besprechungszimmer noch von denselben hässlichen Bildern von Kriegen und Kriegsgerätschaften im Wandel der Zeiten verunziert.

Spanta äußert sich zum geplanten Abzug 2014: Kein Land auf der Welt könne Fremdbestimmung, ja Besatzung viel länger als zehn Jahre ertragen, das ganze Heer der Berater, die gepanzerten Autos, das Geld, das an allen Regierungsstrukturen vorbei und in alle Sorten von Kanälen fließe, aber keine Stabilität oder gar Nachhaltigkeit bringe. Es sei Zeit, dass die Afghanen die Chance bekämen, sich selbst zu regieren, aus den eigenen Erfolgen und Fehlern zu lernen, und dass das Geld da ankommt, wo es gebraucht werde ... Und die Korruption, ja die Korruption, die gäbe es wie in jedem Land, das arm sei und Bürgerkriege hinter sich habe, da seien aber beide beteiligt, die Geber, die das meiste Geld ihren eigenen Beratern zahlten, genauso wie die Afghanen. Sie mussten noch sehr viel lernen, regeln, selber machen. Berater bräuchten sie nur da, wo sie diese selbst ganz konkret anforderten, gezielt, einzelne, von ihnen benannte Personen, zeitlich begrenzt, nicht wie im Finanzministerium, wo 200 hochbezahlte zweifelhafte Spezialisten sich alle drei Monate die Klinke in die Hand gäben, ohne mehr zu hinterlassen als Wüste. Sollten die Afghanen doch erstmal scheitern, bittere Erfahrungen machen, bittere, aber eigene Erfahrungen! Dies sei ein armes Land, das nie kolonialisiert worden sei. Das würde es auch jetzt nicht werden von der internationalen Gemeinschaft, ein armes Land, das seinen eigenen Weg finden müsse – gerade die USA und noch schlimmer England ... Der Sicherheitsberater läuft heiß, betont aber auch (alles auf Deutsch), dass der Präsident nichts auf die Deutschen kommen ließe, ihnen blind vertraue, aber immer wieder mahne, dass die Amani-Oberrealschule, eine inzwischen heruntergekommene deutsch gegründete Traditionsschule, wieder zur besten Schule Afghanistans werden müsse, wie sie es einmal gewesen sei. Der Zorn meines Freundes macht auch vor UNAMA nicht halt: Die UN solle sich aus den nächsten Wahlen besser ganz heraushalten, die mit eigenen Mitteln organisiert werden und schlicht wie in Indien oder in der Türkei stattfinden sollten, ohne teure internationale Beobachter in Kolonnen von gepanzerten Wagen. Da würde dann vielleicht betrogen und gefälscht. Aber mehr als bei der letzten Wahl, die 150 Millionen Dollar gekostet habe, sicher auch nicht. Der Wut entgeht auch sein Nachfolger nicht, weil dieser die professionellen Strukturen, die er damals im Außenministerium geschaffen habe, zerstöre und als Botschafter oder Abteilungsleiter im Amt vor allem Verwandte von Marshall Fahim, Khalili oder Sayyaf berufe – alle drei Warlords, die sich übermäßig bereichert haben und eher zum Internationalen Strafgerichtshof nach Den Haag gehören als in die Regierung.

Neben allem konjunkturell vielleicht schwankendem Zorn auf Amerika oder England, die UN und die internationale Gemeinschaft insgesamt bleibt eine oft berechtigte Kritik am wenig koordinierten Intervenieren in diesem und jenem Feld und an der überfürsorglichen Kolonialisierung insgesamt, die nach zehn Jahren unerträglich wird. So ist die Festlegung auf das Jahr 2014 als Ende der internationalen Beteiligung an Kampfeinsätzen in Afghanistan, die zunächst aus US-innenpolitischen Erwägungen von Obama getroffen worden ist, eine, die auch der afghanischen Innenpolitik entgegenkommt. Für die deutsche Beteiligung am militärischen Teil der Operation (bei insgesamt 130.000 Soldaten zurzeit in Afghanistan sind die deutschen 5.500 etwa 4,2 Prozent) ist 2014 also Fixpunkt. Die deutschen militärischen Fazilitäten spielen nach 2014 keine Rolle mehr. Umso wichtiger ist es, die Versprechungen für nachhaltige zivile Aufbauhilfe gerade über 2014 hinaus ernst zu nehmen. Diese Nachhaltigkeit war das eigentliche Thema meines Besuchs.

Wenn man in Afghanistan sucht, was eigentlich von der sowjetischen Intervention geblieben ist, auch diese war ja nicht nur militärisch, dann findet man hier und da ein paar Bauten einschließlich Palace 7, Straßen und Dämme, vor allem aber trifft man auf eine stattliche Zahl von gut ausgebildeten Experten, Professoren und Politikern, Ärzten und Ingenieuren, auch viele Frauen darunter, die damals an afghanischen, sowjetischen und anderen Universitäten des sozialistischen Ostblocks studiert haben. Die Mädchen gingen damals zur Schule, und es gab eine Vielzahl von Bildungsmöglichkeiten, die eine ganze Generation mehr oder minder genutzt zu haben scheint. Natürlich sind auch die Offiziere in der Sowjetunion ausgebildet worden, viele davon heute im Zentrum der neuen Armee.

Die größten Erfolge der jetzigen Intervention zeichnen sich wieder im Bildungsbereich ab, wo anscheinend etwas weniger Korruption herrscht als anderswo, wo es kontinuierliche Fortschritte seit 2001 gegeben hat. Hier scheinen die Afghanen von der internationalen Präsenz am meisten zu profitieren. Vergleicht man allerdings den Aufwand, der hier getrieben worden ist mit dem im Bereich des Militärs, oder die Investitionen in Stahl und Beton mit denen in Köpfe und Wissen, die Kosten der technischen Experten mit denen der Bildungsträger, dann fällt die Bilanz eher spärlich aus. Der Minister für höhere Bildung, der dritte oder vierte seit 2001, empfängt mich in demselben schäbigen Gebäude in der Stadtmitte. Er hat niemanden im Amt, der etwas von Hochschulplanung versteht, die Mittel fließen nur spärlich. 140.000 Schüler haben die Hochschulreife erlangt, nur 60.000 davon können in diesem Jahr aufgenommen werden. Die Zahl der potenziellen Studenten wächst rapide. Die Hälfte der Bevölkerung ist 18 Jahre alt oder jünger. Das sind die Herausforderungen der nächsten Jahre.

Die Universität Kabul ist immer noch in einem beklagenswerten Zustand. In den anderen Universitätsstädten sieht es noch ärmlicher aus. Jalalabad, Herat sind ein bisschen besser dran, aber nicht viel. Im Bereich der höheren Bildung erwarten die Afghanen etwas von der internationalen Gemeinschaft und explizit auch von Deutschland. Es gibt ein paar gute Projekte, die die dazugehörigen Lehrkräfte stolz zeigen, zum Beispiel ein Kooperationsprojekt mit der Humboldt-Universität in Informatik, 30 oder 40 Studenten arbeiten hier auf internationalem Niveau. Auch im Norden gibt es jetzt löbliche Initiativen für Verwaltungsakademien in Mazar und Kunduz. Das Ministerium hat einen Masterplan für 30 Provinzen fertig und hofft auf Hilfe. Man will ein oder zwei Modelluniversitäten bauen im Lande, mit deutschen Partnern zusammen, nur welchen?

Nicht nur der Hochschulminister, auch die anderen Ministerien, die Menschenrechtskommission, die Oberschulen sogar, alle Bildungseinrichtungen rechnen auf uns. Das ganze Schul-, Ausbildungs-, Berufsbildungs- und Fortbildungswesen hat Hochkonjunktur. Und diesen Erwartungen könnten wir besser entsprechen, als denen an unsere Soldaten, jetzt schon, nicht erst 2014. Während der militärische Komplex immer in dem Widerspruch von ausländischer Besatzung und nationaler Entwicklung steht, wird hier der internationale Standard, wird die Zusammenarbeit gesucht, die fremde Hilfe erwartet, die Internationalität gefragt. Nirgends treffen sich die Notwendigkeiten der Nachhaltigkeit und die Möglichkeiten der internationalen Kooperation so offensichtlich wie in der Bildung. Ich glaube, dass da das Feld des Engagements über 2014 hinaus liegen könnte und sollte, dass da die deutsch-afghanische Zusammenarbeit langfristig hingehört. Da gibt es auch die besten Traditionen. Der DAAD ist offenbar weder institutionell noch personell dazu in der Lage, diese Chance wahrzunehmen, das Auswärtige Amt und das Entwicklungshilfeministerium verzetteln sich in kleinkrämerischen Streitigkeiten, wer denn nun zuständig sei. Die Frage, ob's nun Entwicklung oder ausländische Kulturpolitik heißen soll, führt dazu, dass man letzten Endes beides nicht gut macht, nichts langfristig anlegt und die Mittel unkonzentriert verbrezelt.

Ich rede mit den Stiftungen Böll und Ebert, mit Frauen-NGOs anlässlich des Frauentages, mit Botschaftern und afghanischen Beamten, mit Geschäftsleuten, Lehrern und Professoren, und alle haben so ungefähr dieselbe Erwartung: Deutschland soll helfen, die Bildungselite im Lande zu fördern, eine Fortsetzung dessen, was mit der deutschen

Amani-Oberrealschule schon vor dem Weltkrieg begonnen worden ist und die Freundlichkeit der Afghanen den Deutschen gegenüber immer beseelt hat. Warum es da heute nur noch drei deutsche Lehrer und kein Geld für die nötigsten Renovierungen gibt, kann mir niemand erklären, auch nicht, warum der Bau und die personelle Ausstattung des Goethe-Instituts auf Minimalniveau gehalten werden.

Von unserem militärischen Engagement wird nicht viel bleiben, wo es nicht um Aus- und Fortbildung ging, die Kriegsgeräte, Kasernen und Polizeikommissariate werden schnell herunterkommen, wenn sie nicht klug verwaltet und gepflegt werden. Auch die gebauten und renovierten Schulen werden in einen desolaten Zustand zurückfallen, wenn wir die Afghanen nicht lehren, sie selbst zu erhalten.

Nicht nur ich gerate bei diesem Thema ins Schwärmen. Auch die Afghanen zeigen hier eine Begeisterungsfähigkeit, die selbst bei dem zornigen Dr. Spanta unter seiner schlechten Laune wegen der scheußlichen Alltäglichkeit der Besatzung schnell wieder hervorkommt. Das Bildungsthema wird übrigens vor allem von Frauen – afghanischen wie ausländischen – verstanden. »Education and Human Rights must not be compromised in any political negotiation«, heißt es mit Bezug auf Gespräche mit den Taliban. Das könnte auch das Motto für nach 2014 sein.

De Mistura fragt mich großzügig, was ich ihm für UNAMA rate. (Ich habe ihm nichts zu raten, er ist im Amt.) Drei Dinge, die auch ihm wichtig sind, will ich aber bestärken:

1. Die Präsenz der UN in der Fläche. In 23 Provinzen gibt es inzwischen UNAMA-Büros, die unabhängig von der militärischen Präsenz ihre Aufgaben wahrnehmen können, seit Jahren und in kommenden Jahren, mit afghanischem und mit internationalem Personal; es ist meine Erfahrung, dass die UN-Mission gerade da am meisten gebraucht wird, wo sonst wenig Hilfe hinkommt, wo kein Krieg und wenig

Medienpräsenz ist oder die Aufmerksamkeit schwindet. Die UN war vor 2001 im Land und muss mit ihren Organisationen auch nach 2014 bleiben;

2. Menschenrechte als Schwerpunkt des Mandats der Mission und wichtigster Schlüssel zur Zusammenarbeit mit der afghanischen Zivilgesellschaft; Menschenrechte sind Kern jeder demokratischen Bewegung, wie sich in Nordafrika gerade jetzt zeigt. Die Sorge um die Menschenrechte verbindet die afghanische Gesellschaft mit den Völkern der Welt.

3. Capacity building als Angelpunkt der Entwicklung des Landes bis und nach 2014, aber das ist für einen so erfahrenen UN-Mitstreiter wie Staffan eine alte Weisheit.

Natürlich tauschen wir uns auch über die gemeinsamen Bekannten hier und dort aus, sprechen über die neuesten Ärgernisse (der Präsident will die Frauenhäuser wieder unter Regierungskontrolle bekommen) und Gerüchte (etwa, dass es im Norden heißt, die Amerikaner setzten jetzt zur Drogenbekämpfung auf das Verstreuen von Unkrautsamen aus der Luft). Eine Nachricht allerdings, die ich immer für ein Märchen gehalten hatte, ist offenbar wahr: Beim Besuch von Mahmud Ahmadinedschad hat der Bürochef des Präsidenten, Daudzai, eine Million Dollar in bar in einer Plastiktüte für die Verbesserung seiner Arbeit erhalten. Der präsidiale Protokollchef hat es gesehen und mir selber erzählt.

Ein Projekt, das so toll und so völlig anders ist, als alles, was ich sonst gesehen habe, muss ich noch schildern, auch wenn es spät geworden ist: Gestern war ich in Skatestan.

Ein australischer Skater, Ollie Perkovich, hat es gegründet. Der Anfang war, dass er in Kabul beim Skaten – gar nicht so leicht, einen geeigneten Fleck dafür zu finden – in einem trockengelegten Springbrunnen mit seinen Skatekünsten die Aufmerksamkeit der Straßenkinder geweckt hatte. Dann hat er einer Gruppe von ihnen Skaten beigebracht, Mädchen und Jungen. Dann hat er Skatestan gegründet: eine Stunde Schule, eine Stunde Skaten. Dann hat er von einem afghanischen Unternehmer ein Gelände, von der deutschen Botschaft Geld für eine Halle und für Schulräume bekommen und schließlich den Idealismus einiger Studenten, die helfen und skaten können, genutzt und eine NGO aufgezogen, die sich um Kinder aus allen Schichten kümmert, ihnen Schule nahebringt und sie Skaten lehrt. Vertrauen ist sein Thema. Vertrauen in die eigene Kraft, ins Lernen, in die Gemeinschaft, in die Lehrerinnen und Lehrer, Vertrauen in die Jugend, Vertrauen in Afghanistan.

Ich besuche eine Klasse – vielleicht 20 sieben- bis elfjährige Jungen, die eifrig malen. Die Mädchenklasse ist nachmittags. Das Thema des Unterrichts wird von den Gruppen frei bestimmt. Zur Zeit sind es afghanische Bräuche. Es werden Hüte und Kleider gemalt und Puppen genäht. Das Nähen gefällt den Jungen besser als den Mädchen. Ich bin erstaunt, wie konzentriert und begeistert alle dabei sind, keiner kümmert sich groß um unseren Besuch, wir stören auch nicht. Die Kinder arbeiten teils allein, teils in Gruppen, eine Stunde lang. Dann geht's auf die Skatebahn. Lehrer sind die Schüler vom vergangenen Jahr. Die Kommunikation ist offenbar kein Problem zwischen dem Initiator und seinen Kindern, Skaten ist Universalsprache. Er sagt, er könne mit seinem Skateboard frei durch die Stadt fahren, überall würden ihn Kinder kennen. Hunderte melden sich bei ihm an. Er kann gar nicht alle aufnehmen. Die Atmosphäre ist locker. Das Ziel ist, Selbstvertrauen zu stärken, auch Vertrauen der Eltern in die Fähigkeiten ihrer Kinder, damit sie sie auf die Schule schicken. Offenbar gelingt das oft. Es gibt keinen Zwang: Carrots without stick. Die carrots sind die Stunden beim Skaten. Jetzt gibt es auch eine Kletterwand. Thema Vertrauen. Vertrauen in die Zukunft.

Ich würde auch gern Skaten lernen.

Fotografien

Kabul 2006

Flughafen Kabul

mit Catalin Tomeci, dem rumänischen Leibwächter (2007)

Empfang mit Plastikblumen (2007)

mit Alberto Brunori und Koko-Sher

Brücke über den Kabul-Fluss

Würdenträger in Afghanistan (2007)

Straßenszene

Mohammed Sahir Shah (1914–2007), König von Afghanistan

Pressekonferenz 24.7.2007

mit Rangeen Spanta und Präsident Karzai, 25.12.2007

Anhang

Chronik Afghanistans

1747:   Gründung eines pashtunischen Königreichs durch den
            Stammesführer Ahmed Shah Durrani; der lose Verbund
            von Fürstentümern und Stämmen gilt als Vorläufer des
            modernen Afghanistan

1801:   Erste offizielle Erwähnung Afghanistans (Land der Af-
            ghanen) in Zusammenhang mit pashtunischen Sied-
            lungsgebieten im Anglo-Persischen Friedensvertrag

1830er
Jahre: Aggressive Politik Englands mit dem Ziel, in Afghanis-
            tan einen Pufferstaat gegen das vordringende Russland
            zu etablieren (»The Great Game«)

1839–1842: Erster Anglo-Afghanischer Krieg zwischen anglo-indi-
            schen Truppen und afghanischem Widerstand; unter-
            stützt von England besteigt Shah Schoja den Thron

1879/80:   Zweiter Anglo-Afghanischer Krieg nach Annäherung
            Scher Alis an Russland; Afghanistan wird zum halb-
            autonomen Protektorat Britisch-Indiens (Stationierung
            britischer Truppen) unter der Regierung Abdurrach-
            man Khans

1893:   Einrichtung der Durand-Linie durch pashtunisches
            Siedlungsgebiet zur Trennung von Afghanistan und Bri-
            tisch-Indien (bis heute gültige Grenze zwischen Afgha-
            nistan und Pakistan)

1919:   Dritter Anglo-Afghanischer Krieg

08.08.1919: Im Vertrag von Rawalpindi erkennt das British Empire
            Afghanistan als souveränen und unabhängigen Staat an

10.04.1923: Verkündung einer neuen Verfassung durch Amanullah;
            der angestrebten Modernisierung nach dem Vorbild
            Atatürks folgt erbitterter Widerstand der afghanischen
            Stämme

31.10.1931: Neue, religiös akzentuierte Verfassung Nadir Shahs, die eine konstitutionelle Monarchie vorsieht

1933–1973: Nominelle Regierung unter König Sahir Shah

1946: Aufnahme Afghanistans in die Vereinten Nationen

01.10.1964: Verfassung nach Vorbild des westlichen Parlamentarismus; 1965 und 1969 Parlamentswahlen

17.07.1973: Putsch Mohammed Daud Khans, Vetter und Schwager des Königs, während einer Europareise Sahir Khans; Ziel eines republikanischen Einheitsstaats

27.04.1978: Sturz Dauds und Machtübernahme durch die UdSSR-unterstützte Demokratische Volkspartei Afghanistans (DVPA); Staatschef wird der Kommunist Mohammed Taraki

1979: »Saur-Revolution«; Machtübernahme islamischer Milizen unter dem neuen Präsidenten Hafisullah Amin

25.12.–
27.12.1979: Einmarsch sowjetischer Truppen; Ermordung Amins; Beginn des Afghanistan-Kriegs

1979–1989: Sowjetische Besatzung und Heiliger Krieg der Mudjaheddin, materiell und logistisch unterstützt von USA, China, Saudi-Arabien und Pakistan

Ab 1980: große Flüchtlingsbewegungen, infolge derer mehr als fünf Millionen Menschen das Land meist in Richtung Pakistan und Iran verlassen

14.04.1988: Das Genfer Afghanistan-Abkommen zwischen USA, UdSSR, Pakistan und Afghanistan beschließt den Abzug der letzten sowjetischen Soldaten bis Februar 1989 sowie die Rückkehr von mehr als fünf Millionen Flüchtlingen; die Großmächte bleiben bei ihrer Unterstützung innerafghanischer Partner im folgenden Bürgerkrieg

28.04.1992: Sturz des Präsidenten Nadschibullah; Regierungsübernahme durch Mudjaheddin

1992–1996: Bürgerkrieg und Zerfall Afghanistans in einzelne Einflussgebiete lokaler Warlords; weitgehende Zerstörung Kabuls

1994–1996: Auftreten und Aufstieg der Taliban im südöstlichen Grenzgebiet zu Pakistan bis hin zur Einnahme Kabuls im September 1996

1996–2001: Herrschaft der Taliban unter Mullah Omar (Islamisches Emirat Afghanistan); fortgesetzte, heftige Kämpfe gegen die Nordallianz unter Führung von Ahmed Shah Massud

19.12.2000: Die UN-Resolution 1333 wirft den Taliban Unterstützung des Terrorismus, Menschenrechtsverletzungen und Drogenhandel vor

12.03.2001: Taliban zerstören die Buddha-Statuen von Bamyan

09.09.2001: Ermordung Ahmed Shah Massuds

07.10.2001: Operation Enduring Freedom; Offensive der Nordallianz unter Führung und mit massiver Hilfe der USA

27.11.–
05.12.2001: Petersberg-Konferenz in Bonn; Verabschiedung eines fünfstufigen Fahrplans – Übergangsregierung, vorübergehende Stationierung einer internationalen Truppe unter dem Mandat der UN, Große Ratsversammlung (Loya Jirga), Wahl des Staatsoberhaupts und Schaffung einer neuen Verfassung – zur Stabilisierung und Demokratisierung Afghanistans

22.12.2001: Einsetzung einer Übergangsregierung unter Präsident Hamid Karzai

Abkürzungen / Institutionen / Abkommen / Begriffe

ACABQ (Advisory Committee on Administrative and Budgetary Questions) Beratungskomitee für Verwaltungs- und Budgetfragen, ein Organ der UN-Generalversammlung, bestehend aus 16 Mitgliedern, die von der Generalversammlung individuell benannt werden. Es hat die wichtigste Stimme bei der Aufstellung und Kontrolle der Haushalte der UN-Missionen

Afghanistan Compact wurde auf der Londoner Konferenz vom 31. Januar/1. Februar 2006 verabschiedet und schloss an das Abkommen von 2001 von Bonn an. Mit dem Fokus auf Sicherheit, Regierungsführung, Wiederaufbau, Entwicklung und Drogenbekämpfung steckt der Compact den Rahmen ab für das internationale Engagement in und die Unterstützung von Afghanistan. An der Konferenz nahmen mehr als 60 Delegierte der afghanischen Regierung, der Vereinten Nationen und der wichtigsten Geberländer teil

Afghan Ownership meint die Übergabe von Aufgaben und Entwicklungsprozessen in afghanische Verantwortung

AIHRC (Afghanistan Independent Human Rights Commission) unabhängige afghanische Menschenrechtskommission

ANA (Afghan National Army) Afghanische Nationalarmee

ANP (Afghan National Police) Afghanische Nationalpolizei, deren Ausbildung durch ein UN-Programm gefördert wird

Appeasement-Politik ursprünglich Bezeichnung für die Beschwichtigungspolitik Englands und Frankreichs gegenüber dem Dritten Reich in den Jahren vor dem Zweiten Weltkrieg. Inzwischen wird mit dem Begriff jede Politik bezeichnet, die gegenüber potentiellen Aggressoren oder diktatorischen Regimen tatsächlich oder vermeintlich auf Beschwichtigung setzt

Bonn-Prozess Mit dem Abkommen auf dem Bonner Petersberg von 2001 wurden zwischen Vertretern von zukünftigen Geber- und Unterstützerstaaten und afghanischen Vertretern sowie der UN Schritte der Befriedung und des staatlichen Wiederaufbaus in Afghanistan vereinbart

Border Management   Grenzmanagement, grenzüberschreitender Verkehr, Zoll, Einreise- und Ausreisekontrollen

Capacity Building/Capacity Development   Aufbau von Fähigkeiten, Bildung, Ausbildung, Fortbildung auf jeder Ebene

Capture or Kill   Gefangennehmen oder töten, militärische counter-insurgency-Strategie, die ihren Erfolg in getöteten oder gefangenen Aufständischen misst

Close Protection Team   Leibwächter

Coalition Forces   Streitkräfte des Bündnisses, im Fall Afghanistans die ISAF

Communications Briefing   Treffen zum Umgang mit der Öffentlichkeit und den Medien bei UN-Missionen

COIN (counter-insurgency), Anti-Aufstandsstrategie des US-Militärs (Abkürzungsjargon)

Country team   Zusammenfassung aller UN-Organisationen (UNICEF, WHO u.v.a.) und UNAMA in Afghanistan

DAAD (Deutscher Akademischer Austauschdienst)   Einrichtung zur Förderung des internationalen akademischen Austauschs für Studierende und Wissenschaftler

DDR (Disarmament, Demobilization and Reintegration)   Der Prozess der Entwaffnung, Demobilisierung und Wiedereingliederung von Milizen wurde 2003 eingeleitet

Department for the Promotion of Virtue and the Prevention of Vice   Abteilung zur Förderung der Tugend und zur Vorbeugung gegen das Laster, ursprünglich eine Institution der Taliban, auf Betreiben der Ulema 2006 durch die Karzai-Regierung wieder eingeführt

DGS (Defense & Government Services) private Sicherheitsfirma, unter anderem in Afghanistan in der Logistik tätig

DPA (Department of Political Affairs) Hauptabteilung Politik im Generalsekretariat der UN. Seit 2005 war Ibrahim Gambari der Leiter, davor Kilian Prendergast

DPKO (Department of Peacekeeping Operations) eine 1992 gegründete Hauptabteilung des UN-Sekretariats für die friedenspolitischen Operationen der UN, 2006 und 2007 war Jean-Marie Guéhenno der Leiter

DIAG-Initiative (Disbandment of Illegal Armed Groups) Initiative zur Auflösung der illegalen bewaffneten Gruppen in Afghanistan

Eradication-Kampagne Kampagne zur Zerstörung der Mohnfelder

Facilitatoren Helfer bei der Durchführung von UN-Programmen

Family Missions UN-Missionen, bei denen Familienmitglieder mitkommen können

Friendly Fire versehentliche Beschießung von eigenen (verbündeten) Streitkräften durch eigene (verbündete) Streitkräfte

Fulda Gap in der »Lücke« bei Fulda erwartete die NATO im Kalten Krieg den entscheidenden Durchbruchsversuch der sowjetischen Panzerdivisionen

GTZ (Gesellschaft für Technische Zusammenarbeit) weltweit agierende deutsche Entwicklungshilfeorganisation (jetzt GIZ – Gesellschaft für Internationale Zusammenarbeit)

Hazaras Afghanische Bevölkerung mongolischer Abstammung und schiitischen Glaubens (ca. 30%)

High Level Panel Forum von ranghohen Politikern, zum Beispiel berufen, um Vorschläge für die UN-Reform 2006 zu machen

HQ Headquarter, Hauptquartier, Sitz der Kommandozentrale, hier meist UN-Zentrale in New York gemeint

Human Rights Watch (HRW) amerikanische Nichtregierungsorganisation, die die Verletzung von Menschenrechten beobachtet und der Weltöffentlichkeit bekannt macht

IDPs (Internally Displaced Persons) Menschen, die innerhalb des Landes geflüchtet sind und in Notsituationen von humanitären Organisationen der UN versorgt werden

IED (Improvised Explosive Device) selbstgebaute, unkonventionelle Sprengvorrichtung, vor allem Straßenbomben

Illegal Armed Groups (IAG) Illegale bewaffnete Gruppen, Milizen, die entwaffnet, demobilisiert und wiedereingegliedert werden sollten

Imam Vorbeter beim islamischen Gebet, auch Ehrentitel für Muslime

ICG (International Crisis Group) unabhängige, nicht gewinnorientierte Nichtregierungsorganisation, in der frühere Regierungschefs und andere politische Repräsentanten verschiedener Länder zusammenarbeiten, um sich in der Krisenprävention und der Krisenlösung zu engagieren

Intelligence People   Feind-Aufklärung

ISAF (International Security Assistance Force)   internationale Sicherheitsunterstützungstruppe in Afghanistan, eine Sicherheits- und Aufbaumission unter NATO-Führung. Die Aufstellung erfolgte auf Ersuchen der Teilnehmer der ersten Afghanistan-Konferenz auf dem Petersberg in Bonn 2001 an die internationale Gemeinschaft und im Auftrag des Sicherheitsrates der Vereinten Nationen (Resolution 1386 vom 20. Dezember 2001). Der Einsatz ist keine friedenssichernde Blauhelm-Mission unter direktem Kommando der UN, sondern ein sogenannter »friedenserzwingender Einsatz« unter Verantwortung der dafür beauftragten Regionalorganisation NATO und Beteiligung von 37 Staaten. Das Mandat für die Beteiligung deutscher Soldaten am ISAF-Einsatz wurde am 22. Dezember 2001 durch den Bundestag erteilt und wird jährlich erneuert. Das Lagezentrum der ISAF in Kabul heißt Situation Center

ISI (Inter-Services Intelligence)   pakistanischer Geheimdienst. Neben dem Transport von Waffen nach Afghanistan im Rahmen des Kampfes gegen die sowjetische Besatzung in den achtziger Jahren des letzten Jahrhunderts bestand der Beitrag des ISI unter anderem in der Ausbildung von ungefähr 83.000 Mudjaheddin. Maßgeblich an der Entstehung der Taliban beteiligt und ihnen teilweise bis heute verbunden

JCMB (Joint Coordination and Monitoring Board)   gemeinsamer Koordinierungs-und Überprüfungsausschuss, aufgrund des Afghanistan Compact eingerichtet. Durch ihn sollen die Zusammenarbeit zwischen der Gebergemeinschaft und den afghanischen Stellen befördert, die Ergebnisse überprüft und Hindernisse aus dem Weg geräumt werden. Den Vorsitz teilen sich der Chefberater in Wirtschaftsfragen des afghanischen Präsidenten und der Sonderbeauftragte des UN-Generalsekretärs in Afghanistan

KFOR   nach Beendigung des Kosovokriegs aufgestellte multinationale militärische Formation

Kutschi   pashtunische Nomadenstämme im Süden Afghanistans

London Compact   siehe Afghanistan Compact

Loya Jirga große beratende Versammlung von Vertretern der afghanischen Stämme und Bevölkerung

Madrassa islamische Koranschule, in den pakistanischen Madrassas wurden viele der Taliban ausgebildet

MINUGUA (United Nations Verification Mission in Guatemala) Mission zur Überprüfung der Tatsachen, die den Versöhnungsprozess zwischen den früheren Bürgerkriegsparteien fördern sollte

Monotoring Board siehe JCMB

Muslim Brotherhood Muslimbrüderschaft, islamistische Organisation, ursprünglich in Ägypten gegründet, fand sie Nachfolger in anderen islamischen Gesellschaften

NGO (Non Governmental Organisation) Nicht-Regierungs-Organisation (NRO)

OEF (Operation Enduring Freedom) Operation dauerhafte Freiheit, von den USA geführte und von den UN legitimierte Operation in Afghanistan gegen Al-Qaida nach dem 11. September 2001

ORB (Occasional Recreation Break) alle sechs Wochen können UN-AMA-Mitarbeiter eine Woche freinehmen

P5 Kürzel für die fünf ständigen (permanenten) Mitglieder des UN-Sicherheitsrates

Pandjiris Bewohner des Pandjir-Tales im Nordosten Pakistans, das weder von den sowjetischen Truppen noch von den Taliban unter Kontrolle gebracht werden konnte

Peace-Jirga afghanische Friedensversammlung

Peacekeeper, Peacekeeping-Force Mitglieder friedenserhaltender Missionen, durch DPKO koordiniert

Policy Committee themenbezogene, entscheidungsorientierte Lagebesprechung der UN-Spitze in New York mit dem Generalsekretär

Provincial Council Provinzrat, gewählte Vertretung auf Provinzebene in Afghanistan, in Ausstattung und Einfluss weitgehend vom jeweiligen Gouverneur abhängig

PRT (Provincial Reconstruction Team) gemischt zivil-militärische Wiederaufbauteams in den afghanischen Provinzen unter jeweiliger Führung der an der ISAF beteiligten Nationen, die Verantwortlichen im militärischen Bereich werden PRT-Kommandanten genannt

R2P (Responsibility to Protect) Schutzverantwortung, seit den Reformbeschlüssen der UN-Generalversammlung vom September 2005 mit den §§ 138 u. 139 in den Pflichtenkatalog der UN aufgenommen. Staaten sind verpflichtet, ihre Bevölkerung vor Genozid, schweren Kriegsverbrechen, ethnischer Säuberung und Verbrechen gegen die Menschlichkeit zu schützen. Sind sie dazu nicht willens oder in der Lage, geht die Verpflichtung auf die UN über; Vorbeugen, Reagieren, Wiedergutmachen sind die zentralen Aufgaben

Représentant Permanent ständiger Vertreter, Botschafter bei der UN

Riga-Konferenz der NATO vom 26. und 27. November 2006, auf der unter anderem über die Rolle der NATO in Afghanistan gesprochen wurde. Für Afghanistan brachte sie keine neuen Ergebnisse

Ring Road Ringstraße, die die wichtigsten Städte in Afghanistan verbindet

Rocket-Propelled Grenades Granaten, die wie Panzerfäuste von der Schulter raketenartig verschossen werden

Sanctuaries Rückzugsräume der Guerilla oder von Terroristen

Security corridors Sicherheitskorridore in gefährdeten Gebieten, sie können zwischen Konfliktparteien vereinbart sein, um humanitäre Hilfe zu ermöglichen, es können aber auch gegen potentielle Angreifer militärisch gesicherte Routen sein

Security permitting soweit es die jeweilige Sicherheitslage erlaubt

SF (Special Forces) Spezialeinheiten z.B. zur Bekämpfung von Terroristen

Shura Beratungsorgan auf Basis islamischen Rechts

Special Envoy Sondergesandter, dessen diplomatische Funktion durch ein spezielles Mandat der UN definiert ist

Special Ops Spezialoperationen

SRSG (Special Representative of the Secretary-General) Sondergesandter des Generalsekretärs. Für bestimmte Missionen ernennt der UN-Generalsekretär einen eigenen Sonderbeauftragten, der dann in seinem Namen agiert. Die Leitung von UNAMA in Afghanistan ist mit der Funktion eines SRSG verbunden, 2006 und 2007 von Tom Koenigs besetzt

Tea Club um im JCMB den Widerspruch von begrenzter Teilnahme und unbegrenztem Beteiligungswunsch zu lindern, wurde der informelle Tea Club gebildet, in dem vor den Sitzungen des JCMB unter den wichtigsten Botschaftern eine Vorklärung angestrebt wurde

Tora-Bora ist ein 1986 im Kampf gegen die sowjetischen Truppen angelegter künstlicher Höhlenkomplex in den Bergen Afghanistans, etwa 40 km südlich von Jalalabad in der Provinz Nangarhar. In diesem Komplex wurde 2001 das Versteck von Osama Bin Laden vermutet, wahrscheinlich entkam er durch Bestechung der lokalen Bevölkerung

Ulema Versammlung der Theologen und Rechtsgelehrten des Islam

UNAMA (United Nations Assistance Mission in Afghanistan) die Unterstützungsmission der Vereinten Nation in Afghanistan basiert auf der Resolution des Sicherheitsrates 1401 (28. März 2002), ihr Mandat wurde immer wieder erneuert, zuletzt durch Resolution 1917 (22. März 2010). Bisherige Leiter und Sondergesandte des Generalsekretärs waren Lakhdar Brahimi, Jean Arnault, Tom Koenigs, Kai Eide, seit 2010 steht Staffan de Mistura in der Verantwortung

UNDP (United Nations Development Programme) Entwicklungsprogramm der UN

UN Funds and Agencies Fachorganisationen der UN (UNDP, UNICEF, WHO, UNV, UNOPS usw.)

UNHCR (United Nations High Commissioner for Refugees) der Hohe Flüchtlingskommissar der UN

UNICEF (United Nations International Childrens' Emergency Fund) Kinderhilfswerk der Vereinigten Nationen

UNMAC (United Nations Mine Action Center) UN-Zentrum für Minenentfernung

UNMIK (United Nations Interim Administration Mission in Kosovo) Interimsverwaltungsmission der Vereinten Nationen im Kosovo

UNOPS (United Nations Office for Project Services) Büro der UN für Projektdienste, wurde 1974 als Teil von UNDP eingerichtet und 1995 eine unabhängige Organisation

UNV (United Nations Volunteers Programm) Freiwilligenprogramm der Vereinten Nationen, unterstützt die UN-Missionen und UN Funds and Agencies durch Freiwillige (Volunteers, sehr gering bezahlte Helfer)

UNWRA (United Nations Relief and Works Agency for Palestine Refugees in the Near East) 1949 von der Generalversammlung gegründetes Hilfswerk für Palästina-Flüchtlinge im Nahen Osten

USAID (United States Agency for International Development) Agentur der US-Regierung für wirtschaftliche und humanitäre Unterstützung

Verification Erhärtung von Berichten über bekannt gewordene Menschenrechtsverletzungen durch genaue Dokumentation von allen Zeugnissen, Aussagen und Tatsachenfeststellungen, Konfrontation der Täter, Opfer und Zeugen, staatlichen und anderen offiziellen und inoffiziellen Stellen mit dem Gefundenen und weitere Dokumentation der Reaktionen: ein Annäherungsverfahren, dessen sich MINUGUA bedient hat

WFP (United Nations World Food Programm) Welternährungsprogramm der Vereinten Nationen, das die Nahrungshilfe der UN organisiert

WHO (World Health Organisation) Weltgesundheitsorganisation, über die die UN ihre Gesundheitsprogramme organisiert

Personenverzeichnis

Abdullah, Abdullah afghanischer Außenminister 2006; erfolgloser Gegenkandidat von Karzai bei der Präsidentschaftswahl 2010

Alavi, Sayyid Hashim Mitarbeiter im Büro von Tom Koenigs

Albright, Madeleine US-Außenministerin von 1997 bis 2001

Andreotti, Giulio Ministerpräsident von Italien 1972/73, 1976–79, 1989–1992

Annan, Kofi Generalsekretär der Vereinten Nationen 1997–2006

Arbour, Louise Hochkommissarin für Menschenrechte in Genf

Arnault, Jean SRSG in Afghanistan von 2004–2006, zuvor SRSG in Guatemala 1997–2000, in gleicher Position seit 2006 in Georgien

Atta, Mohammed Gouverneur in Mazar-i-Sharif, vormals einer der mächtigsten Warlords im Norden, der durch Vermittlung von UNAMA 2002 die Waffen niedergelegt hat

Ban Ki-moon Generalsekretär der Vereinten Nationen (UN) seit 2007

Beltz, Matthias Frankfurter Kabarettist, 2002 verstorben

Bennett, Richard Leiter der Menschenrechtsabteilung von UNAMA

Berman, Paul, Autor von *Terror and Liberalism* (New York/London 2003, 2004) und *Power and the Idealists* (New York 2005)

Brahimi, Lakhdar SRSG in Afghanistan von 1997–1999 und 2001–2003

Brown, Mark Malloch stellvertretender Generalsekretär der UN bis 2006, dann Staatsminister für Afrika, Asien und die UNO in London

Brunori, Alberto dem Tom Koenigs dieses Buch widmet, Leiter seines Büros in Kabul, früher schon im MINUGUA-Team

Buttenheim, Lisa Abteilungsleiterin bei DPKO, zuständig u. a. für UNAMA

Bhutto, Benazir von 1988 bis 1990 Ministerpräsidentin und von 1993 bis 1996 Premierministerin Pakistans, am 27.12.2007 ermordet

Clark, Wesley US-General, Kommandeur der NATO-Truppen in Europa 1997–2000

Cohn-Bendit, Daniel seit 1994 Abgeordneter der Grünen im Europa-Parlament

D'Alema, Massimo Ministerpräsident Italiens 1998–2000, Außenminister 2006–2008

Daudzai, Umar Botschafter Afghanistans in Teheran 2006, dann Büroleiter von Präsident Karzai

Daxner, Michael Kollege vom Tom Koenigs bei UNMIK, Professor für Soziologie in Berlin

de Mello, Sergio Vieira Leiter der UN-Mission in Bagdad, dort am 19.08.2003 umgekommen

Debray, Régis französischer Schriftsteller und Philosoph (z.B. *Revolution in der Revolution 1967*)

Dini, Lamberto Ministerpräsident Italiens 1995–1996, im Präsidium des italienischen Senats 2006

Dostum, Abdul Rashid wichtigster Warlord des Nordens, Usbeke, auf Druck von UNAMA wegen Menschenrechtsverletzungen nicht zur Parlamentswahl zugelassen

Ebeling, Jutta seit Mai 2006 Bürgermeisterin in Frankfurt a.M., Parteikollegin von Tom Koenigs

Edwards, Adrian Leiter der Presse- und Öffentlichkeitsabteilung von UNAMA

Eikenberry, Karl General, Kommandeur der US-Truppen in Afghanistan 2006 und 2007, US-Botschafter in Afghanistan seit 2009

Evans, Gareth Chef der International Crisis Group, maßgeblich an der Ausarbeitung des Konzepts »Responsibility to Protect« beteiligt

Fahim, Marschall Kommandeur der Soldaten der Nordallianz, auf Druck der internationalen Gemeinschaft wegen Menschenrechtsverletzungen zeitweilig marginalisiert, seit 2010 Vizepräsident von Afghanistan

Fair, Christine Menschenrechtsreferentin von UNAMA, Autorin

Fini, Gianfranco bis 2008 Vorsitzender der neofaschistischen Alianza Nazionale, Außenminister Italiens 2004–2006

Freakly, Benjamin C. US-General

Gambari, Ibrahim Agboola Leiter der politischen Abteilung (DPA) der UN in New York

Giap, Vo Nguyen vietnamesischer General, besiegte im Vietnamkrieg die USA, vorher im Indochinakrieg die französischen Kolonialtruppen

Gilley, Jeremy Filmemacher und Protagonist der Kampagne »Peace One Day«

Glucksmann, André französischer Philosoph

Grawe, Antje Mitarbeiterin im SRSG-Büro 2006

Guéhenno, Jean-Marie Leiter der Abteilung für friedenserhaltende Operationen (DPKO) der UN in New York

Guterres, António Hoher Flüchtlingskommissar der UN seit 2005

Haq, Ameerah Stellvertretende Leiterin der UNAMA von 2003 bis 2007

Hein, Christopher Leiter des Italian Refugee Council (CIR)

Hitzelberger, Otmar Filmemacher in Berlin

Holbrooke, Richard Charles Albert Ex-Botschafter der USA bei der UN, verstorben am 13.12.2010

Jackson, Mike britischer Kommandant der KFOR bei der Intervention ins Kosovo 1999

Kanaan, Jean-Sélim ehemaliger Kollege von Tom Koenigs bei UNMIK, 19.08.2003 in Bagdad umgekommen

Karzai, Hamid Präsident von Afghanistan seit 2001

Khalili, Abdul Karim seit 2004 zweiter Vizepräsident von Afghanistan

Kouchner, Bernard SRSG, Tom Koenigs' Chef im Kosovo 1999 und 2000, später französischer Gesundheitsminister und unter Sarkozy Außenminister bis 2010

Kühne, Winrich Langjähriger Mitarbeiter der Stiftung Wissenschaft und Politik (SWP), Direktor des Zentrums für internationale Friedenseinsätze in Berlin

Law, Jude britischer Schauspieler (u.a. in *Der talentierte Mr. Ripley*)

Lord Ashdown, Paddy Ex-Chef der Liberalen in England, Hoher Repräsentant der UN in Bosnien und Herzegowina 2002–2006

Maryam Tom Koenigs' Sekretärin 2006

Masadykov, Talatbek Leiter des UNAMA-Büros in Kandahar

Massud, Ahmed Shah Führer der Pandjiris, von Sowjets und Taliban ungeschlagener Volksheld, der am 09.09.2001 einem Selbstmordanschlag zum Opfer fiel

McChrystal, Stanley A. Kommandeur der ISAF von 2009 bis 2010

McNeill, Dan K. Kommandeur der ISAF von Februar 2007 bis Juni 2008

Mohaqiq, Mohammed militärischer Führer der Hazara gegen Sowjets und Taliban, Vizepräsident von Afghanistan bis 2003

Musharraf, Pervez pakistanischer Staatspräsident 2001–2008

Neumann, Ronald US-Botschafter von Juli 2005 bis März 2007

Omar, Mullah Gründer und Führer der Taliban, Oberhaupt des »Islamischen Emirats Afghanistans« 2000 bis 2001

Petraeus, David Howell US-General, Kommandeur der ISAF seit 2010

Prendergast, Sir Kieran Chef der politischen Abteilung der UN (DPA) von 1997 bis 2005

Prodi, Romano italienischer Ministerpräsident von 1996–1998 sowie von 2006–2008, Präsident der Europäischen Kommission vom 1999–2004

Rahman, Abdul Afghane, der wegen Konversion zum Christentum mit dem Tod bedroht war

Rais, Shah Muhammed Buchhändler in Kabul, Autor von *Once upon a time there was a bookseller in Kabul* (Kabul 2007)

Rashid, Ahmed Autor von *Taliban* (München 2001) und *Sturz ins Chaos* (Berlin 2010)

267

Richards, David Kommandeur der ISAF von Juli 2006 bis Januar 2007

Riza, Iqbal Kabinettschef von Kofi Annan bis 2005

Roth, Petra CDU-Politikerin, seit 1995 Oberbürgermeisterin in Frankfurt a.m.

Sackur, Stephen BBC-Journalist, seit 2004 Gastgeber des Programms HARDtalk

Samar, Sima Vorsitzende der unabhängigen Menschenrechtskommission Afghanistans (AIHRC)

Sayyaf, Abdul Rasul Warlord, Mitglied des Parlaments, Leiter des Auswärtigen Ausschusses

Schäuble, Wolfgang Bundesminister des Innern von 2005 bis 2009, dann Bundesfinanzminister

Schiewek, Eckart Referent in der politischen Abteilung von UN-AMA

Seierstad, Åsne Autorin des Buches *Der Buchhändler von Kabul* (Berlin 2003)

Sequi, Ettore italienischer Botschafter in Afghanistan

Sherpao, Aftab Ahmed Khan Innenminister Pakistans von August 2004 bis November 2007

Shinwari, Faisal Ahmed Oberster Richter Afghanistans von 2001 bis 2006, gestorben im Februar 2011

Siddique, Aleem stellvertretender Leiter der Abteilung Presse- und Öffentlichkeitsarbeit von UNAMA

Sikorski, Lutz Parteikollege von Tom Koenigs, Verkehrsdezernent in Frankfurt a.M., im Januar 2011 verstorben

Spanta, Rangeen Dadfar 2006 Berater des Präsidenten Karzai, Außenminister Afghanistans von März 2007 bis Januar 2010; vor seiner Rückkehr aus dem deutschen Exil Mitglied der Aachener Grünen

Spatafora, Marcello Botschafter Italiens bei der UN in New York 2003–2008

Taheri, Ahmad Exil-Perser in Deutschland, Journalist der *Frankfurter Allgemeinen Zeitung*

Talat/Talatbek   Mitarbeiter der UNAMA

Vendrell, Francesc   Sonderbotschafter der EU für Afghanistan von 2002 bis 2008

Veness, Sir David   Leiter der Sicherheitsabteilung der UN in New York von 2005 bis 2008

Vernetti, Gianni   italienischer Diplomat, Koordinator der staatlichen Initiativen in Afghanistan

von Erffa, Kaspar   Mitarbeiter des Auswärtigen Amtes, Vetter von Tom Koenigs

Wardak, Abdul Rahim   Verteidigungsminister Afghanistans seit 2004

Watson, Fiona   ehemalige Kollegin von Tom Koenigs bei UNMIK, in Bagdad am 19.08.2003 umgekommen

Wieczorek-Zeul, Heidemarie   Bundesministerin für wirtschaftliche Zusammenarbeit und Entwicklung von 1998 bis 2009

Wood, William B.   US-Botschafter von 2007–2009 in Afghanistan

Younes, Nadia   ehemalige Kollegin von Tom Koenigs bei UNMIK, in Bagdad am 19.08.2003 umgekommen

Politik bei Wagenbach

Joscha Schmierer Keine Supermacht, nirgends
Den Westen neu erfinden
Als 1989 die brutale Ordnung des Kalten Kriegs zerbrach, in dem sich
die Staaten eher recht als schlecht eingerichtet hatten, geriet das
Gleichgewicht in der Weltpolitik aus den Fugen: Würden die USA als
einzige Supermacht übrigbleiben oder würden sich neue Machtzent-
ren entwickeln? Oder könnte die UNO den Rahmen einer nichtpolaren
Staatenwelt bilden? Welche Rolle könnte die EU spielen?
WAT 583. 112 Seiten. Originalausgabe

Sibylle Thelen Die Armenierfrage in der Türkei
Die armenische Frage steht im Zentrum der Identitätssuche einer de-
mokratischpluralistischen Türkei: Was geschah 1915? Die notwendige
»Umsiedlung« einer Bevölkerungsgruppe oder gezielte Massentötung
und -vertreibung? Beharrlich erkundet eine neue türkische Zivilgesellschaft ihre verdrängte und vergessene Geschichte. Mit großer Sach-
kenntnis fasst Sibylle Thelen den Stand der Forschung zusammen und
erzählt mit Empathie vom Aufbruch der Bürger in die Vergangenheit.
WAT 629. 96 Seiten. Originalausgabe

Dominic Johnson Afrika vor dem großen Sprung
Entgegen den vorherrschenden Prognosen und Vorurteilen beschreibt
Dominic Johnson Afrikas Zukunft voller Hoffnung und zeigt die Mög-
lichkeiten und Risiken eines eigenständigen Weges: Die zunehmende
Mobil- und Internetkommunikation, die hohen Wachstums- und In-
vestitionsraten, die rapide Verstädterung und Verjüngung der Gesell-
schaft haben große Ambitionen einer neuen Generation wachgerufen.
WAT 656. 108 Seiten. Originalausgabe

Wolfgang Kaleck Kampf gegen die Straflosigkeit
Argentiniens Militärs vor Gericht
Engagiert und anschaulich beschreibt Wolfgang Kaleck Argentinien
als exemplarischen Fall für die Rolle von Menschenrechtsbewegungen
bei der Demokratisierung nach einer Diktatur. Gleichzeitig zeigt er die
durchschlagende Bedeutung, die europäische Gerichte bei der Aufarbeitung von Gewaltverbrechen in totalitären Regimen spielen können.
WAT 646. 128 Seiten. Originalausgabe

Michael Axworthy   Iran. Weltreich des Geistes

Von Zoroaster bis heute

Axworthy führt in großem Bogen und zugleich detailreich durch drei Jahrtausende iranischer Kulturgeschichte. Ein längst fälliger Einblick in eine wenig bekannte Region und eine faszinierende Reise durch die Geschichte dieses unterschätzten Kulturlandes. Der Autor lässt uns an Aufstieg und Niedergang der Dynastien genauso teilhaben wie an den wegweisenden Umwälzungen etwa der großen Revolution 1979 unter Khomeini. An vielen Beispielen – wie der Stellung der Frau, der hochentwickelten Medizin und Astronomie, des Seidenhandels und der Setzung juristischer Begriffe – zeigt er die Vorreiterrolle des Iran.

Aus dem Englischen von Gennaro Ghirardelli
350 Seiten. Gebunden mit Schutzumschlag, mit vielen Abbildungen und Karten

Lev Gudkov, Victor Zaslavsky   Russland

Kein Weg aus dem postkommunistischen Übergang?

Stillgelegte Fabriken und aufgegebene Menschen, Megakonzerne und eine reiche Führungsklasse, dahinter ein autoritärer Staat, der unliebsame Oligarchen hinter Gitter bringt – widersprüchlich sind die Nachrichten aus der früheren Sowjetunion. Die Autoren analysieren mit großer Kenntnis und schonungslos das heutige Russland.

Aus dem Italienischen von Rita Seuß. 208 Seiten. Gebunden mit Schutzumschlag

Peter Heine, Hans J. Nissen   Von Mesopotamien zum Irak

Kleine Geschichte eines alten Landes

Das Gebiet des heutigen Irak mit seinen Ölvorkommen ist gleichzeitig das Land einer frühen Hochkultur. Zwischen Euphrat und Tigris entstanden die ersten Städte, das erste Gesetz, die erste Schrift. Eine Einführung in die Geschichte einer Region, von der mesopotamischen Hochkultur bis zum Sturz Saddam Husseins.

WAT 483. 208 Seiten. Originalausgabe

Wenn Sie mehr über den Verlag oder seine Bücher wissen möchten, schreiben Sie uns eine Postkarte oder E-Mail (mit Anschrift und E-Mail-Adresse). Wir verschicken immer im Herbst die *Zwiebel*, in der wir Ihnen unsere neuen Bücher vorstellen. *Kostenlos!*

Verlag Klaus Wagenbach   Emser Straße 40/41   10719 Berlin
www.wagenbach.de

Politik bei Wagenbach

© 2011 Verlag Klaus Wagenbach, Emser Straße 40/41, 10719 Berlin
Umschlaggestaltung Julie August unter Verwendung einer Fotografie
© gettyimages. Gesetzt aus der Linotype Centennial und der Serifa.
Die Fotografien stammen von Knut Mueller (außer auf S. 250 oben ©
picture alliance und S. 250 unten © gettyimages). Gedruckt auf chlor-
und säurefreies Papier (Schleipen) und gebunden von der Druckerei
Pustet in Regensburg. Einbandmaterial von peyer graphic gmbh,
Leonberg. Printed in Germany. Alle Rechte vorbehalten.

ISBN 978-3-8031-3637-4